# Introduction to Hotel Management

# 호텔경영의 이해

김춘호 저

(주)백산출판사

# 차례

## 제1장 호텔의 발전사



## 제2장 호텔의 개념



## 제3장 객실의 종류와 요금

## 제5장 하우스키핑 관리



## 제6장 레스토랑의 이해

## 제8장 음료의 이해

Introduction to
Hotel Management

# 제1장
# 호텔의 발전사

# 1 고대 및 중세 숙박업 발전사

초기 인류의 이동은 생존을 위한 필수였지만 시대적, 사회적 변화에 따라 이동의 목적, 범위 등이 다양한 행동양식으로 나타나면서 일시적으로 머물 수 있는 공간이 필요하게 되었다. 즉, 인간이 자신의 거주지를 떠나 다시 돌아 올 목적으로 이동이나 여행을 하면서 숙박의 기원이 시작되었다고 볼 수 있다. 그러나 상업목적의 숙박업이 탄생하게 된 것은 고대 그리스 시대부터이다.

## 1) 고대 그리스 시대(기원전 900년~200년경)

초기에는 신전참배를 위한 종교적 목적의 여행이 성행하여 주로 민박이나 신전을 이용하였지만, 기원전 776년 아테네에서 개최된 고대 올림픽의 경우 선수는 물론 관광객이 대거 참가하게 되어 이들을 수용하기 위한 유료의 상업적인 숙박시설이 있었을 것으로 추측된다. 그 후 고대 이집트나 그리스 시대에는 도시 사이를 연결하는 교통의 요지에 포장마차 형식의 이동식 숙박시설 형태인 캐러밴(caravan)이 등장하였고, 고대 동양의 실크로드에는 중앙에 광장이 있는 상인들의 숙소형태인 캐러밴서리(caravansary)가 등장하여 숙박업이 본격화되었다.

## 2) 고대 로마시대(기원전 500년~서기 300년경)

폼페이 유적 중 아치형 숙박시설로 추정되는 건물의 형태가 발견된 점으로 보아 상업적인 숙박시설이 있었음을 알 수 있고, 장거리 여행자를 위하여 당시에는 우체국(post house)으로 불렸던 숙박시설이 있었으며, 맨션(mansion)이라는 숙박시설은 상류층과 공용으로 출장을 다니는 관리 등이 이용하였다. 그리고 고대 로마시대에는 귀족과 부유층을 중심으로 식도락 여행을 즐겼는

데, 이들이 비만해지면서 요양목적의 온천여행을 하였으므로 온천지역을 중심으로 숙박업이 발달하게 되었다. 이와 같이 고대 사회의 숙박업은 고대 그리스와 로마를 중심으로 공용, 상용, 요양 목적의 여행자를 위한 숙박시설이 발달하였음을 알 수 있다.

### 3) 중세 숙박업 발전사

로마제국 멸망 후 약 1000년간은 암흑의 시대(The Dark Age)라고 부른다. 이 시기에는 사람들의 가치관이나 생활양식이 종교의 영향력에 지배되었기 때문에 여행이나 세속적인 향락이 금지되었고, 오직 종교순례자들의 종교여행만이 주를 이루었으므로 숙박시설은 발달하지 못했다. 당시 순례자들의 숙박장소로는 교회나 수도원이 사용되었다. 그러나 중세 후반인 1200년대 말에는 동서양의 통상무역 및 문화교류가 확대되어 이들을 수용할 수 있는 인(inn)이라는 숙박시설이 등장하여 근대 숙박업의 기초를 제공하였다.

## 2 근대 숙박업 발전사

### 1) 인(inn)의 시대

14세기 초에 출간된 마르코 폴로의 『동방견문록』은 동방에 대한 호기심을 자극하였고, 이후 인도 항로의 발견, 아메리카 대륙의 발견, 마젤란의 세계 일주와 포르투갈과 에스파냐를 비롯한 유럽제국의 해상을 통한 식민지 건설을 위한 신항로 개척 및 중상주의 정책은 상업여행을 활발하게 하였다.

18세기 중반에 시작된 산업혁명은 증기선, 기차 등 교통수단의 발달로 인하여 관광여행을 보다 용이하게 만들었으며, 르네상스(문예부흥기)를 맞아 18~19세기에는 괴테를 비롯한 당시의 저명한 작가와 사상가들이 유럽대륙을 여행하면서 집필한 그들의 작품이 여행의 자극제가 되어 1613~1785년 사이에는 유럽의 귀족 및 문예가들 사이에는 지식과 견문을 넓히고자 유럽의 여러 나라를 여행하는 것이 유행이었는데 이를 교양관광(Grand Tour)의 시대라고 부르며, 이 시기를 '여행의 황금시대(The Golden Age Travel)'라고 일컫는다. 이때 사용된 숙박시설은 여인숙 또는 작은 여관이라고 할 수 있는 인(inn), 그리고 선술집에 숙박시설을 갖춘 형태의 태번(tavern) 등이었으며, 숙박시설의 기본 기능인 수면, 음식, 생명 및 재산보호를 위한 안전 등 최소 필요조건만 갖추어 놓은 형태였다.

### 2) 근대 호텔의 출현

오늘날과 같은 기업의 형태로 호텔이 등장하게 된 것은 18세기 중엽 이후부터인데 영국의 산업혁명이 계기가 되어 인구가 도시에 집중하고, 철도와 기선 등의 교통수단이 발달하여 여행자 수가 급증하였기 때문이다. 특히 1841년에는 영국인 토마스 쿡(Thomas Cook)이 금주동맹의 대회에 참가하는 신도들을 모아 레스터(Leicester)에서 러프버러(Loughborough)까지 왕복 기차여행을 제공하는 단체 대절열차의 운행을 시도하여 성공시켰는데 이러한 대량여행은 근대호텔의 대량화를 가져오게 하는 계기가 되었다.

세계 최초의 호텔은 1794년에 건립된 미국의 시티호텔(City Hotel)이며, 오늘날과 같은 개념의 호텔 시초는 19세기 초 독일의 바덴바덴에 건립된 바디셰호프(Badische Hof) 호텔이다. 그리고 1829년에는 170개의 객실을 갖춘 트레몬트 하우스(Tremont House)가 미국의 보스턴에서 개관되었는데 호텔 건축과 호텔 경영의 모델을 제시하였다.

### 3) 호화호텔(Grand Hotel)의 시대

19세기 유럽에서는 왕정이 공화정으로 바뀌고 귀족세력이 점진적으로 붕괴되면서 사교모임이 궁전에서 밖으로 옮겨지게 되었는데 새롭게 사교장으로 등장한 곳이 호텔이었다. 당시 호텔의 주요 고객은 왕족이나 귀족이었으므로 호텔의 건물 외관뿐만 아니라 가구, 인테리어, 기물, 직원들의 복장 등도 호화로울 수밖에 없었다. 이 시대의 대표적인 호텔은 1850년 파리에 건립된 그랜드 호텔(Grand Hotel)이다. 호화호텔의 시대를 'Grand Hotel의 시대'라고 명명하는 것도 바로 이 그랜드 호텔이 호화성의 성격을 잘 반영해 주기 때문이다.

호화호텔의 시대에 대표적인 호텔경영자(Hotelier)는 리츠(Cesar Ritz : 1850~1918)였다. 15세부터 호텔업계에 투신한 리츠가 호텔경영에 성공을 거두게 된 계기는 당대 최고의 요리사 에스코피에(Escoffier)와의 만남 덕분이었다. 이들은 사보이 호텔에서 함께 일하면서 전성기를 맞이하였고, 1897년 호텔 리츠를 개업하면서 대성공을 거두게 되었으며, 1899년에는 영국에 칼튼 호텔(Carlton Hotel)을 건립하였다. 이후 1902년에는 Ritz Development Company를 설립하여 파리, 런던, 마드리드 그리고 리스본에 리츠호텔경영체인화를 추구하였는데 다소 원시적인 형태이지만 최초의 체인경영호텔을 구성하게 되었다.

■ 리츠의 호텔경영 노하우

- "고객은 항상 옳다"(Guest is always right)라는 경영이념하에 모든 초점을 고객에 맞추었다.
- 요리의 황제라 불리는 에스코피에와의 만남으로 인하여 호텔요리를 고급화하였다.
- 당시 법률로 금지되었던 일요일의 영업을 가능하게 하였고 부부동반으로 외식하는 풍조를 창조하였다.
- 고급호텔을 지향하고 유명인사를 접대하여 경영효율을 기하였다.
- 호텔경영을 소유와 경영의 분리를 통하여 전문성을 강조하고 체인화를 도모하였다.

### 4) 상용호텔(Commercial Hotel)의 시대

산업혁명 이후 경제활동의 활성화와 교통수단의 발달은 경제적 동기에서 비롯된 즉 상용여행의 증가를 가져오게 하였다. 20세기에 들어와서는 상용여행이 더욱 늘어났고 자연히 그들을 수용할 수 있는 저렴하고 쾌적한 숙박시설이 요구되었으며 미국을 중심으로 발전하게 되었다.

상용호텔이 호텔의 발상지인 유럽지역에서 크게 성장하지 못하고 신대륙인 미국에서 그 꽃을 피우게 된 이유는 유럽에서는 호텔을 귀속이나 부호의 전유물로 인식하였으나 미국에서는 지불능력만 있으면 누구든지 쉽게 이용할 수 있는 대중적인 것으로 간주하였기 때문이다. 또한 경영에 있어서도 유럽은 격식을 중요시한 반면에 미국은 실용적인 사고에 의하여 합리적이고 진취적이었다. 따라서 호텔 요금 역시 유럽에 비해 훨씬 대중적이어서 여행을 자주 하는 미국인은 별 부담 없이 이용할 수 있었다.

미국에서 상용호텔이 번성할 수 있었던 것은 숙박고객 대부분의 목적이 상용여행이었기 때문이다. 순수관광을 목적으로 하는 사람들은 친척이나 친구의 집, 별장, 캠프 등의 숙박시설을 주로 이용하였다. 오늘날 미국의 호텔산업은 지금도 상용고객을 주 타깃으로 경영하고 있다. 이와 같은 상용호텔의 시대를 열게 한

장본인은 '호텔의 황제 또는 왕'이라 불리는 스타틀러(Ellsworth Milton Statler : 1863~1928)였다.

스타틀러는 13세 때 호텔 벨 보이(bell boy)부터 시작하여 1908년 미국의 버펄로에 300개의 객실과 욕실을 가진 당시로는 거대한 스타틀러 호텔을 탄생시켜 미국 호텔산업의 새로운 역사를 전개하였으며, 당시 '1.5달러에 욕실이 딸린 객실 제공(A room and a bath for a dollar and a half)'이라는 슬로건을 통하여 호텔을 대중화시켰다. 이후 그는 미국의 클리블랜드, 디트로이트, 세인트루이스 등의 도시에 1,000실 이상의 대규모 호텔을 건설하고 운영하여 큰 성공을 거두었고, 1929년 미국의 대공황 중에 전 미국 85%의 호텔이 도산 상태에 빠졌지만 스타틀러 체인은 계속 번창하였다. 그러나 1954년 힐튼호텔의 창시자 힐튼(Conrad N. Hilton)이 체인호텔을 모두 인수함으로써 스타틀러 호텔 시대는 막을 내리게 된다.

스타틀러의 호텔경영 방식이나 기법들은 오늘날에도 많은 부문에서 모델이 되고 있다. 예를 들면 ① 주방과 홀의 동선을 고려하여 홀에 서비스 스탠드 설치 ② 객실마다 전화기 설치 ③ 객실 내 독립조명 시설 ④ 타월을 사용한 후 계속 사용을 위해 욕실 거울 앞에 타월걸이 설치 ⑤ 객실에 신문 배부 등을 들 수 있다.

■ 스타틀러의 호텔경영 노하우

- 리츠와는 달리 적정한 요금으로 호텔 이용의 대중화를 유도하였다.
- 테일러의 과학적 관리기법을 도입하여 업무의 표준화, 능률화, 합리화를 추구하였고, 경영이념을 편리성, 쾌적성, 가격의 타당성에 두었다.
- 호텔 건설에 대한 투자 시 계획단계에서부터 수익성을 고려하였다.
- 저가격을 실현하기 위하여 비용절감을 위한 노력을 하였다. 즉 박리다매와 체인의 장점을 살렸다.

결국 스타틀러는 호텔경영의 목표를 3C(convenience : 편리, comfort : 안락, cleanness : 청결)에 두고, 양질의 서비스를 저렴한 가격으로 보다 많은 사람에게 제공하고자 노력하여 성공을 거두었다.

〈표 1-1〉 근대 주요 호텔의 연대기

| 연도 | 호텔명 | 국가 | 특징 |
|---|---|---|---|
| 1794 | 시티호텔 | 미국 | 최초의 호텔 |
| 1800 | 바디셰호프 | 독일 | 오늘날 개념의 최초의 호텔 |
| 1829 | 트레몬트 하우스 | 미국 | 호텔 건축과 호텔경영의 모델 제시 |
| 1850 | 그랑호텔 | 프랑스 | 회사조직에 의한 최초의 근대호텔 출현 |
| 1889 | 사보이 호텔 | 영국 | 고급호텔의 창시자 리츠와 당시 위대한 요리사인 에스코피에가 공동으로 경영한 호텔 |
| 1897 | 리츠호텔 | 프랑스 | 호텔 서비스와 발전에 많은 영향을 주었고 현재까지도 유명해짐 |
| 1897 | 아스토리아 호텔 | 미국 | 당시 1,000실로 세계 제일의 규모와 호화로움을 자랑하였으나 이후 힐튼 체인에 인수되었음 |
| 1899 | 칼튼호텔 | 영국 | 영국에서는 처음으로 전 객실에 욕실이 딸린 고급호텔시설을 갖춤 |
| 1908 | 스타틀러 호텔 | 미국 | 미국 최초로 전 객실 300실에 욕실 완비, 당시 1.5달러로 욕실이 딸린 객실 제공이라는 파격적인 가격 제시로 대성공을 거둠 |
| 1920 | 리츠칼튼 호텔 | 미국 | 최초의 프랜차이즈에 의한 체인호텔, 오늘날까지 고급호텔로 명맥을 유지함 |

## 3 현대 호텔의 발전사

### 1) 현대 호텔 발전사의 특징

최근 30년간의 세계경제 흐름은 세계화 추세에 따라 각 기업들은 국제화를 도모하고, 기업의 형태도 다국적화 및 경영다각화를 추구하게 되었으며, 국제간 투자도 활발히 진행되었다. 관광산업의 한 축을 담당하고 있는 호텔산업 역시 이러한 흐름 속에 국제 간 호텔경영기술의 교류 및 체인화, 경영다각화 및 CRS(Computerized Reservation System) 등을 통하여 지구촌을 하나의 서비스 네트워크(net-works)로 만들었다. 따라서 제2차 세계대전 이후 현대 호텔경영의 특징은 ① 체인화 ② 경영다각화 ③ CRS의 운용 등으로 요약된다.

#### (1) 체인화

미국을 중심으로 인수·합병과 프랜차이즈를 통한 대규모 호텔 체인망이 형성된 이유는 ① 미국의 호텔산업은 1920년대에 호텔 건설 붐을 맞이하였으나 대공황 이후 호텔업계가 도산하여 매입할 수 있는 호텔이 많았기 때문이고 ② 쉐라톤의 창시자 헨더슨(Ernest Henderson)과 힐튼의 창시자 힐튼(Conrad N. Hilton) 등이 금융업과 부동산업에 정통하여 인수·합병을 통한 호텔사업을 추구하여 성공을 거두자 타 호텔사업자들도 이에 영향을 받았으며 ③ 결국 체인호텔은 개별호텔보다 비용절감의 이점 및 공동마케팅을 통하여 강한 경쟁력을 가질 수 있기 때문이었다.

#### (2) 경영다각화

유럽과 아시아 지역의 항공사 중심으로 자사의 여객을 목적지에 운송한 다음 그들을 숙박시키고자 호텔사업에 뛰어들었으며, 메리어트(Marriott) 호텔의 경우 단체급식사업에도 진출하였다. 즉 항공사업과 호텔사업, 호텔사업과 외식사업 등과 같이 연계하여 경영다각화를 시도함으로써 매출의 시너지 효과를 누리고자 하였다.

### (3) CRS

Holiday Inn이 업계 최초로 홀리덱스(HOLIDEX)라는 컴퓨터 예약시스템을 개발한 이후 IT기술과 인터넷을 통하여 급속도로 발달하게 되었다. 따라서 오늘날 호텔예약은 시간과 공간의 제약 없이 온라인상에서 CRS를 이용함으로써 실시간으로 예약할 수 있을 뿐만 아니라 다양한 정보를 제공받을 수 있는 서비스의 혁명이 이루어졌다.

## 2) 주요 체인호텔

### (1) 힐튼(Hilton)호텔

힐튼은 1938년 샌프란시스코의 서프랜시스 드레이크(The Sir Francis Drake), 1943년 뉴욕의 플라자 호텔(The Plaza Hotel), 1945년 스티븐스(The Stevens)와 팔머 하우스(The Palmer House), 1949년 뉴욕의 월도프 아스토리아 호텔(The Waldorf-Astoria Hotel) 등의 호텔을 매입하여 거대한 호텔체인망을 형성하는 데 귀재였다. 1963년에는 뉴욕에서 공동출자의 형식으로 46층 건물에 2,000개의 객실을 갖춘 뉴욕 힐튼(Thc New York Hilton)을 개업하였는데, 이 호텔은 미국 최초의 본격적인 컨벤션 호텔이라 할 수 있다. 이와 같이 힐튼은 거대한 호텔사업을 통하여 현대적 체인경영의 이론적 기초를 제공하였을 뿐만 아니라 다음과 같은 호텔경영 방식으로 성공을 거두게 되었다. 우리나라에는 서울(1983), 경주(1991), 부산(2017) 등 6개의 힐튼호텔이 진출해 있다.

■ 힐튼의 호텔경영 노하우

- 호텔 체인화 특히 경영협약(management contract)의 이론과 표본을 제시하였다.
- 호텔사업을 국제적인 사업활동으로 끌어 올렸다.
- 호텔 공간을 최대한 활용하여 영업장으로 만들어 수입의 극대화를 기하였다.
- 호텔경영에 계수관리와 종업원에 대한 동작 및 연구를 도입하여 성과에 따른 능률주의를 실천하였다.

### (2) 쉐라톤(Sheraton) 호텔

쉐라톤 호텔의 창시자인 헨더슨(Ernest Henderson)은 호텔업의 경험은 없었지만 1941년부터 부동산 획득 차원에서 호텔을 매입하고 건물을 개보수하여 가치를 향상시킴으로써 오늘날 세계에서 가장 큰 체인호텔 중 하나인 쉐라톤을 탄생시켰다. 그는 적당한 거래가 이루어질 수 있다면 항상 호텔을 팔고 살 준비가 되어 있는 기회주의자로 평가되기도 한다. 그러나 그는 사업가의 수완뿐만 아니라 호텔경영에도 관심을 가지게 되었고 체인호텔의 장점을 살려나갔다. 즉 체인호텔이 단독경영호텔보다 경쟁에 있어서 월등히 우월하다는 것이 그의 신념이었다. 쉐라톤 호텔은 현재 Starwood Hotels & Resorts Worldwide사에 인수되어 하나의 브랜드로 380개의 호텔 체인망을 구축하고 있다. 우리나라에는 워커힐 호텔(1977) 등이 쉐라톤과 체인경영을 맺고 있다.

■ 쉐라톤 호텔경영 노하우

- 구매, 인사, 예약, 판촉, 자금조달 등의 경영활동에 있어 체인의 장점을 최대한 활용하였다.
- 경영 합리화의 수단으로 참모조직을 배제하고 조직의 단순화를 기하였다.

### (3) 홀리데이 인(Holiday Inn)

전 세계 숙박업계에서 최대의 체인망을 가진 기업 중 하나는 1952년에 창설된 윌슨(Kemmons Wilson)의 모텔(motel)업인 홀리데이 인이다. 1968년에는 그 수가 1,000개에 이르렀고 현재는 영국에 본사를 둔 프랜차이즈 경영회사인 InterContinental Hotels Group사의 핵심 브랜드로서 자리를 잡고 있다. 힐튼이 호텔업계에서 스타틀러의 계승자였다면 윌슨은 모텔이라는 새로운 분야에서 스타틀러의 경영이념을 계승하여 모텔업계의 황제로 칭한다.

새로운 숙박시설로서의 모텔(motel)이 급성장하게 된 이유는 첫째, 제2차 세계대전 후 미국에서 승용차의 보급과 고속도로의 정비 및 확충에 따른 것이며 둘째, 호텔은 교통수단이 철도가 전성기였던 시대에 도시 중심부에 위치했으므로 주차장 시설이 부족하였고 자동차로 여행하는 상용 여행객이 증가했어도 그들을 수용할 수 없었기 때문이다. 우리나라에는 서울과 제주 등에 홀리데이 인 호텔이 진출해 있다.

■ 윌슨의 모텔경영 노하우

- 자동차 보급에 따른 시장환경을 적절하게 통찰하여 새로운 숙박형태를 창출하였다.
- 주차장을 겸비한 고급호텔을 지향한 것이 아니라 서가의 숙박시설을 추구하였다.
- 셀프서비스를 통하여 인건비 등의 비용절감을 실현하였다.
- 업계 최초로 홀리덱스(HOLIDEX)라는 컴퓨터 예약시스템(CRS)을 도입하였다.
- 체인화 전략으로 프랜차이즈 시스템을 도입하였다.
- 인재양성을 위하여 홀리데이 인 대학을 설립하였다.

### (4) 하얏트(Hyatt) 호텔

1957년 프리츠커(Jay Pritzker)가 로스앤젤레스 공항 부근의 소규모 호텔을 구입하여 처음으로 개관하여 지금은 200여 개에 가까운 호텔을 Global Hyatt

Corporation 체제하에 운영하고 있다. 특히 하얏트 호텔은 그 호텔이 설립되는 나라와 도시의 환경에 잘 어울리게 디자인되며, 현대적이고 세련된 특징을 가지고 있으며, 직원에 대한 교육프로그램은 업계에 정평이 나 있다.

하얏트 호텔의 등급 종류는 그랜드 하얏트(Grand Hyatt), 하얏트 리젠시(Hyatt Regency), 파크 하얏트(Park Hyatt), 하얏트 리조트 & 스파(Hyatt Resort & Spas) 등 4가지의 브랜드로 구분되는데, 그 특징은 <표 1-2>와 같다. 우리나라에는 서울(1978), 제주(1982), 인천(2004), 부산(2013) 등에 하얏트 호텔이 진출해 있다.

〈표 1-2〉 하얏트 호텔의 브랜드

| 구분 | 특징 |
|---|---|
| 그랜드 하얏트 | 그 나라 대표 도시의 최고 지역과 상업 중심지에 위치하고 있으며, 일반적으로 300개 이상의 객실에 요금은 비싼 편이다. 건축외관뿐만 아니라 로비, 다양한 식음료업장, 연회장 등이 웅장하며, 탁월한 개인적인 서비스를 제공하고 있다. |
| 파크 하얏트 | 파크 하얏트 호텔 역시 대표적인 도시의 최고급 지역에 위치하고 있으며, 객실료는 그 도시에서 가장 비싼 편이며, 최고의 객실시설을 자랑하고 있다. |
| 하얏트 리젠시 | 유명 비즈니스와 리조트 지역에 건립되는 가장 보편적인 브랜드이다. |
| 하얏트 리조트 & 스파 | 유명 리조트나 스파 지역에 건립되며, 휴양고객을 표적으로 하고 있다. |

### (5) 인터컨티넨탈(InterContinental) 호텔

미국과 남미와의 유대강화 차원에서 관광과 무역을 증진시킬 목적으로 1946년 팬암 항공사가 창립하였다. 이후 중동, 유럽, 북미, 아시아 등 전 세계로 확장하여 120개의 호텔을 보유하고 있는데 현재는 홀리데이 인과 마찬가지로 InterContinental Hotels Group사 소속의 브랜드가 되었다. 우리나라에는 1988년 서울에 진출하였다.

### (6) 리츠칼튼(Ritz-Carlton) 호텔

리츠칼튼사는 보스턴에 있는 기존의 리츠칼튼 호텔을 매입하여 1983년에 새롭게 설립하여 체인화를 시도했는데 후발주자로서 체인운영에 대한 노하우(Know-how)는 짧지만 나름대로 고급호텔 지향과 서비스품질경영을 통하여 1992년에는 유수의 제조업체를 제치고 미국의 상공부로부터 품질경영대상(Malcolm Baldrige National Quality Award)을 수상하기도 하였다.

현재는 메리어트 인터내셔널(Marriott International) 그룹사의 브랜드로서 전 세계 30여 개의 호텔을 보유하고 있다. Marriott International사는 메리어트 호텔계열을 비롯하여 리츠칼튼, 르네상스, 라마다 호텔 등의 브랜드를 가지고 있는데, 전 세계 380,000여 개의 객실을 보유하여 3위를 기록하고 있다. 우리나라에는 1995년 서울에 진출하였다.

### (7) 메리어트(Marriott) 호텔

1957년 메리어트(J.W. Marriott)에 의해 자동차 여행객을 대상으로 하는 트윈 브리지스(365실 규모)를 버지니아주의 알링턴에서 개관함으로써 출발하였다. 이후 호텔 임대, 인수, 합병 등을 통하여 오늘날 거대 호텔사업체로 부상하여 1995년에는 세계적으로 브랜드 가치를 지닌 리츠칼튼, 1997년에는 르네상스 호텔그룹을 인수하였다. 메리어트 호텔은 숙박뿐만 아니라 외식사업에도 많은 진출을 하여 최대의 항공기내식 사업자, 미국 내 최대의 단체급식업체로 성장하였다. 특히 메리어트 호텔은 서비스 정신을 강조하여 명성을 얻게 되었는데 전 세계 서비스산업 종사들로부터 연구대상이 되기도 한다. 우리나라에는 2000년 서울에 JW Marriott가 진출하였다.

### (8) 아코르(Accor) 그룹

아코르 그룹은 호텔분야 외에 레스토랑, 케이터링(catering)업, 여행업, 서비스 바우처(voucher), 렌터카 등 다양한 관광사업을 전개했는데 이러한 사업들은 상호 관련성에 따라 경영상의 이점이 있었으며 특히 예약을 전 세계에 호환성 있게 사용할 수 있는 라잔떼라는 중앙집중식 컴퓨터 예약시스템이 있었기 때문이다.

아코르 그룹의 브랜드는 퍼스트 클래스(first class)급인 소피텔(Sofitel)과 비즈니스 클래스(business class)급인 노보텔(Novotel) 등 4가지의 등급이 있으며, 전 세계 260,000여 실을 보유하고 있어 객실 수에서 6위에 올라 있다.

〈표 1-3〉 아코르 그룹의 주요 브랜드와 특징

| 구분 | 특징 |
|---|---|
| 소피텔 | 전 세계 주요 비즈니스 및 리조트 지역에 위치하며, 최고의 시설과 서비스를 제공한다. |
| 노보텔 | 비즈니스와 리조트형의 호텔로서 아시아 태평양 지역에 많이 진출해 있으며, 기업체 인센티브와 휴가 여행객을 표적으로 하고 있다. |
| 이비스 | 캐주얼한 서비스를 제공하여 가격대비 만족도가 높은 호텔이며, 대부분 비즈니스 지역과 외곽지역에 위치하고 있다. |
| 포뮬1 | 대부분 도시 및 외곽지역의 교통이나 음식점 등이 밀접한 곳에 위치하고 있으며, 저렴한 요금과 모텔급 수준의 숙박시설이다. |

〈표 1-4〉 세계적인 체인호텔의 객실현황

| 순위 | 호텔그룹명 | 객실 수 | 주요 호텔 브랜드 |
|---|---|---|---|
| 1 | InterContinental Hotels Group | 676,679 | InterContinental<br>Crown Plazza<br>Holiday Inn |
| 2 | Wyndham Hotel Group | 597,674 | Ramada |
| 3 | Marriott International | 595,761 | Marriott Ritz-Carlton |
| 4 | Hilton Hotels Corp. | 585,060 | Hilton |
| 5 | Accor North America | 499,456 | Accor |
| 6 | Choice Hotels International | 487,410 | Comfort Sleep Inn |
| 7 | Best Western International | 308,477 | Best Western |
| 8 | Starwood Hotels & Resort Worldwide | 298,522 | Westin Sheraton |
| 9 | Carlson Hotels Worldwide | 159,756 | Radisson Park Plazza |
| 10 | Global Hyatt Corp. | 122,317 | Hyatt |

* 자료 : 2010 Hotel Magazine(객실 보유기준)

# 4 한국의 호텔 발전사

## 1) 해방 전의 호텔사

우리나라 최초의 호텔은 1888년 인천에서 세워진 대불호텔이다. 이 호텔은 3층 벽돌로 지어졌으며, 객실은 11실이었으나 숙박 이외의 기능은 없었다. 당시 인천항을 이용하여 교역하는 사람과 서울로 가기 위한 외국인에게 인기가 있어 연일 만원을 이루었다. 그러나 대불호텔은 숙박 이외의 기능은 없었으므로 우리나라 최초의 호텔이라고 하기에는 한계성을 가지고 있다.

1902년에는 최초의 서양식 호텔인 손탁호텔(sontag hotel)이 독일 여인인 손탁에 의해 서울에 건립되었다. 이 호텔은 러시아풍의 2층 건물로 객실은 약 30개 정도였고, 커피숍은 외교 및 사교의 장소로서 인기가 높았으며, 최초로 프렌치 레스토랑이 갖추어져 서양요리가 제공되었다.

이후 우리나라의 호텔은 철도의 발달과 더불어 발전하였다. 즉 일제시대 일본이 만주 및 중국대륙의 침략을 위해 한반도를 교두보로 이용할 목적으로 철도역 주변에 철도호텔을 짓게 되었는데, 당시 건립된 호텔로는 1912년 부산 철도호텔과 역사를 겸한 서구식 철도호텔인 신의주 호텔 등을 들 수 있다.

1914년에는 서울에 조선호텔(당시 69실)이 건립되었는데, 지하 1층, 지상 4층 규모의 건물로서 당시 가장 화려하고 고급스러운 서양식 건물이었다. 또한 최초로 수직 엘리베이터가 설치되었을 뿐만 아니라 수세식 화장실이 딸린 객실과 난방시스템을 갖추었으며, 300여 명을 수용할 수 있는 연회장도 보유하였다. 조선호텔은 재건축 등을 통하여 오늘날까지 명맥을 유지하고 있다.

1915년 이후에는 금강산에 금강산 호텔을 시작으로 지방 도시와 유명 휴양지에 호텔이 건립되는데, 목포의 목포호텔, 부산의 동래호텔 등이 대표적인 호텔이라 할 수 있다. 우리나라 호텔사에 전환기를 가져오게 한 호텔은 1936년 서구식 숙박시설인 반도호텔이다. 이 호텔은 당시 8층 높이에 최대규모

(111실)의 객실을 갖추었으며, 대중적인 상용호텔(commercial hotel)을 표방하였다.

## 2) 해방 후의 호텔사

1945년부터 1960년까지는 어수선한 정국으로 인하여 호텔발전의 진전이 거의 없었는데 주한 외국인의 단체관광이 처음으로 발생하여 전국 명승지에 호텔들이 건립되었다. 이 시기에 건립된 호텔은 온양호텔, 불국사호텔, 서귀포호텔, 설악산호텔, 해운대호텔 등이다.

1960년대부터는 정부의 관광사업 정책 및 지원에 따라 수준급의 호텔이 등장하였고 1963년도에는 당시 최대규모(254실)의 워커힐 호텔이 개관되었는데 1965년에 국제적 관광기구인 제14차 아시아태평양지역 관광협회(PATA) 총회를 개최하여 우리나라 호텔산업에 현대적 의미를 가져다준 계기가 되었다. 이후 이 호텔은 1977년 쉐라톤(Sheraton)과 프랜차이즈 계약을 맺고 증축을 통하여 오늘날까지 대형호텔로서 명맥을 유지하고 있다.

1965년 한일 국교 정상화는 일본 관광객에게 문호를 개방함으로써 우리나라 호텔산업도 발전을 거듭하게 되었다.

1970년대는 경제 성장과 함께 호텔산업도 제도적 보완은 물론 체계적으로 발전하게 되었고, 외화획득 수단으로 호텔을 비롯한 관광산업의 중요성이 강조되기 시작하였다. 이 시기에는 전국적으로 관광호텔의 등급화가 실시되어 심사하게 되었고, 관광호텔 지배인 자격시험제도를 실시하여 호텔 전문경영자의 확보와 질적 향상을 기하고, 호텔서비스를 국제화하는 데 기여하였다. 1970년대 중후반에는 정부의 관광진흥정책에 따라 경주보문단지(74~79년)와 제주중문단지(78~86년) 등의 관광단지가 개발되어 호텔산업에도 영향을 주었다.

1980년대는 국민관광과 국제관광의 조화발전, 서비스수준의 향상, 국제회의의 국내유치 촉진, 86아시안게임, 88서울올림픽 등을 통하여 우리나라 관광산업이 일대 도약을 하게 되는데 관광산업의 중추적인 역할을 하는 호텔산업도 이에 부응하게 되었다. 특히 이 시기에 국제적인 체인호텔이 우리나라에 대거

들어와 호텔경영과 문화를 한 단계 끌어 올렸다. 외국계 체인호텔이 국내 호텔경영에 미친 영향은 ① 서비스의 국제화 ② 호텔경영 노하우 및 능력의 습득 ③ 호텔관리 능력의 향상 ④ 호텔 이용의 대중화 ⑤ 호텔 종업원의 임금 및 복지 향상 ⑥ 부패·부조리의 척결 등을 들 수 있다.

1990년대는 국내외적으로 관광이 활성화되었지만 1997년 IMF의 찬바람은 호텔업계에도 시련을 안겨주었다. 그러나 2000년대에 들어와서는 2001년 인천국제공항 개항, 한류열풍, 2002년 월드컵 개최, 2005년 아시아태평양협력체(APEC : Asian-Pacific Economic Cooperation) 정상회담 개최 등 기회요인과 대형 국제행사를 계기로 호텔산업은 재도약을 맞이하게 되었다.

〈표 1-5〉 우리나라 호텔의 발전사

| 구분 | 연도 및 시대 | 주요 호텔명 | 주요 특징 |
|---|---|---|---|
| 해방전 | 1888 | 인천 대불호텔 | 우리나라 최초의 호텔 |
| | 1902 | 손탁호텔 | 최초의 서양식 호텔 |
| | 1912 | 부산 철도호텔 | 철도호텔의 장을 개척 |
| | 1914 | 조선호텔 | 현존하는 최고(最古)의 호텔 |
| | 1915 | 금강산 호텔<br>동래호텔 | 휴양지 호텔 등장 |
| | 1936 | 반도호텔 | 상용호텔의 시대 개막 |
| 해방후 | 1945~60<br>(암흑기) | 온양호텔<br>불국사호텔<br>서귀포호텔<br>설악산호텔<br>해운대호텔 등 | 주한 외국인의 단체관광을 위해 호텔 건립 |
| | 1960년대<br>(도입기) | 워커힐 호텔 등 | 국제 수준의 호텔 등장 |
| | 1970년대<br>(성장기) | 경주코오롱<br>경주조선<br>경주도뀨 등 | 외국 관광객 유치를 위하여 경주보문단지와 제주중문단지 등에 호텔 건립 |
| | 1980년대<br>(도약기) | 서울힐튼호텔<br>르네상스 호텔<br>인터컨티넨탈 호텔 등 | 88올림픽을 계기로 외국계 체인호텔 대거 진출 |
| | 1990년대<br>(침체기) | 경주힐튼<br>경주현대호텔<br>해운대그랜드호텔 등 | IMF 영향으로 호텔산업 전반 침체 |
| | 2000년대<br>(재도약기) | 파크하얏트서울<br>인터불고호텔<br>인천하얏트 등 | 월드컵, 한류, 국제행사 유치 등으로 호텔산업 활성화 |

Introduction to
Hotel Management

# 제2장
# 호텔의 개념

# 1 호텔의 어원

호텔의 어원은 외지인, 여행자, 손님을 대접하는 숙박소의 주인을 의미하는 라틴어의 'hospis'에서 출발하였으며, 이 'hospis'의 파생어로는 신전참배하는 사람들을 신성한 사람으로 여겨 이들을 우대하는 것을 미덕으로 여긴다는 데서 융숭하게 대접하는 사람이라는 뜻을 가진 'hospitalis'와 순례자, 여행자를 위한 숙박소의 뜻을 가진 'hospitale'가 있다. 이 'hospitalis'에서 'hostel'과 원거리 여행 도중 질병으로 치료를 요하는 사람을 수용해서 진료하는 'hospital(병원)'이 파생되었으며, 'hostel'에서 's'가 탈락되어 'hotel'이 되었다. 결과적으로 Hotel과 Hospital은 모두 중세 라틴어의 "hospitale"에서 나온 단어라는 것은 매우 흥미 있는 일이 아닐 수 없다.

숙박시설의 초기 형태로 보이는 Hospital은 지금은 환자를 치료하는 병원의 뜻이지만 옛날에는 업무상 이동하는 사람들의 간이휴식장소와 숙박하는 장소였었다. 결국 노인이나 병자·고아 등을 수용하는 자선시설로서의 의미가 오늘날의 병원으로 발전되었다. Hospital은 두 가지의 기능이 있는데, 하나는 여행객을 편하게 쉬게 하는 장소였으며, 다른 하나는 부상자나 병자를 숙박시키면서 간호하는 시설이었다. 따라서 전자의 경우는 그 성격이 발전하면서 Hostel, Inn을 거쳐 현재의 Hotel로 변하였고, 후자의 성격이 오늘날의 병원으로 발전하게 된 것으로 생각된다.

호텔과 종합병원의 건물구조와 기능을 보면 거의 유사한 형태를 볼 수 있다. 기능이 같은 건물구조의 한 가지 예를 보면, 호텔의 객실과 병원의 병실 등 비슷한 운영시스템을 가졌기 때문에 전쟁 중에는 시내의 호텔이 야전병원의 기능을 그대로 수행할 수 있는 것으로 볼 때 호텔과 병원이 같은 어원에서 발전된 것으로 볼 수 있다.

또한 호스피탤리티(hospitality)의 어원도 라틴어의 Hospitalis에서 얻을 수 있다. Hospitalis는 "손님과 주인과의 사이에 관계가 있으며 객실(guest chamber)

은 물론 고객을 보호하는 곳(protector of guest)이며 친절함(friendly), 따뜻하게 대함(hospitable)" 등의 의미가 포함되어 있다.

이 같은 어원을 살펴볼 때, 호텔은 성격상 고객의 휴식과 원기회복을 위해 일정한 서비스를 제공하는 곳으로 환대산업(hospitality industry)의 중추가 되는 산업이다.

## 2 호텔의 정의

우리나라에 호텔이 도입된 지도 근 1세기가 경과되었으며, 그동안 관광산업의 발전과 더불어 수많은 호텔이 건립되었다. 이에 따라 호텔의 정의 및 기능에 있어서도 변화의 추세가 뚜렷하게 나타나고 있다.

먼저 사전적 정의로서 호텔은 "a place or shelter and rest for travelers", 즉 여행자의 숙박과 휴식의 장소이며 현대적 의미로는 'an establishment that provides lodging, and usual meals, entertainment, and various personal service for public'로 대중을 위하여 숙식, 식사와 서비스를 제공하는 공공성격의 건물이나 시설이라 규정하고 있다. 바꾸어 말하면, 호텔은 일시적으로 주거지를 떠나 숙소를 찾는 여행자나 숙소를 일시적 혹은 장기간 거주지로 삼으려는 자에게 적절한 숙박 및 기타 편의시설을 제공하고 그 대가로 일정 금액의 사용료를 징수하는 장소로 정의할 수 있다. 일반적으로 호텔의 개념은 여러 가지 형태로 설명할 수 있겠으나, 통상적으로 호텔시설의 규모나 운영방식 그리고 호텔의 위치 및 성격에 따라 다양하게 나타내고 있다.

둘째, 법률적으로 정의하면, 「관광진흥법」 제3조에서 "호텔업이란 관광객의 숙박에 적합한 시설을 갖추어 이를 관광객에게 제공하거나 숙박에 딸리는 음식·운동·오락·휴양·공연 또는 연수에 적합한 시설 등을 함께 갖추어 이를 이용하게 하는 업"이라 정의하고 있으며, 또한 「관광진흥법 시행령」 제2조에서 "관광호텔업이란 관광객의 숙박에 적합한 시설을 갖추어 관광객에게 이용하게 하고 숙박에 딸린 음식·운동·오락·휴양·공연 또는 연수에 적합한 시설 등을 함께 갖추어 이를 관광객에게 이용하게 하는 업"이라고 다시 정의하고 있다.

마지막으로 경제학적으로 접근하여 정의를 내리면 호텔이란 단순히 숙박과 음식만을 제공하는 시설이 아니라 하나의 기업으로서, 이익을 목적으로 숙박과 음식물을 생산하여 판매하는 것은 물론 사적 시설이 아닌 공공에 기여하는 사회적 시설인 동시에 일반고객을 대상으로 하는 영업체이고 관광산업의 중추적 비중을 차지하며 현대인에게 즐거움과 안락감을 줄 수 있는 종합형태 개념의 사회에 봉사하는 기업으로서의 의의가 있다고 할 수 있다.

따라서 오늘날의 호텔은 여행자에게 숙박과 음식만을 제공하는 단순한 기능만을 호텔사업으로 하지 않고 각종 시설과 서비스를 갖추고 고객들이 마치 가정을 떠나 나의 집처럼 즐거움과 안락함을 느낄 수 있도록 다양한 형태의 서비스를 제공하는 곳으로 지불능력이 있는 불특정다수인의 욕구충족을 위해 각종 형태의 물적 자원을 고객에게 판매하는 기업이라 정의할 수 있다.

# 3 호텔의 특성

호텔기업은 다른 여타 기업들(산업)과 달리 크게 경영, 상품, 시설, 투자상에 있어 다른 점들을 가지고 있다. 그 특성들에 대해 살펴보면 다음과 같다.

## 1) 경영상의 특성

### (1) 연중무휴의 영업을 한다

호텔은 개관과 더불어 전쟁·화재 등 불가항력적인 경우를 제외하고 연중무휴의 영업을 한다. 즉 호텔업은 서비스업으로서 객실과 식음료를 중심으로 하여 고객에게 휴식과 사교 등의 장을 제공하는 업체이다. 따라서 고객은 휴일이나 야간에도 호텔 이용의 필요성이 존재하므로 호텔은 경영의 활성화와 그 사회적 존재가치 및 책임을 위하여 연중 문을 닫지 않고 영업을 하게 되는 것이다.

### (2) 인건비가 많이 들어간나

일반생산기업에서는 기계화와 자동화로 수익성 향상이 가능해졌지만 고객에 대한 고품질의 상품을 제공하기 위한 인적 서비스 의존성 때문에 인건비의 부담은 계속 증가된다. 또한 시설 및 에너지 유지관리비, 일반관리비 등의 고정비용 성격의 비용지출이 일반기업에 비하여 상대적으로 높아 수익과 비용이 일치하는 손익분기점이 높다. 호텔의 높은 수익률 창출을 위해서는 고정비용의 절감이 호텔경영에서 가장 중요하다.

### (3) 금융비용의 지출이 크다

호텔의 기본적인 상품은 호텔건물, 각종 시설의 배치이다. 다른 산업시설은 필요에 따라 순차적으로 시설을 도입할 수 있으나, 호텔은 그 건물과 각종 시설들이 호텔상품으로써 판매되기 때문에 부분적인 투자보다는 초기에 완벽하게 구축시켜야 하기에 금융비용의 지출이 상대적으로 크다.

### (4) 성·비수기에 따라 수요변동이 심하다

호텔의 영업실적은 계절, 주중과 주말, 시간에 따라 차이가 많이 난다. 계절, 주말과 주중의 차이는 도심지호텔과 휴양지호텔에서 영업실적이 극명하게 차이가 난다. 또한 식음료업장은 계절뿐만 아니라 시간대에 따라서 매출액에서 상당한 차이를 보이기도 한다.

## 2) 상품상의 특성

### (1) 이동이 불가능한 상품이다

호텔은 다른 제조업과 달리 이동이 불가능해서 고객 스스로가 찾아와야 한다는 것이 다른 점이다. 일반 제조업의 상품은 생산자와 소비자가 떨어져 있어도 유통과정을 통해 고객이 원하는 곳에서 사용할 수 있으나 호텔상품은 고객이 직접 호텔을 방문하지 않으면 판매할 수 없는 특징을 가지고 있다. 이것은 호텔상품의 이동 불가능성이 장소적 독점성을 지닌다는 것을 의미한다. 즉, 식음료 케이터링(catering) 등 몇 가지를 제외하고 호텔은 입지한 위치가 맘에 안 든다거나 장소가 좋지 않다고 하여 마음대로 움직일 수 있는 상품이 아니기에 다른 산업에 비해 위치의존도가 높은 산업이다. 따라서 호텔의 성공여부는 좋은 위치(location)에 따라 결정된다.

### (2) 호텔상품은 소멸성 상품이다

호텔상품은 고객의 주문에 의하여 발생되며 판매시간 및 공간이 제한되고, 당일에 판매되지 못하면 다음날 판매가 가능한 일반 제조업 상품과 달리 재고상품으로서의 저장이 불가능하다. 즉 한정된 시간이 흐르면 자연스럽게 상품 자체가 사라지게 된다. 호텔은 수요에 따른 객실 수의 증감이 불가능하며, 레스토랑의 경우에도 좌석의 증감에는 한계가 있기 때문에 기타 상품과 같이 탄력적으로 수요에 대처하기가 어렵다는 것을 뜻한다.

### (3) 호텔상품은 무형적 상품이다

호텔상품은 유형상품과 무형상품이 결합한 독특한 상품구성을 지니고 있다. 하지만 호텔상품은 대부분 종사원의 훌륭한 서비스와 결합하여 완성되는 것이다. 호텔상품은 대체로 일정한 돈을 지불하고 객실, 연회장, 사우나 특정 시간이나 기간의 이용권한을 갖는 것이지 상품 그 자체를 구매하는 것이 아니다. 호텔상품은 그 자체가 무형제로서 일반제품과 같이 손에 잡히는 상품이 아니기 때문에 종사원의 융통성에 따라 상품의 질도 고객에 따라 다르게 느낄 수 있다.

### (4) 호텔상품은 노동집약적 상품이다

호텔서비스는 인적 서비스 의존도가 높으며 서비스품질은 서비스 제공자에 의해 크게 좌우된다. 호텔서비스가 제품 생산과 같이 규격화 · 표준화 · 단순화하는 데 한계가 있는 이유는 서비스의 일관성 유지가 어렵고, 동일한 서비스 품질의 유지가 곤란하기 때문이다.

호텔에서 판매하는 거의 대부분의 상품은 종사원의 인적 서비스에 의존한 노동집약적인 상품이다. 호텔은 기계화의 한계와 자동화 비율이 다른 기업에 비해 현저히 낮으며 아무리 좋은 시설과 설비를 갖추고 있다 해도 전문적인 지식과 경험을 가진 양질의 인적 서비스가 뒤따르지 않는 호텔은 좋은 상품의 판매가 어렵다.

### (5) 공급이 비탄력적이다

일반 제조업의 상품은 수요가 늘면 24시간 생산체제를 구축한다던지 해서 수요에 대처할 수 있지만, 호텔상품은 미리 생산할 수 없어 수요의 변화에 따라 탄력적으로 운영할 수 있다.

## 3) 시설상의 특성

### (1) 시설의 노후화가 빠르다

호텔시설은 상품 자체가 건물과 설비로 구성되어 있기 때문에, 이를 이용하는 고객이 많을수록 또한 시간이 흐를수록 빨리 훼손 또는 파손되기도 한다. 결과적으로 상품의 효용가치가 신속히 상실된다는 것이다. 고객에게 좋은 서비스를 제공하기 위해서는 일정한 수준의 시설상태를 유지해야 할 뿐만 아니라 유행에 민감하여 시설 및 인테리어에 대한 진부화가 다른 일반기업에 비하여 상대적으로 빠른 편이다. 따라서 지속적인 개보수 및 시설 개선이 필요하다. 시설의 조기 진부화에 따른 상품의 경제적 효용가치의 상실과 설비기기의 높은 비중으로 인한 감가상각비(depreciation)를 많이 낸다.

### (2) 비수익공간이 넓다

호텔은 수익부분과 비수익부분이 공존하는 구조를 갖는다. 호텔의 비수익부분은 보조적이고 잠재적 수익공간으로 미래의 수익을 창출하기 위한 필연적인 공간으로서의 성격을 갖는다. 호텔영업을 위해서는 관리를 위한 종사원 시설, 관리시설과 고객의 쾌적한 환경을 위한 로비나 휴식공간 같은 비생산적 부분이 필요하다. 일반적으로 비수익공간이 호텔 전체 연면적의 50% 이상을 차지하기도 하지만, 호텔영업이 장기간 운영되면서 비수익부분의 수익부분화가 호텔경영자들의 경영능력으로 보완되기도 한다.

### (3) 집약적으로 각종 시설이 갖추어져 있다

호텔은 호텔건물 자체가 상품으로 판매되기 때문에 호텔이 호텔위치를 위한 토지매입에 상당한 초기자본이 투하된다. 호텔개관에 따른 영업을 위해서는 건물·설비와 시설이 완벽히 갖추어져야 한다. 따라서 호텔은 건물·객실·내외부장식·부대시설 등이 합쳐 상품이 되기 때문에 고정자산비율이 높을 수밖에 없다. 유럽의 초기 호텔은 적은 객실과 식당 및 바(bar)를 갖춘 소규모 호텔들이 주를 이루었으나, 미국 대륙에서는 호텔이 다기능을 갖춘 대형호텔로 발전하였다. 따라서 호텔시설도 대규모 객실뿐만 아니라 여러 종류의 식당, 대·중·소형 회의실 및 각종 부대시설 등이 집약적으로 갖추어져 있다.

### (4) 자동화와 기계화의 한계성이 있다

호텔은 유형적인 물적 서비스도 중요하지만, 무형적인 인적 서비스가 더욱 중요하다. 호텔분위기, 객실환경 및 음식의 질이 출중할지라도 호텔종사원의 서비스가 수반되지 않으면 좋은 호텔상품의 가치는 떨어진다. 따라서 호텔의 자동화나 기계화는 인적 서비스가 상대적으로 적게 개입되어 종사원과 고객 간의 인간적인 교류가 단절된다. 따라서 호텔정보시스템(hotel information system), 진공포장기 및 청소도구 등의 일부 설비나 비품에서는 자동화나 기계화가 이루어지고 있지만 환대산업(hospitality industry)의 특징인 인적 서비스 의존성을 살린 종사원의 따듯한 환대로 고객만족을 충족시키는 것을 생각해 보면 호텔의 자동화나 기계화에는 분명 한계가 있다.

## 4) 투자상의 특성

### (1) 초기에 고정자산의 투자비율이 크다

호텔은 초기에 고정자산에 대한 투자비율이 크며, 고정자산에 대한 투자결정은 대부분 호텔을 건립할 때 이미 결정되므로 초기에 자본투자비율이 높게 된다. 일반기업은 보통 환금성이 빠른 상품과 현금으로 구성되는 유동자산의 비율이 비교적 높은 편인데, 호텔의 고정자산비율이 높은 이유는 건물·객실·내부장식·부대시설 등을 합쳐 하나의 상품으로 간주하기 때문이다. 호텔 개관과 동시에 완벽한 호텔상품을 구축하기 위해서는 높은 초기투자가 불가피하다. 일반적으로 호텔은 고정자산의 비율이 약 70~80%에 이른다. 호텔은 고정자산을 바탕으로 인적 서비스가 추가되어 호텔상품으로 완성된다.

### (2) 차입금인 타인자본이 과다하다

호텔은 영업을 위한 많은 시설을 갖춰 호텔상품으로 완성된다. 즉 호텔상품이 고정자산 형태인 건축물, 영업장 및 설비·비품의 비중이 높다는 것을 의미한다. 호텔의 모든 건물과 시설을 자기자본으로 완성하기에는 많은 초기투자가 요구되기 때문에 차입금인 타인자본의 유입은 필연적이다. 따라서 차입금인 타인자본의 유입은 영업외 비용인 금융비용으로써 이자를 부담해야만 한다.

### (3) 대규모 장기투자의 성격이 강하다

호텔의 다기능화에 따른 대형화·복합화 등은 일시에 많은 자본투자가 요구되고 있다. 점증하는 경쟁환경에서 살아남기 위해서라도 호텔의 고급화를 추구하는 호텔이 증가하고 있다. 일반적으로 호텔의 자본투자에 대한 회수기간은 타인자본의 비율에 따라 달라지지만 대략 20~30년 이상이 소요된다. 소형호텔들은 적은 시설투자에 따라 타인자본인 차입금이 작아 단기에 자본회수가 가능하나, 최근의 호텔들은 경쟁우위를 유지하기 위하여 규모의 대형화, 고급시설의 도입 등으로 자본투자 회수기간이 긴 장기투자 성격으로 변화하고 있다.

# 4 호텔의 분류

호텔은 호텔위치, 경영형태 및 호텔특성 등의 여러 가지 주어진 조건에 따라 각기 다른 명칭으로 불리기도 한다. 예컨대, 상용호텔은 반드시 사업을 목적으로 여행하는 고객만을 취급한다는 의미는 아니다. 편의상 주어진 특성을 바탕으로 하여 경영의 일반적 유형으로 분류되는 것에 불과하다. 호텔분류의 기준은 여러 가지가 있을 수 있으나 다음 몇 가지를 기준으로 하여 구분해 본다.

## 1) 「관광진흥법」상의 호텔 분류

넓은 의미에서 관광숙박업은 여러 가지 종류가 있다. 호텔, 모텔, 콘도미니엄, 여관, 여인숙, 국민숙사, 팡숑, 민박, 야영장 등 세계 각국이 나름대로 발전시켜온 수를 헤아릴 수 없을 정도로 다양한 종류의 숙박시설이 관광객의 숙박에 기여하고 있다. 그러나 우리나라에서는 관광객을 위한 숙박시설로 관광진흥법에 근거한 '호텔'과 '콘도미니엄'만 인정하고 있으며, 나머지 숙박시설은 「공중위생관리법」에 의해 관리되고 있다.

우리나라의 「관광진흥법」에서는 관광숙박업을 호텔업과 휴양 콘도미니엄업으로 분류하고 대통령령이 정하는 바에 의하여 이를 세분할 수 있도록 하고 있다. 「관광진흥법」 제3조제1항제2호 및 동법 시행령 제2조제1항제2호에서 규정한 호텔업의 세부업종을 열거하면 다음과 같다.

### (1) 호텔업

호텔업은 관광객의 숙박에 적합한 시설을 갖추어 이를 관광객에게 제공하거나 숙박에 딸리는 음식 · 운동 · 오락 · 휴양 · 공연 또는 연수에 적합한 시설 등을 함께 갖추어 이를 이용하게 하는 업으로 규정하고 있다.

그리고 호텔업의 종류는 그 운영형태나 이용방법 및 시설의 구조에 따라 관광호텔업, 수상관광호텔업, 한국전통호텔업, 가족호텔업, 호스텔업, 소형호텔업, 의료관광호텔업 등으로 세분하고 있다.

### ① 관광호텔업

관광객의 숙박에 적합한 시설을 갖추어 이를 관광객에게 이용하게 하고 숙박에 딸린 음식·운동·오락·휴양·공연 또는 연수에 적합한 시설 등(이하 "부대시설"이라 한다)을 함께 갖추어 이를 관광객에게 이용하게 하는 업을 말한다.

### ② 수상관광호텔업

수상에 구조물 또는 선박을 고정하거나 매어 놓고 관광객의 숙박에 적합한 시설을 갖추거나 부대시설을 함께 갖추어 관광객에게 이용하게 하는 업을 말한다.

수상관광호텔업은 다른 선진 관광국에서는 이미 널리 이용되는 숙박업이나 우리나라는 2000년 7월 20일 최초로 부산 해운대구에 객실 수 53실의 수상관광호텔이 유일하게 등록되었다. 수상관광호텔업은 두 가지 종류가 존재한다. 첫째는 해상에 '고정'시킨 수상관광호텔로, 홍콩의 아바딘 해상식당과 같이 고정식 시설의 경우가 있다. 둘째는 해상에 '계류'식의 해상관광호텔업으로 이는 유람선식의 이동을 의미하면서도 계류(잡아 매어 놓음)식으로 하여 이용하게 하는 호텔업을 말한다.

### ③ 한국전통호텔업

한국전통의 건축물에 관광객의 숙박에 적합한 시설을 갖추거나 부대시설을 함께 갖추어 이를 관광객에게 이용하게 하는 업으로 1991년 7월 26일 최초로 제주도 중문관광단지 내에 객실 수 30실의 한국전통호텔(중문씨빌리지)이 등록되었다.

#### ④ 가족호텔업

가족단위 관광객의 숙박에 적합한 시설 및 취사도구를 갖추어 관광객에게 이용하게 하거나 숙박에 딸린 음식·운동·휴양 또는 연수에 적합한 시설을 함께 갖추어 관광객에게 이용하게 하는 업을 말한다.

#### ⑤ 호스텔업

배낭여행객 등 개별 관광객의 숙박에 적합한 시설로서 샤워장, 취사장 등의 편의시설과 외국인 및 내국인 관광객을 위한 문화·정보 교류시설 등을 함께 갖추어 이용하게 하는 업

#### ⑥ 소형호텔업

관광객의 숙박에 적합한 시설을 소규모로 갖추고 숙박에 딸린 음식·운동·휴양 또는 연수에 적합한 시설을 함께 갖추어 관광객에게 이용하게 하는 업

#### ⑦ 의료관광호텔업

의료관광객의 숙박에 적합한 시설 및 취사도구를 갖추거나 숙박에 딸린 음식·운동 또는 휴양에 적합한 시설을 함께 갖추어 주로 외국인 관광객에게 이용하게 하는 업

### (2) 휴양 콘도미니엄업

휴양 콘도미니엄업은 1957년 스페인에서 기존 호텔에 개인의 소유권 개념을 도입하여 개발한 것이 시초이며, 관광객의 숙박과 취사에 적합한 시설을 갖추어 이를 당해 시설의 회원·공유자 기타 관광객에게 제공하거나 숙박에 부수되는 음식·운동·오락·휴양·공연 또는 연수에 적합한 시설 등을 함께 갖추어 이를 이용하게 하는 관광숙박시설을 말한다. 우리나라는 1982년 12월 31일자로 휴양 콘도미니엄업을 「관광진흥법」상의 관광숙박업종으로 신설하였다.

휴양 콘도미니엄업의 입지는 일반적으로 관광지, 관광휴양지역 등 자연경

관이 수려한 지역으로서 건물이 주위환경과 조화를 이룰 수 있는 지역에 위치하게 된다. 이것은 가족단위의 취사, 체재, 또는 숙박에 필요한 설비를 갖춘 별장 또는 회사·단체 등에서 사원들의 연수를 위한 목적으로 발전된 숙박시설의 형태이다.

운영형태는 소유권의 지분을 가지는 공유분양제와 회원권만을 가지는 회원제로 구분되고 있다. 이용대상은 공유자와 회원권 소지자에게 연중 일정기간을 이용케 하고, 회원은 입회금과 시설의 유지·관리에 필요한 비용 등을 관리회사에 납부하여야 한다.

즉 콘도미니엄의 개념은 휴가권과 시간분할의 의미로 해석되며, 일정한 시간적 인터벌(interval)을 일정기간(20~25년) 동안 지정된 장소에서 휴가를 보낼 수 있는 권리로 해석하고 있다. 우리나라의 경우는 콘도미니엄 창업 초기 단편적 시분할(fractional time share)제도를 채택함으로써 현재 많은 문제점을 내포하고 있다.

## 2) 등급제도에 의한 분류

### (1) 외국의 호텔등급

대부분의 국가에서는 숙박시설에 대한 등급제도를 채택하여 실시하고 있는데, 아시아 국가 중 일본과 싱가포르, 말레이시아 등은 등급제도를 채택하고 있지 않다. 숙박시설 등급제도를 채택하고 있는 국가들의 등급결정기관을 보면 크게 정부주도와 민간주도로 구분할 수 있다.

국가별 호텔등급 결정주체의 유형을 보면 스페인, 중국, 대만은 정부에서 등급심사를 주관하고 있다. 반면 미국, 독일은 여행관련 민간 소비자단체에서 주관하고 있으며, 영국의 경우는 정부(ETB)가 실시하는 등급평가제도와 민간 소비자단체(AA)에서 실시하는 등급평가제도가 병행 실시되고 있다. 또한 프랑스의 호텔등급평가는 특별위원회가 국가로부터 위임받아 주관하는 방법과 민간 차원에서도 자체적으로 시행하는 방법 등이 병행 시행되고 있다.

이처럼 등급평가 기준은 각 나라마다 조금씩 상이하여 일반화하기는 힘들지만 대체적으로 시설 및 서비스수준을 가지고 평가하고 있으며, 등급 표시는 대체적으로 별(★)모양으로 표시한다.

### (2) 국내의 호텔등급

우리나라의 호텔등급 결정은 「관광진흥법」 시행규칙 제25조3항의 규정에 의거하여 호텔업 등급결정업무의 위탁과 등급결정 기준 및 그 절차 등에 관한 세부적인 사항을 정함으로써 호텔업의 등급결정이 합리적이고 효율적으로 이루어지도록 하고 있다.

관광호텔 등급결정의 추진배경으로는 등급평가 의무화 도입(2014. 9. 12. 법규 개정)으로 인한 호텔서비스 선진화 도모, 글로벌 스탠더드에 맞는 호텔등급 표시제 운영과 호텔등급 결정의 공정성과 신뢰성 확보 및 국내외 호텔등급 관련 홍보강화를 위해 공공기관(한국관광공사)에서 진행하는 것을 추진배경으로 하고 있다.

추진배경에 따른 등급결정 목적은 첫째, 호텔등급 결정제도의 객관성 및 공공성 확보이다. 즉 공공기관 평가제도를 통한 공신력 확보와 신뢰성 있는 제도마련을 통한 엄정한 평가제도 운영이다. 둘째, 호텔산업의 질적 성장의 토대 마련이다. 이는 호텔업 경쟁력 강화 및 소비자 만족지향, 국제적 기준에 부합한 호텔서비스 표준화, 평가 및 호텔운영 관련 컨설팅 서비스 제공 등을 통해 호텔운영의 선진화를 유도하는 데 있다.

〈표 2-1〉 등급별 호텔서비스 기준 및 정의

| 호텔등급 | 서비스 기준 및 정의 |
|---|---|
| 5성급 호텔 | 최상급 수준의 시설과 서비스를 제공하는 호텔로서 고객에게 최고의 맞춤서비스 제공. 호텔로비는 품격 있고, 객실에는 품위 있는 가구와 뛰어난 품질의 침구와 편의용품이 완비됨. 비즈니스센터, 고급메뉴와 최상의 서비스를 제공하는 3개 이상(직영, 임대 포함)의 레스토랑, 대형 연회장, 국제회의장을 갖추고, 24시간 룸서비스가 가능하며, 피트니스센터 등 부대시설과 편의시설을 갖춘 호텔이다. |
| 4성급 호텔 | 고급수준의 시설과 서비스를 제공하는 호텔로서 고객에게 최고의 맞춤서 |

| | |
|---|---|
| | 비스를 제공. 호텔로비는 품격 있고, 객실에는 품위 있는 가구와 우수한 품질의 침구와 편의용품이 완비됨. 비즈니스센터, 고급메뉴와 서비스를 제공하는 2개 이상(직영, 임대포함)의 레스토랑, 연회장, 국제회의장을 갖추고, 12시간 이상 룸서비스가 가능하며, 피트니스센터 등 부대시설과 편의시설을 갖춘 호텔이다. |
| 3성급 호텔 | 청결한 시설과 서비스를 제공하는 호텔로서 고객이 수면과 청결유지에 문제가 없도록 깨끗한 객실과 욕실을 갖추고, 다양하게 식사를 해결할 수 있는 1개 이상(직영, 임대 포함)의 레스토랑을 운영하며, 로비, 라운지 및 고객이 안락한 휴식을 취할 수 있는 부대시설을 갖추어 고객이 편안하고 안전하게 이용할 수 있는 호텔이다. |
| 2성급 호텔 | 고객이 수면과 청결유지에 문제가 없도록 깨끗한 객실과 욕실을 갖추며 식사를 해결할 수 있는 최소한의 F&B 부대시설을 갖추어 운영되는 안전한 호텔이다. |
| 1성급 호텔 | 고객이 수면과 청결유지에 문제가 없도록 깨끗한 객실과 욕실을 갖춘 조식이 가능한 안전한 호텔이다. |

자료 : 한국관광공사

## ■ 등급평가 점수(현장평가 및 암행/불시평가)

호텔의 등급평가 점수는 현장평가 및 암행/불시평가에 의해 평가되는데, 각 등급별 기준점수에 대한 평가가 진행되고, 평가점수 결과에 따라 호텔별 등급에 결정된다.

호텔의 등급별 결정기준표와 등급별 평가점수표는 다음과 같다.

### ① 호텔의 등급별 결정기준표

| 구분 | | 5성급 | 4성급 | 3성급 | 2성급 | 1성급 |
|---|---|---|---|---|---|---|
| 등급평가기준 | 현장평가 | 700점 | 585점 | 500점 | 400점 | 400점 |
| | 암행평가/불시평가 | 300점 | 265점 | 200점 | 200점 | 200점 |
| | 총배점 | 1,000점 | 850점 | 700점 | 600점 | 600점 |
| 결정기준 | 공통기준 | 등급별 등급평가기준상의 필수항목을 충족할 것<br>제11조 제1항에 따른 점검 또는 검사가 유효할 것 | | | | |
| | 등급별기준 | 평가점수가 총배점의 90% 이상 | 평가점수가 총배점의 80% 이상 | 평가점수가 총배점의 70% 이상 | 평가점수가 총배점의 60% 이상 | 평가점수가 총배점의 50% 이상 |

② 등급별 평가점수표

| 구분 | 현장 평가 | 암행/불시평가 | 계 |
|---|---|---|---|
| 5성급 | 700 | 300 | 1,000 |
| 4성급 | 585 | 265 | 850 |
| 3성급 | 500 | 200 | 700 |
| 2성급 | 400 | 200 | 600 |
| 1성급 | 400 | 200 | 600 |

### (3) 호텔 등급결정의 신·구제도 비교

기존 우리나라의 호텔 등급은 특1등급, 특2등급, 1등급, 2등급, 3등급 등 총 5등급으로 적용되었으며, 각 등급의 표시는 무궁화 모양으로 특등급의 경우 무궁화 5개를 부여하고, 1등급은 4개, 2등급은 3개, 3등급은 2개를 각각 부여하였다. 그러나 2015년부터는 새로운 호텔 등급체계가 시행되어, 등급별 표시는 별모양을 사용하고 등급별로 별의 개수를 표시하며, 2015년에는 신・구 등급의 표시가 한시적으로 병행하여 사용하게 된다.

호텔 등급결정의 신・구제도의 비교와 평가절차를 살펴보면 다음과 같다.

〈표 2-2〉 호텔업 등급결정 신(별) vs 구(무궁화) 제도 비교

| 구분 | 신(별) 등급제도 | 구(무궁화) 등급제도 |
|---|---|---|
| 적용기간 | 2015. 1. 1. ~ 2015. 12. 31. 기간 동안 호텔사업자는 신등급제도와 구등급제도 중 선택하여 신청할 수 있다. | |
| | 2015. 1. 1.부터 신청가능 | (신규/유효기간 만료호텔) 2015. 12. 31.까지 구등급제로 신청 가능<br>(유효기간 잔존호텔) 사업자가 원할 경우 현 등급의 유효기간 만료 시까지 구등급 및 구 등급표지 사용 가능 |

| | | |
|---|---|---|
| 등급 체계 | 5성(고궁갈색 바탕)<br>✩✩✩✩✩ | 특1등급<br>(무궁화 5개 금색바탕) |
| | 4성(감청색 바탕)<br>✩✩✩✩ | 특2등급<br>(무궁화 5개 녹색바탕) |
| | 3성(감청색 바탕)<br>✩✩✩ | 1등급<br>(무궁화 4개 녹색바탕) |
| | 2성(감청색 바탕)<br>✩✩ | 2등급<br>(무궁화 3개 녹색바탕) |
| | 1성(감청색 바탕)<br>✩ | 3등급<br>(무궁화 2개 녹색바탕) |
| 평가 방식 | (현장평가) 평가일 사전 통지하고 현장조사<br>(암행/불시) 4~5성 : 1박 암행조사/1~3성 : 무박 불시 방문조사 | (현장평가) 평가일을 사전 통지하고 현장조사<br>(암행/불시평가) 없음 |
| 평가 결정 기준 | –각 등급별로 별도 기준 적용<br>–현장평가/암행평가 기준을 각각 별도 마련 | –등급과 관계없이 동일한 평가기준 적용<br>–암행평가(불시평가) 없음 |

## 3) 입지에 의한 분류

호텔이 어느 곳에 위치했는가를 기준으로 하여 호텔입지(location)에 따라 호텔을 분류해 보면 다음과 같다.

### (1) 도심지호텔(downtown hotel)

일반적으로 대도시의 중심지에 자리 잡고 있는 대규모 호텔을 메트로폴리탄호텔(metropolitan hotel)이라 하며 대연회장을 비롯한 여러 가지 부대시설을 갖추고 있어 국제회의가 가능하다. 또한 비즈니스센터(business center)에서는 사업여행객을 위한 여러 가지 서비스를 제공한다. 시티호텔(city hotel)은 도심지에 있는 일반적인 호텔로써 외래객뿐만 아니라 지역주민들을 위한 각종 집회·연회행사 등의 서비스를 제공한다.

### (2) 리조트호텔(resort hotel)

리조트호텔은 대부분 산, 강, 바다 또는 온천·스키 등을 즐길 수 있는 지역에 분포해 있다. 리조트호텔은 주로 휴가를 즐기며 휴식을 취하기 위한 고객들과 오락 등을 즐기기 위한 고객들로 구성된다. 따라서 호텔들은 고객욕구에 걸맞은 서비스를 제공하는 것이 일반화되었다. 리조트호텔은 고객들이 선호하는 지역 및 이용하는 지역에 따라 여러 종류[산악호텔(mountain hotel)/호반호텔(lakeside hotel)/해변호텔(seaside hotel)/온천호텔(hot spring hotel)]로 분류할 수 있다.

### (3) 트래픽호텔(traffic hotel)

여행객들의 이동 동선상에 위치해 있으며 주로 자가용을 타고 여행하는 고객들이 많이 이용하는 호텔을 의미한다. 일반도로나 고속도로 주변에 위치한 것에 따라 다음과 같이 구분할 수 있다.

- 모텔(motel)
- 고속도로호텔(highway hotel)

### (4) 교외호텔(suburban hotel)

도시에서 떨어진 교외에 주로 있으며 주말이나 휴일 동안 도시를 떠나 휴식을 취하고자 하는 여행객들이 많이 이용한다.

### (5) 터미널호텔(terminal hotel)

철도역, 버스터미널 및 공항 등지에 위치한 호텔들로 호텔이 어디에 위치했는가에 따라 역전호텔(station hotel), 공항호텔(airport hotel) 및 항구호텔(seaport hotel)로 분류된다.

### 4) 규모에 의한 분류

다음은 여행자가 이용할 수 있는 호텔규모를 객실 수로 기준하여 호텔을 분류해 보면 다음과 같다.

① 소규모 호텔(small hotel) : 25실 미만
② 평균규모의 호텔(average hotel) : 25~100실까지의 규모
③ 평균 이상 규모의 호텔(above average hotel) : 100~300실까지의 규모
④ 대규모 호텔(large hotel) : 300실 이상 규모

### 5) 체재기간을 기준으로 한 분류

호텔이 크거나 작거나 투숙고객의 체재기간(length of stay)을 기준으로 하여 단기체재호텔(short stay hotel)과 장기체재호텔(long stay hotel)로 분류한다.

#### (1) 단기체재호텔

대개 1~2일 정도 숙박하는 고객을 위한 호텔(transient hotel)로써 주로 단기간 호텔을 이용하는 여행객이 주고객이다. 이러한 호텔을 이용하는 고객들은 짧은 숙박기간이 필요한 경우로 터미널호텔과 상용호텔 등이 여기에 포함된다. 단기체재호텔의 특징은 커피숍(coffee shop), 라운지(lounge), 식당 외에 나이트클럽 등의 오락시설이 있으며, 짧은 여행일정을 가진 단체여행객과 사업여행을 하는 고객들이 주로 이용한다.

#### (2) 장기체재호텔

장기체재호텔은 일반적으로 일주일 이상 투숙하는 고객을 대상으로 하는 호텔(residential hotel)을 말한다. 이러한 장기체재호텔은 주로 미국에서 볼 수 있다. 일반적으로 장기체재호텔은 주방시설이나 세탁시설이 없지만, 최소한의 주방시설, 메이드서비스 등으로 수개월 이상 체재하는 고객을 대상으로

하는 퍼머넌트호텔(permanent hotel)과 은퇴한 노인들을 대상으로 주택의 기본적인 시설을 갖춘 아파트먼트호텔(apartment hotel) 등이 있다.

오늘날 위와 같은 장기체재호텔이 발전하게 된 요인은 국제 간 장기체재객의 급격한 증가 때문이다. 외교관의 상주, 기술도입 등에 의한 기술자의 교류, 마케팅활동을 위한 일시적 장기체재객의 증가 등은 장기체재에 따른 숙박비의 절감목적으로 저렴한 숙박시설을 필요로 하게 되었다.

## 6) 표적시장(target market)에 의한 분류

전통적인 호텔 분류방법 중에서 가장 일반적인 것 중의 하나가 바로 표적시장(target market)에 따른 분류로 상용호텔, 리조트호텔, 공항호텔, 카지노호텔, 컨벤션호텔, 모텔 등으로 구분할 수 있다.

### (1) 상용호텔(commercial hotel)

상용호텔은 도심의 상업지역에 위치하여 사업 등을 목적으로 한 고객(business traveler)을 대상으로 하는 호텔로써 사업자의 편의를 최대한 배려하는 시설과 서비스가 갖추어져 있다. 사업을 목적으로 도시와 국가를 왕래하는 여행자들을 위해 팩시밀리, 개인용 컴퓨터가 순비된 개인전용 객실과 대중시설로서 커피숍 · 식당 · 라운지(lounge) 등이 설비되어 있다.

또한 사업상의 업무 및 관계자 등과의 회합을 위한 비즈니스센터, 회의실과 연회장 등의 필요 시설들을 제공한다. 사업여행객의 업무로 인한 피로회복을 위한 헬스센터, 사우나 및 기타 여가시설 등의 서비스도 제공된다. 상용호텔을 비즈니스호텔(business hotel)이라 부르기도 한다.

### (2) 리조트호텔

리조트호텔(resort hotel)은 휴양지에 위치하고 있으나, 관광객의 여행목적을 보면 상용호텔과는 달리 주로 휴양을 즐기고 건강을 회복하고자 체재하는 고객을 위해 생긴 호텔이다. 리조트호텔은 경관이 뛰어난 곳에 고급스런 규모로 다양한 오락·유흥시설을 갖추고 있으나, 오늘날 리조트호텔의 개념은 가족여행객의 증가와 여행 패턴의 변화로 점차 대중화되고 합리적인 가격을 제공하고 있다.

리조트호텔의 영업상의 특징은 성수기와 비수기, 주말과 주중의 객실점유율이 극명하게 존재하여 호텔의 수입이 불안정하며, 지역적 특성에 따라 훼손·마모·침식 등이 다른 호텔보다 더 빠르기 때문에 끊임없이 유지·보수를 실시해야 한다.

### (3) 공항호텔(airport hotel)

전 세계 주요 국제공항들의 주변에는 수많은 호텔들이 있는데, 이러한 호텔들을 흔히 공항호텔이라고 한다. 공항 근처에 위치하고 있기에 공항호텔의 주된 소비자계층은 익일 비행기를 탑승하려는 고객이나 항공사의 승무원들이라 할 수 있다.

### (4) 카지노호텔(casino hotel)

카지노호텔은 호텔에 갬블링시설을 설치하여 갬블링을 목적으로 찾아오는 고객들을 대상으로 하는 호텔을 말한다. 일반적인 호텔은 객실과 식음료시설이 주요 시설이고 기타 시설이 부대시설이지만, 카지노호텔은 카지노사업장이 주요 시설이며, 객실과 식음료시설은 부대시설의 역할을 함으로써 과거에는 호텔의 객실 및 기타 분야의 매출이 매우 저조했다고 할 수 있다. 그러나 현대에는 이런 전통적인 개념에서 벗어나 카지노게임 이외에도 각종 쇼, 오락거리 등을 조성하여 종합 오락활동의 기회를 제공하고 있다.

### (5) 컨벤션호텔(convention hotel)

국제회의가 유발되는 각종의 협회나 기업들이 정기적으로 회의를 개최하게 된다. 이러한 국제회의는 어느 일정기간에 대규모 관광수요를 촉발시키기 때문에 국제회의는 컨벤션호텔의 중요한 시장이 되기도 한다. 컨벤션호텔은 국제회의에 참가하는 고객들이 이용하도록 대규모객실과 대·중·소의 회의장 시설, 전시장 및 여러 종류의 식음료시설이 갖추어져 있다. 특히 유럽, 미국, 캐나다 및 전 세계에 걸쳐 대도시들이 국가나 도시이미지 증진을 위한 컨벤션호텔 건설을 추진하고 있다. 또한 상용호텔 및 리조트호텔도 전문적인 컨벤션 시장에 진출함으로써 컨벤션호텔이란 분류 시스템을 모호하게 하고 있다.

#### (6) 모텔(motel) 또는 모터호텔(motor hotel)

모텔 또는 모터호텔의 주된 소비계층은 자동차 여행자로, 1920년대 미국 캘리포니아를 중심으로 모텔이라는 용어가 처음 사용되었으며, 제2차 세계대전 후 1950년대 자동차의 대량 보급 등으로 미국의 주요 교통수단이 철도에서 비행기 및 자동차로 변화되면서 미국 전역에 모텔이 출현하게 되었다.

모텔은 'motor'와 'hotel'의 합성어로서 자동차 여행객을 위하여 고속도로나 국도 주변에 위치한 호텔인데 객실 수는 대부분 50실 미만이며, 객실 이외에는 특별한 시설 없이 최소한의 서비스를 제공하기에 운영에 따른 인건비 부담이 매우 적다. 이러한 점 때문에 모텔은 상대적으로 도심지호텔에 비해 가격이 저렴하다.

### 7) 요금지불방식에 의한 분류

호텔의 사용요금은 크게 나누어 객실료, 식음료, 그리고 그 외 부대시설 사용료 등으로 나누어볼 수 있다. 호텔의 입지나 호텔 운영방법에 따라 호텔의 요금제도는 객실요금과 식사요금을 분리하며 각각 별도로 계산하는 방식을 취하는 호텔이 있는 반면, 객실요금에 식사요금을 포함하여 일괄 계산하는 방식을 사용하는 호텔이 있다.

호텔의 입지나 호텔 운영방법에 따라 호텔의 요금제도는 객실요금에 3식 식사비 포함, 2식 혹은 1식 포함 및 객실요금과 식사비의 분리 등으로 나뉘어 있다. 미국과 우리나라 호텔은 대부분 식사비와 객실요금을 별도로 하는 유럽식 요금제도를 채택하고 있다.

### (1) 유럽식 제도(European Plan : EP)

유럽식은 객실요금과 식사요금이 별도로 계산되는 요금제도이다. 이 제도는 호텔 객실요금을 싸게 제공한다는 이미지 제고의 효과가 있다. 또한 고객은 고객이 원하는 음식을 자유롭게 선택할 수 있다. 일반적으로 상용호텔들은 유럽식 요금제도를 많이 채택하고 있다. 특히 상용여행객들은 시간제한에 의하여 식사시간을 놓치기 쉽고, 단체손님들과 식사하는 번거로움을 피하기 위하여 유럽식 요금제도를 선호한다.

### (2) 미국식 제도(American Plan : AP)

미국식은 객실요금에 아침(breakfast) · 점심(lunch) · 저녁(dinner) 식사요금이 모두 포함되어 있는 요금제도로, 일명 'full plan', 'full pension', 'full board'라고도 불린다. 주로 휴양지호텔 혹은 산간지역 호텔에서 사용하는 방법으로, 호텔 주변에 식당이나 상가가 거의 없고, 전적으로 호텔에서 식사를 해결할 경우에 많이 사용한다.

### (3) 대륙식 제도(Continental Plan : CP)

대륙식은 객실요금에 아침식사가 포함된 요금제도이다. 식사는 커피 · 초콜릿 · 롤빵과 약간의 치즈를 제공하는 대륙식 아침식사(continental breakfast)를 제공하는데, 'American breakfast'보다 메뉴가 단순하고 값이 저렴하며 고객에게도 별로 부담이 되지 않는다. 유럽 대도시의 사업여행 고객을 위한 호텔에서 자주 볼 수 있는 형태이다.

### (4) 버뮤다제도(Bermuda Plan)

버뮤다식은 객실요금에 아침식사가 포함된 요금제도이다. 식사는 달걀요리와 빵 그리고 햄 등을 제공하는 미국식 아침식사(American Plan)를 제공한다.

#### (5) 수정 미국식 제도(Modified American Plan : MAP)

객실요금에 2식이 포함된 요금제도이다. 수정 미국식 제도는 고객의 요금 부담을 일부 덜어줄 수 있다. 일반적으로 고객은 아침식사와 저녁식사만 호텔에서 하고, 점심식사는 하지 않는다.

#### (6) 혼합식 제도(Dual Plan)

고객의 선택에 따라 미국식이나 유럽식 요금제도를 선택할 수 있도록 하는 호텔을 뜻한다. 혼합식 제도는 고객에게 선택의 폭을 넓혀주기 위한 것이다.

### 8) 경영 및 자본구조의 형태에 의한 분류

#### (1) 개별경영호텔(Independent Hotel)

개별경영호텔은 다른 호텔들과 어떠한 관계도 유지하지 않고 소유주가 호텔을 직접 소유하고 경영하는 방식으로써 제3자로부터 자금지원이나 경영지원 없이 독립적으로 운영하는 형태이다. 이 형태는 경영에 대하여 간섭을 받지 않고, 의사결정 등을 신속하게 처리할 수 있으며, 위탁경영비, 상용사용 등의 수수료가 들지 않는다는 장점이 있으나, 투자에 대한 위험부담이 높고, 호텔 건설 및 경영 노하우의 부족, 해외 마케팅의 한계 등으로 경영상의 위험이 높은 편이다. 이런 형태의 호텔은 호텔기업의 성상과정에 있어서 초기단계에 흔히 볼 수 있는 것으로 그 규모가 소규모 호텔인 중소기업 형태가 대부분이다.

#### (2) 체인경영호텔(Chain Hotel)

체인경영호텔이란 체인본사와 가맹호텔이 계약을 통하여 경영하는 호텔 또는 하나의 소유주가 2개 이상의 호텔경영을 공유하는 것을 말한다.

체인경영호텔은 높은 브랜드 인지도를 통하여 조기에 영업력을 확보하고, 규모의 경제(economics of scale)를 최대한 살릴 수 있는 경영방식인데, 선진

호텔은 대부분 이 방식을 도입하여 운용하고 있다. 또한 호텔경영의 경험이 없어도 체인본부로부터 시장조사, 입지선정, 건축기술 지원, 전산시스템, 종업원의 교육, 개관업무, 각종 영업 매뉴얼을 통한 서비스 표준화 등의 지원을 받을 수 있거나 호텔전문 경영자가 직접 경영을 해주므로 개별경영호텔보다 호텔사업의 진출이 용이하며 조기에 영업목표를 달성할 수 있다.

체인경영호텔의 형태는 소유직영방식, 임차방식(lease), 위탁경영계약, 프랜차이즈방식(franchise), 리퍼럴방식(referral) 등이 있다.

### ① 소유직영방식 호텔(Chain-Owned Hotel)

호텔기업 자체의 자본축적에 의해 규모를 확대해 나가는 방법으로 체인 본사가 스스로의 자본축적을 통하여 체인 회원사를 소유 및 경영하는 형태로 소유직영 또는 소유경영방식이라고 한다. 즉, 하나의 소유주가 2개 이상의 호텔을 체인화한 형태로, 예를 들어 우리나라 롯데호텔의 경우 서울 명동에 호텔롯데를 개관하여 단독경영호텔로 출발하였지만 잠실, 대덕, 부산, 제주, 울산 등지에 직영호텔을 건립함으로써 체인호텔이 되었다. 즉 소유와 경영이 일치하고, 본사와 가맹호텔이라는 계약관계는 없지만 체인경영의 장점을 그대로 살릴 수 있으므로 이를 소유직영 체인호텔이라고 한다.

### ② 임차방식 호텔(Leased Hotel)

호텔 소유회사가 호텔경영능력이 부족하여 다른 호텔경영회사에 임대하는 형태의 호텔로 토지 및 건물의 투자에 대한 자금조달 능력을 충분히 갖고 있지 않은 사람이 제3자의 호텔을 일정한 계약에 의하여 임차하여 운영하는 방식이다. 호텔 소유자 입장에서는 호텔경영능력의 부족으로 인한 경영의 불투명성을 해소할 수 있고, 호텔 경영회사의 입장에서는 많은 자본의 투자 없이 호텔을 경영할 수 있기 때문에 양자의 이해가 맞아떨어질 수 있다.

호텔의 임대인(호텔 소유회사)은 호텔 내외부 시설 및 비품·가구 등에 대한 투자를 하고, 임차인(호텔 경영회사)은 그에 대한 임차료를 지불하는 식으로 이루어진다. 계약내용은 보통 영업실적에 관계없이 일정액으로 임차료를 내는 경우와 영업실적에 따라 일정비율을 내는 경우가 있는데 두 가지를 혼합하여 최소액의 임차료와 영업실적에 따른 매출액의 일정비율을 내는 경우도 있다. 일반적으로 체인을 가진 호텔들이 체인 확장을 위해서 임차경영을 많이 시도하고 있다.

### ③ 위탁경영계약 호텔(Management Contract Hotel)

위탁경영계약호텔은 소유회사와 경영회사 간의 계약을 통해서 경영회사 측이 호텔의 총경영을 책임지고 운영하는 것으로 소유와 경영이 완전히 분리되는 전문경영체제 형태이다. 즉, 경영호텔과 호텔 소유주가 계약을 맺어 경영호텔은 상표사용권과 위탁경영을 제공하고 호텔 소유주는 그에 따른 수수료를 지불하는 형태로 호텔 소유주의 경영권이 상실된다는 점에서 프랜차이즈 호텔과 차이점이 있다.

소유회사는 토지와 건물을 출자하여 호텔을 건설하고 소유하며, 위탁받은 경영회사는 호텔기업의 경영권을 인수받게 되며 호텔기업 전체의 운영 감독권은 물론 회계부분까지 운영 감독하게 되어 있으나, 자본 또는 운영자본은 경영회사가 투자하지 않으며 운영 시 호텔의 법적 피해나 재무손실에 대한 책임은 소유권자에게 귀결된다.

### ④ 프랜차이즈방식 호텔(Franchise Hotel)

프랜차이즈 시스템은 체인화 전략의 하나로 규모의 경제(economics of scales)와 조직 내의 조정을 원활하게 하고 최대의 경제효과를 창출하기 위하여 계획적인 지휘, 전문관리, 집중 통제되는 조직이라 할 수 있다.

프랜차이즈 시스템은 라이선싱 계약의 형태로서 프랜차이저(Franchisor)가 프랜차이지(Franchisee)에게 상표 사용권을 허가해 주고 사업체의 조직과 경영방법의 이전을 통해 계속적으로 운영을 지원해 주는 방식으로 프랜차이저는 상표사용권, 예약시스템, 경영 노하우를 제공하고 프랜차이지 호텔은 그에 따른 수수료를 지불하는 형태이다. 소유회사인 가맹점 호텔의 경영권은 독립성이 유지된다.

### ⑤ 리퍼럴방식 호텔(Referral Hotel)

리퍼럴방식은 이미 존재하는 호텔 및 모텔기업이 각각 독립성을 유지하면서 상호 협력하기 위하여 조직적으로 연합하는 형태이다. 체인화되지 않은 독립호텔들이 체인화된 호텔의 강력한 경쟁력에 대항하기 위하여 서로 다른 위치에 있는 호텔이 모여서 또 다른 하나의 체인호텔을 만들어 홍보 판촉 측면에서 공동의 경영목표를 추구하는 것을 말한다. 즉, 개별호텔들이 협력하여 대항하기 위해서 조직한 체인형태 호텔이다.

조직에 가입된 호텔기업의 경영회사들은 자신의 기업에 대하여 자신의 경영권을 전적으로 행사할 수 있는 동시에 체인호텔 시스템의 호텔기업이 얻을 수 있는 것과 유사한 판매촉진상의 혜택이나 이점을 얻을 수 있다. 이를 위하여 리퍼럴 그룹 소속하의 가맹호텔(member)들은 체인호텔처럼 상호 협력하여 공동 구매·선전·판촉, 예약서비스 공유, 정보교환 등을 하고 이에 대한 비용을 충당하기 위하여 회원사로부터 고정금액이나 객실판매액비율로 회비를 징수한다. 물론 회원사의 자격을 획득하기 위해서는 시설이나 서비스 등의 자격요건을 갖추어야 한다.

최근의 리퍼럴 그룹은 단순한 협력관계를 유지하는 차원이 아니라 기업형태로 발전하고 있다.

## 5 호텔경영의 필요성

호텔산업의 급격한 환경변화 속에서도 변화하지 않는 것이 있다면 능력 있는 전문 경영인의 필요성일 것이다. 경영의 전문성은 성공적 호텔경영의 필수요소이다. 현대 호텔경영환경은 과거보다 급격히 변화하고 복잡해짐에 따라 대학에서 교육받은 전문 경영인이라는 새로운 계층을 요구하고 있다.

현대 경영자에 대하여 뉴욕의 유명한 아스터 호텔(Astor Hotel)의 전 소유주였던 무셴하임(Frederick Muschenheim)은 다음과 같이 이야기하고 있다.

과거 대부분의 성공적 경영자들은 경험의 세계에서 오랜 기간 훈련받았다. 그러나 대학이 제공하는 전문교육은 이러한 도제(apprenticeship)기간을 훨씬 단축시킬 뿐 아니라 충분하고 적절한 사전훈련을 제공하기 때문에 학생들에게 새로운 기회를 열어줄 뿐 아니라 그들을 일찍 성장하게 한다.

대학의 호텔경영교육은 호텔경영에 필요한 기본적 지식을 제공할 뿐 아니라 다가오는 변화를 준비하게 한다. 호텔경영교육은 성공한 또는 실패한 경영관리자들을 구분해 줄 수 있는 주요 요소인 마케팅, 회계, 생산, 재무 및 다양한 관련 분야에 관련된 지식을 제공해 주고 있을 뿐만 아니라 이러한 지식들을 미래 호텔산업이 가지고 있는 기회와 도전에 응용할 수 있는 개인의 전문직 능력을 배양하는 데 도움을 준다. 결국 호텔경영교육은 학생들에게 과거의 단순한 관리인에서 벗어나 미래의 유능한 전문경영자로 성장하는 데 유효한 도구를 제공하고 있다.

## 6 진출분야

호텔산업은 모든 계층의 사람들에게 다양한 취업기회를 제공하고 있다. 다른 사업과 마찬가지로 호텔산업이 갖고 있는 특성 때문에 호텔산업이 제공하는 취업기회는 나름대로 그 장점과 단점을 지니고 있다. 따라서 호텔산업에 관심 있는 학생들은 자신의 전공을 선택하기 전에 또는 호텔산업으로 취업을 결정하기 전에 이러한 장단점을 잘 고려하여 합리적 의사결정에 임할 필요가 있을 것이다.

호텔산업에 대한 취업을 결정하기 전에 가장 중요한 것은 호텔산업의 특성을 잘 고려하는 것이다. 호텔사업의 가장 큰 핵심은 사람을 상대하는 것이라고 할 정도로 사람들과의 접촉이 빈번하게 발생하는 사업이다. 이러한 이유로 해서 호텔산업은 가능한 많은 업무들 중에서 인간적 요소들을 제거하여 생산성 향상을 급신장시킬 수 있는 자동화 구축을 위해 노력하고 있다. 하지만 거기에는 많은 한계가 있다. 특히 제조업과 같이 생산업무 전체를 기계화 및 자동화하여 생산성 향상을 획기적으로 신장하기 위한 선도적인 노력은 도저히 따라갈 수 없다. 왜냐하면 호텔 서비스의 주요 구성요소 중 하나가 바로 사람에 의한 서비스(personal service)이며, 이는 도저히 기계화 또는 자동화로 대치할 수 없기 때문이다. 물론 앞서 언급한 바와 같이 호텔산업은 주로 인적 서비스와 관련이 없는 일상적인 업무는 기술의 적용을 통해 생산성 향상을 꾀하고 있으나 호텔사업에 있어 결정적 요소의 하나는 바로 이러한 인간적 요소이다.

자신의 진로를 선택하는 과정에서 사람들은 당연히 전공 또는 직종에 대한 장단점을 염두에 두고 비교하게 된다. 빈번한 인간의 상호작용이라는 호텔산업의 특성은 어떤 사람에게는 장점이 될 수 있으며, 또한 다른 사람에게는 단점으로 작용할 수 있다.

인간의 상호작용으로는 먼저 호텔 각 부서의 조직 구성원들과의 접촉을 들 수 있다. 실제 호텔 내에 존재하는 각 부서들은 호텔의 공동목표를 달성하기 위하여 구성원 간에 잦은 커뮤니케이션을 통한 밀접한 상호관계를 유지하고 있다. 또 다른 형태의 접촉은 조직 구성원과 서비스를 제공받는 소비자들과의 접촉이다. 물론 호텔의 모든 직종이 소비자와의 접촉을 필요로 하는 것은 아니지만 특히 서비스 생산부서에 근무하는 사람들은 정말로 다양한 계층의 소비자들을 만나게 된다.

호텔을 방문한 소비자들은 부자일 수도 있고 가난한 사람일 수도 있다. 유명인사일 수도 있으며 매우 악명 높은 사람일 수도 있다. 또는 매력적이거나 매우 불쾌한 사람일 수도 있으며, 대단히 협조적인 사람일 수도 있거나 매우 까다로운 사람일 수도 있다. 호텔 근무자들은 이러한 다양한 계층의 소비자들을 만남으로 해서 인간의 본성에 대해 배울 수 있는 기회가 있으며, 다양한 개별 소비자들이 만족할 수 있는 서비스를 제공해야 하는 도전과제를 가지고 있다.

대학에서 호텔경영을 전공한 후 자신의 능력을 발휘할 수 있는 분야는 다음과 같이 다양하다.

## 1) 호텔산업

호텔경영을 전공한 학생으로서 가장 먼저 고려하는 취업분야는 당연히 호텔기업일 것이다. 호텔기업은 다음과 같은 분야에서 학생들에게 취업기회를 제공할 수 있다.

### (1) 주요 생산부서

먼저 호텔에서 주요 생산활동을 담당하는 부서에서 학생들에게 취업기회를 제공하고 있다. 호텔의 대표적 생산활동을 담당하는 부서는 객실부문(room division)과 식음료부문(food & beverage division)이다. 먼저 학생들은 객실부문의 하위부서라고 할 수 있는 프런트 오피스(front office), 하우스키핑

(housekeeping) 또는 안전관리(security) 부서에 취업하여 자신의 능력을 발휘할 수 있다. 또한 호텔에서는 다양한 식음료서비스를 생산하는데 학생들은 자신의 적성에 따라 식당 서비스(dining room), 주방(kitchen) 또는 음료(beverage) 부서에 취업하여 자신의 개성을 살릴 수 있다.

### (2) 기타 기능부서

호텔기업이 학생들에게 취업기회를 제공하는 분야는 단지 생산분야에만 한정되지 않는다. 대형 호텔의 경우 대부분 효과적인 호텔경영을 위하여 마케팅활동을 비롯하여 재무 및 회계 활동, 인사활동, 정보시스템 운용 등의 전문적 직무수행을 필요로 하기 때문에 각 기능분야를 담당하는 부서를 운용하면서 분야별로 인력을 채용하고 있다. 따라서 학생들은 각 부서의 특성을 잘 이해하고 자신의 적성에 맞는 부서에 취업하여 자신의 미래를 개척할 수 있다.

## 2) 호텔 관련산업

호텔경영학 및 호텔경영교육은 호텔기업의 경제활동에 주로 초점을 맞추고 있지만 호텔경영에 있어 밀접한 관련이 있는 산업분야에도 상당한 관심을 가져왔다. 따라서 호텔경영학을 전공한 학생들은 앞서 언급된 외식산업, 컨벤션 산업, 카지노산업, 콘도미니엄산업 등과 같은 산업에 진출하여 충분히 자신의 능력을 발휘할 수 있는 준비가 되어 있다고 할 수 있다.

## 3) 서비스산업

호텔경영을 전공하는 학생들은 자신의 취업분야를 호텔 및 관련산업 분야로 한정지을 필요는 절대 없다. 실제 여러 졸업생들이 호텔 및 관련산업 분야 이외의 다양한 분야에 성공적으로 진출하고 있다. 이들의 취업분야는 주로 유통업, 금융업, 병원, 정부기관, 통신업 등 다양한 서비스산업의 하위분야이다.

그들이 서비스산업에 진출하여 자신의 능력을 발휘할 수 있는 주요 이유는 호텔산업은 기본적으로 서비스산업의 하위분야라고 할 수 있고, 호텔경영학의 많은 부분이 서비스산업의 다른 분야에 충분히 적용될 수 있기 때문이다. 특히 서비스산업의 경영현상을 주 대상으로 한 대학교육은 호텔경영 분야를 제외하고는 발견하기 힘들다는 오늘날의 현실은 호텔경영 교육이 적용될 수 있는 분야가 호텔산업 및 유관산업이라는 특정 분야뿐만 아니라 전제 서비스산업으로 확대될 수 있다. 따라서 호텔경영을 전공하는 학생은 취업문제에 있어 상당한 유연성을 지니고 있다고 할 수 있다.

Introduction to
Hotel Management

# 제3장
# 객실의 종류와 요금

# 제1절 객실의 정의

## 1 객실의 정의

객실은 고객이 숙박할 수 있도록 고객을 접대하는 방이나, 항공기·여객선·기차 등에서 고객이 사용하는 방이라고 정의할 수 있다. 즉 호텔에서의 객실은 고객이 숙박하는 방을 의미하며, 현대에는 고급시설을 갖추고 스포츠·레저·비즈니스·연회·문화 등의 각종 기능을 갖춘 기업이 고객에게 안락하고 편안한 숙박장소를 제공하는 공간이라고 정의할 수 있다.

호텔은 다양한 기능을 고객에게 제공하지만 호텔경영의 지표가 되는 것은 객실이다. 객실은 대다수의 호텔매출에서 가장 높은 수익을 올리는 부문으로서 기타 식음료업장과 부대시설보다 더욱 중요한 사업분야이다. 즉 객실의 판매수익은 그 자체로만 한정되는 것이 아니라 호텔의 전반적인 수입증대에 지대한 영향을 미치기 때문이다. 이는 객실을 이용하는 고객들이 기타 호텔의 부대시설을 이용하기 때문이다. 객실의 수익을 증대하는 방법으로는 실제 평균객실요금, 점유율, 객실 수를 각각 최고로 하여 객실수익을 증대할 수 있다. 객실수익은 원가적인 측면에서 호텔건물의 건축비용과 유영에 대한 고정비가 없어 고정성을 지닌 고정비가 크므로 객실의 판매가 낮을 경우 객실의 수익률은 이중으로 낮아지게 된다. 또한 객실은 상품의 보관성이 없으며, 판매의 신축성을 찾아볼 수 없는 호텔기업만의 독특한 상품이다. 따라서 객실의 점유율은 호텔경영에 있어 중요시되고 있으며 인간의 관광활동이 증대됨에 따라 호텔은 고객의 문화적 욕구와 동기를 자극하여 관광객의 체류형 관광형태를 창출해 내는 역할을 수행해야 한다. 이를 위해서는 관광객들에게 만족을 줄 수 있는 각종 시설과 서비스를 제공해야 한다.

객실의 상품으로서의 가치는 물적 자원과 시설상품 그리고 인적 서비스상품의 종합적인 조화를 이룰 때 완전한 객실상품으로서의 생명력을 가질 수 있는 것이다. 따라서 객실상품을 구성하는 요소는 시설·이미지·위치·가격·서비스로 나눌 수 있으며 다음과 같은 요인들이 고려되어야 한다.

① 시설 : 안락하고 쾌적하며, 고객의 욕구에 부합하는 각종 시설을 고려해야 한다.
② 이미지 : 고객에게 주는 호텔의 분위기, 외견, 그리고 호텔 상호 등이다.
③ 위치 : 고객이 접근하기 쉬우며, 교통여건과 고객의 이용목적에 알맞아야 한다.
④ 서비스 : 호텔의 각종 서비스는 호텔의 이미지와 직접적인 관련이 있으며, 정확하고 신속한 서비스가 제공되어야 한다.
⑤ 가격 : 가격은 고객이 만족한 정도에 따라 지불된다.

이렇듯 호텔에서의 객실은 호텔경영에 있어 성패를 좌우하기도 하며 고객에게 가장 높은 충성도를 이끌어낼 수 있는 근원이 되고 있다. 따라서 객실상품에 대한 이해와 더불어 객실부에 대한 이해가 필요하다.

# 제2절 객실의 종류

## 1 침대 수에 의한 분류

### 1) 싱글베드 룸(Single Bed Room)

일반적으로 한 객실에 1인용 침대 1개가 준비되어 있어 한 사람의 고객이 투숙할 수 있는 객실을 말한다. 주로 일본 및 유럽 등지에서 볼 수 있는 객실이며, single room with bath로 표현되며 SWB, S/B 등의 약자로 나타내기도 한다. 과거의 호텔은 욕실시설의 유무에 따라 욕실이 딸리지 않은 객실(single without bath), 욕실 딸린 객실(single room with bath) 등으로 분류하였으나, 요즘의 호텔은 싱글 객실에도 욕실이 필수적으로 포함되어 있다.

### 2) 더블베드 룸(Double Bed Room)

더블베드 룸(double bed room)은 한 객실에 싱글베드의 1.5~2배 크기의 2인용 침대가 1개 놓인 객실로서 두 사람이 투숙할 수 있는 객실 또는 킹사이즈(king size) 침대를 갖춘 객실을 말한다. double room with bath로 표현하며 DWB, D/B 등의 약자로도 표기한다. 흔히 부부 침대라고 불리는 방의 일반적인 형태이며 비즈니스 고객이나 부부관광객이 주로 쓰게 된다.

### 3) 트윈베드 룸(Twin Bed Room)

트윈베드 룸은 1인용 침대를 2개 넣은 객실로 TWB 또는 T/B 등의 약자로 표기하며, twin room with bath라고 한다.

### 4) 트리플베드 룸(Triple Bed Room)

3인이 사용하기 편리하도록 3개의 single bed를 비치하거나 1개의 double bed와 1개의 single bed 또는 2개의 single bed와 보조침대(extra bed)를 비치한 객실을 말한다. 본래는 1인용 침대가 3개 있는 객실을 의미하며, 이와 같이 객실에 따로 추가되는 싱글 침대에는 이동이 편리하도록 밑바퀴를 단 롤어웨이 침대(rollaway bed), 어린이용 침대(baby crib 또는 cot) 등이 있다. TPWB 또는 TPL/B 등의 약자로 표기하며, triple room with bath로 부르기도 한다.

### 5) 스튜디오 베드 룸(Studio Bed Room)

상용호텔에서 흔히 볼 수 있는 객실로 일반 침대와는 달리 주간에는 소파로 밤에는 침대로 사용할 수 있는 다목적용의 침대인데, 이것은 벽면에 부착시켜 붙이면 객실의 넓은 공간을 활용할 수 있고, 반쯤 빼면 소파로 이용되고, 완전히 끌어당겨 펼치면 침대가 되는 형태이다.

### 6) 스위트 룸(Suite Room)

스위트 룸은 대개 일반객실에 비해 면적이 넓고 일반객실에 비치되어 있는 어메니티 이외의 특별한 것들이 비치되어 있는 객실로서 침실(bed room)과 응접실(living room)이 분리되어 있는 특별객실이다. 국내의 스위트 룸은 26㎡ 이상의 면적을 확보하고 있다.

### 7) 싱글-더블베드 룸(Single-Double Bed Room)

싱글-더블베드 룸은 변형된 객실로 1인용 침대인 싱글베드 하나와 더블베드 하나가 준비되어 있는 객실을 말한다. 싱글-더블베드 룸은 처음부터 싱글 침대와 더블침대를 세팅한 객실로 디럭스 트윈(deluxe twin) 혹은 패밀리 트윈(family twin) 등으로 분류되기도 한다.

### 8) 더블-더블베드 룸(Double-Double Bed Room)

더블-더블베드 룸은 객실이 대규모화되고 있는 상징의 하나로 더블베드 2개가 준비된 객실을 말하며, 고급호텔에서는 디럭스 트윈(deluxe twin) 객실을 일반 트윈과 차별화하기 위해 이러한 침실형태로 운영하는 경우가 있다.

### 9) 온돌 룸(Ondol Room)

우리나라 전통객실의 형태로 바닥에서 수면을 취할 수 있는 객실이다. 이러한 객실형태를 보유하고 호텔의 경우 난방시스템 시설에 대한 점검이 정확하게 이루어져야 하며, 이용고객의 대다수가 한국인이라 할 수 있다. 온돌 룸의 장식은 보료·요·이불 및 한국의 전통가구 등으로 꾸며져 있어 한국적인 정취를 풍기게 한다.

### 10) 이그제큐티브 룸(Executive Room)

이그제큐티브 룸은 특실과 일반실의 중간형태로서, 비즈니스 여행객을 위해 운영되는 경우가 많다. 객실은 일반객실보다 크며, 침대는 킹사이즈 베드(200㎝×200㎝), 객실 내 사무를 볼 수 있는 각종 장비가 비치되어 있다. 대부분의 특급호텔에서는 독특한 프로그램과 함께 상용객을 위한 전용객실을 마련하고 운용 중에 있다. 그 외에도 호텔에 따라 여성전용 객실(층), 금연객실(층), 장기투숙객 전용객실(층) 등이 운영되기도 한다. 또한 필요에 따라 업무를 전문적으로 보조해 줄 수 있는 인력을 제공하는 경우도 있다.

## 2 위치에 의한 분류

### 1) 인사이드 룸(Inside Room)

인사이드 룸은 내향객실이라고 하며, 아웃사이드 객실의 반대개념으로 호텔건물의 내부 또는 뒤쪽에 위치하는 객실로서 호텔 외부의 아름다운 경관을 볼 수 없는 객실을 말한다.

### 2) 아웃사이드 룸(Outside Room)

아웃사이드 룸은 외향객실 또는 view room이라고 하며, 외부의 경관을 내다볼 수 있는 전망이 좋은 객실을 말한다. 아웃사이드 룸은 호텔이 어디에 위치하느냐에 따라 오션뷰(ocean view), 하버뷰(harbor view), 마운틴 사이드(mountain side), 비치 사이드(beach side) 등으로 다양하게 불리고 전망에 따라 가격도 약간 높게 책정한다.

### 3) 커넥팅 룸(Connecting Room)

두 개의 객실이 서로 나란히 연결되어 있어 복도를 통하지 않고 드나들 수 있다. 객실과 객실 사이에 내부 통로문이 있어, 서로 열쇠가 필요 없이 드나들 수 있는 객실을 말하며, 가족단위의 고객이 주로 이용한다. 커넥팅 룸은 주로 한쪽은 더블베드 룸(double bed room)으로, 다른 한쪽은 트윈베드 룸(twin bed room)으로 구성되어 있다. 그러나 고객의 사정에 따라 커넥팅 룸은 한 개의 유니트(unit)로서 판매할 수 있지만, 호텔의 객실사정이 여의치 못할 경우 커넥팅 룸일지라도 따로 분리해서 판매할 수도 있다.

### 4) 어드조이닝 룸(Adjoining Room)

Side-by-Side room이라고도 하며, 커넥팅 룸처럼 객실이 같은 방향으로 복도에 나란히 연결되어 있지만, 객실과 객실 사이에 내부 통용문이 없어 복도를 통해서만 출입이 가능한 객실을 말한다. 호텔의 어느 객실이든 나란히 인접된 객실은 어드조이닝 룸이라고 한다.

## 3 호텔객실의 내용물

### 1) 침대 크기에 의한 분류

#### (1) 싱글베드(Single bed)

1인용 침대로서 그 크기는 대개 세로는 195~200㎝이고, 가로는 85~100㎝이면서, 높이는 35~48㎝가량이면 적당하다. 얼마 전까지는 비즈니스호텔에 싱글베드 룸이 많았지만, 요즈음에는 여행객 중에 동반자여행이 많아 호텔마다 싱글 룸을 많이 만들어놓지 않고 있다.

#### (2) 더블베드(Double bed)

2인용의 단일침대로서 주로 부부가 사용하는 침대이다. 그 크기는 대개 세로가 195~200㎝, 가로가 140~160㎝이고, 높이가 35~48㎝이다.

#### (3) 세미-더블베드(Semi-double bed)

더블베드의 약 4분의 3 크기의 침대로서 Three-quarter Bed라고도 한다. 일반적으로 크기는 세로 195~200㎝, 가로 110~130㎝, 높이 35~48㎝가 적당할 것이다.

#### (4) 트윈베드(Twin bed)

보통의 경우에는 싱글베드의 크기로 사용되나, 때로는 싱글베드보다 약간

적은 크기의 베드 두 개를 나란히 놓을 수도 있다.

## 2) 구조 및 용도에 의한 종류

### (1) 컨벤셔널 베드(Conventional bed)

재래식 구조로 된 침대로 헤드 보드(head board)와 풋 보드(foot board)가 붙어 있다. 이것은 침대의 프레임(frame)에서 약간 낮게 매트리스(mattress)가 꼭 끼어 들어가게 되어 있는 침대이다.

### (2) 할리우드 베드(Hollywood bed)

일반적인 호텔의 침대로서 풋 보드만 없고 매트리스를 프레임 속에 끼워 넣지 않고 프레임과 같은 넓이로 만들어 위에 올려놓게 된 침대이다. 이것은 걸터앉기가 편리하고 그 높이를 조정하여 소파 대용으로 쓰기도 편리할뿐더러 두 개를 이어 놓으면 더블베드가 될 수도 있는 것이다.

### (3) 킹-사이즈 베드(King-size bed)

일부의 큰 사람을 위해 만들어진 침대로 보통 침대보다 그 크기가 상당히 크다. 즉 더블베드를 두 개 맞붙여 놓은 크기가 된다. 이와 비슷한 크기로 여자용을 퀸-사이즈 베드(queen-size bed)라고 부른다.

### (4) 소파 베드(Sofa bed)

주간에는 긴 안락의자(sofa)로 활용할 수 있고, 야간에는 1인용 침대로 사용할 수 있는 수동식 침대이다. 사용하기엔 다소 불편하나 좁은 객실의 공간을 활용하기에 좋은 침대이다. 이를 데이베드(day bed)라고도 한다.

### (5) 스튜디오 베드(Studio bed)

스튜디오 베드는 소파 베드의 결점을 보완한 침대로, 즉 객실의 벽에 부착시켜 놓고, 반쯤 밀어붙이면 소파가 되고, 침대로 이용할 때는 완전히 끌어잡아당겨 펼치면 되는 것이다. 이것 역시 상용호텔에서 객실의 공간을 효과적으로 활용할 수 있기에 호평받는 침대이다.

### (6) 엑스트라 베드(Extra bed)

트리플 룸(tripple room)에 이용될 수 있는 침대로 바퀴가 달린 이동식 침대로 접었다 폈다 할 수가 있다. 물론 헤드 보드와 풋 보드가 없는 간편한 침대이다. 한 객실에 추가로 한 사람씩 더 입숙시킬 때 비상용으로 쓰인다.

### (7) 크립(Crib)

크립은 어린이용 침대(baby bed)로 코트(cot)라고도 부른다. 어린이를 동반한 가족들이 사용하는 특수침대이다. 침대의 사각 위에는 어린이가 떨어지지 않도록 가름대를 걸쳐 놓아야 한다.

# 제3절 객실요금의 종류

호텔의 객실요금은 크게 공표요금과 특별요금 그리고 추가요금으로 분류할 수 있다.

## 1 공표요금(Tariff)

공표요금이란 호텔기업이 영업계획에 따라 객실요금을 설정하여 이를 담당 행정기관에 공식적인 신고절차를 마치고 호텔에서 공시하는 기본요금을 말한다. 공표요금은 일명 Rack rate라고도 하는데 Full Charge 혹은 Full rate로 정상적인 정찰가격이다. 객실요금이 명시된 호텔의 브로슈어(brochure) 혹은 룸 태리프(room tariff)를 제작하여 호텔 업장에 비치하고 판촉용으로 사용한다.

태리프(tariff)란 말은 본래 수입한 물품에 붙게 된 관세율을 표기한 리스트(list)였으나, 지금은 호텔의 요금표를 의미한다.

## 2 특별요금(Special Rate)

특별요금제도는 객실요금을 무료로 하거나 공표된 요금에서 할인해 주는 요금제도를 의미한다. 그 종류를 들어보면 다음과 같다.

### 1) 무료요금(Complimentary)

단체고객을 인솔하는 안내인(guide), 혹은 초대손님에게 베푸는 무료요금을 컴플리멘터리(complimentary)라 부르며, 편의상 컴프(Comp)라는 약어를 사용한다. 무료요금도 객실요금을 무료로 제공(Complimentary on room), 식사요금만 무료 제공(complimentary on food), 객실요금과 식사요금 모두를 무료로 제공(Complimentary on room and food)하는 경우가 있다.

## 2) 할인요금(Discount Rate)

### (1) 싱글 할인요금(Single Discount Rate)

싱글 할인요금은 고객이 싱글 룸을 예약하고 확약을 받았으나, 고객이 호텔에 도착했을 때 호텔의 사정으로 약속한 싱글 룸 제공이 불가능할 경우 호텔 측은 고객에게 싱글 룸보다 가격이 높은 트윈 룸이나 더블 룸 등을 제공하고, 객실요금은 싱글요금을 적용하는 경우를 말한다.

### (2) 비수기 요금(Off-Season Rate)

비수기에 대한 영업전략의 하나로 호텔의 이용률이 낮은 계절에 한하여 호텔의 공표요금에서 일정률을 할인해 주는 요금제도를 말한다.

### (3) 상용요금(Commercial Rate)

특정한 회사와의 계약에 의해 일정한 요금으로 할인하여 주거나 상업적인 목적으로 장기간 투숙을 원하는 장기 숙박객에게 일정한 금액을 할인해 주는 요금제도이다. 도심지 호텔에서는 상용고객을 위한 기업체요금을 적용하는 세분시장이 차지하는 비중이 높아짐에 따라 판촉활동을 강화하고 있다.

### (4) 단체할인 요금(Group Discount Rate)

국내외 여행사에서 송객하는 단체관광객이나 정부기관, 협회, 학회 등의 공공단체에서 개최하는 컨벤션이나 세미나에 참석하는 단체행사에 대하여 특별히 할인되는 요금이다.

#### (5) 가이드 요금(Guide Rate)

여행가이드 혹은 단체관광객 인솔자(T/C; Tour Conductor)가 고객을 동반하거나 여행사 직원이 호텔에 투숙할 경우에 적용하는 요금이다. 호텔과의 계약에 의해 할인율이 적용되나 보통의 경우는 무료로 제공된다.

## 3 추가요금(Additional Charge)

### 1) 초과요금(Late Check-out Charge)

호텔이 정한 퇴숙시간(check-out time) 이후에 객실을 사용할 경우에 부과되는 요금을 말하는 것이다. 대부분의 호텔은 퇴숙시간을 12:00시로 정하고 있으나 보통 1~2시간까지는 고객이 사전에 정보를 주었을 경우 영업정책상 무료로 제공하는 경우가 많다. 보통 18:00시까지는 50%의 초과요금(half-day charge)을 부과하지만, 재방문고객(repeat guest)이나 귀빈(VIP)고객에게는 규정된 시간 내에서는 초과요금을 부과하지 않는다.

### 2) 취소요금(Cancellation Charge)

예약 취소료, 위약금, 해약금이라고 하며, 고객이 숙박에 대한 예약을 당일 또는 하루 전에 취소해 올 경우 부과하는 요금이다.

### 3) 홀드 룸 차지(Hold Room Charge)

숙박 중인 고객이 숙박기간 중 여행이나 출장을 갈 경우에 개인수하물을 그대로 객실에 두고 가는 것(out of town)과 고객이 객실을 예약하고 호텔에

도착하지 않았을 때 항공기의 시간변경이나 기타 사정에 의해 호텔에 도착하지 않았을 경우 그 객실을 타인에게 판매하지 않고 예약객을 위해 보류시킨 경우에 적용되는 요금이다. 이 경우는 호텔의 예약직원과 고객이 약속이 되어 GTD(Guaranteed)로 표시된 경우에 한하여 이루어진다.

### 4) 분할요금(Day Use Charge)

Day use라는 용어로 통용되며 주간에 객실을 이용하는 고객에게 부과되는 요금으로서 일반적으로 1시간에서 6시간 동안 또는 오후 6시 이전까지 객실을 이용할 때 부과하는 대실요금을 말한다. Day use의 경우 객실요금은 일반적으로 공표요금(tariff)의 50% 정도, 즉 1박 요금의 1/2 정도의 추가요금을 부과하나, 6시간 이상일 때는 Full charge하며 주로 18:00시 이전까지 사용한다.

### 5) 심야요금(Midnight Charge)

예약을 신청한 고객이 당일 영업을 마감한 이후 한밤중에 도착하거나 익일 새벽에 도착했을 경우 호텔 측은 그 고객을 위하여 전날부터 객실을 판매하지 않고 기다렸으므로 야간요금을 징수하게 된다.

# 제4절 객실 수의 계산방법 및 가격결정

## 1 객실 수의 계산방법

객실의 수를 산출하는 방법에는 크게 총객실 수, 판매 가능한 객실 수 그리고 유니트 객실 수 등으로 구분하여 객실의 수를 산출한다.

### 1) 총객실 수

스위트 룸(suite room) 등과 같은 객실은 단위객실로 계산하지 않고, 만약 2개의 룸으로 구성된 객실의 경우에도 1개의 객실로 계산하여 총객실 수(number of total rooms)로 간주하여 산출한다. 이를 통하여 싱글 · 더블 · 트윈 · 온돌 · 스위트 룸 등을 정확하고 쉽게 각각 구분하여 정확한 총객실 수를 파악할 수 있다. 또한 하우스 유스 룸(house use room)도 총객실 수에 포함하여 계산한다.

### 2) 판매 가능한 객실 수

고객에게 바로 객실을 배정할 수 있는 판매 가능한 객실 수(available room)의 합계를 알 수 있는 객실 수이다. 이 경우에는 호텔의 사무실과 기타 용도로 사용되는 객실의 수는 제외하여 합산한다. 하지만 객실의 문제로 인해 사용이 불가능한 객실과 정비 중인 객실은 즉시 판매가 불가능할지라도 정비가 완료되면 판매가 가능하므로 이에 포함하여 계산한다. 그리고 성수기나 예약이 많은 경우 호텔의 경영진이 사용하는 룸을 변경하여 판매할 수 있으나 하우스 유스 룸과 리넨 룸의 경우는 어떠한 상황에서도 판매할 수 없다.

### 3) 유니트(Unit) 객실 수

호텔의 공식 객실 수로서의 유니트 객실 수는 호텔이 대외적으로 공표하거나 관할 정부기관에 호텔을 등록할 경우 공식적으로 객실의 수를 등록할 때 사용되는데 이는 호텔의 규모를 결정하는 중요한 객실 수 산정방법이다. 이는 호텔의 객실 수를 하나의 칸 수를 단위로 객실의 수를 합산하는 것으로서 예를 들어 커넥팅 룸의 경우 한 개의 객실로 계산하지 않고 2개의 객실로 여기는 것이다. 일반적으로 객실이 부족할 경우 커넥팅 룸과 같은 경우에는 출입구를 막아 2개의 객실을 판매하기도 한다. 이와 같이 객실의 단위를 기준으로 모든 객실 수를 산출하는 것을 유니트 객실 수라고 한다.

## 2 객실요금의 결정방법

일반적으로 호텔 객실의 적정한 요금은 아래와 같은 5가지 방법에 의해 결정되어 판매가 이루어진다.

### 1) 건축비 1/1,000의 접근법

이 방법은 1930년대 호워스 앤 호워스(Horwath and Horwath) 호텔회계법인에 의해 최초로 사용된 것으로, 객실 건축비의 1/1,000에 해당되는 금액을 객실의 판매가격으로 책정한 것으로서 호텔을 신규로 건출할 당시 건축비를 강조하여 시설의 화폐가치를 초기에 투자한 비용으로 산출하여 객실의 가격을 결정하는 방식이나 1960년대까지 적용되다가 오늘날의 호텔 객실가격 결정방법으로는 사용되지 않고 있다. 그 이유는 현대 호텔에서의 객실요금은 그 시설만이 아닌 각종 서비스가 제공되어 이에 대한 객실요금의 책정이 배제되었기 때문이다.

## 2) 직감적 가격결정방법

직감적 가격결정법은 객실당 건축비용과 유지·관리에 필요한 비용 및 객실의 수요에 대한 정확한 예측이 어려운 경우, 그동안의 노하우를 통해 객실가격을 산출하는 방법이다.

## 3) 심리적 가격결정방법

고객의 입장에서 객실을 이용하고 이에 대한 가격을 지불하고 만족도에 대한 고객의 심리를 파악하여 가격을 결정하는 방법이다. 이 방법은 호텔의 실내장식·가구·설비·입지·서비스·분위기 등의 유무형의 상품을 고려하여 반영하는 것으로서, 구매자의 심리적 욕구를 파악하는 것이 특징이다.

## 4) 경쟁적 가격결정방법

동일유형의 타 호텔을 표준으로 가격을 결정하는 방법으로, 표준으로 삼는 타 호텔의 비용구성과 수요시장을 정확하게 파악하여 가격을 결정하는 방법이다. 그러나 타 호텔에 대한 정확한 분석이 없이는 가격우위를 점할 수 없다는 것이 단점이다. 유사한 방법으로 리더추종형 방법이 있는데, 이는 경쟁호텔의 객실 판매 수와 시장점유율 등에서 타 호텔이 일반적으로 기준으로 삼을 수 있다고 판단되는 경우 그 호텔을 기준으로 객실가격을 결정하는 방식이다.

## 5) 휴버트 방식

휴버트 방식(Hubbart formula)은 비용접근을 통해 가격을 역으로 접근하는 방식으로서 비용의 결정, 객실당 평균판매가격, 목표이익 그리고 예상판매 객실 수를 고려하여 객실가격을 결정하는 방법으로 다음의 8가지 단계에 의해 객실가격이 결정된다.

1단계 : 자기자본투자에 따라 요구되는 회수율을 목표이익으로 설정한다.

2단계 : 법인세 납부 이전의 이익을 산출한다.

3단계 : USAH상의 고정비용을 산출하는데, 지급이자 · 재산세 · 보험료 · 감가상각비 · 임대료 등을 고려하여 책정한다.

4단계 : 미배분 영업비용을 산출하는데, 외적인 일반관리비, 영업부문의 직접비용, 마케팅 부문비, 시설부문비 그리고 에너지 비용이 이에 속한다.

5단계 : 객실부문의 손실과 이익을 제외한 각 영업부문의 이익과 손실을 계산한다.

6단계 : 미배분 영업비용, 고정비용 그리고 기타 영업부문의 손익으로 기대되는 객실부문의 이익을 고려한다.

7단계 : 객실부문의 총매출액을 결정한다.

8단계 : 예상되는 판매 객실 수를 목표매출액으로 나누어 평균판매 객실가격으로 결정한다.

Introduction to
Hotel Management

# 제4장
# 프런트 오피스 업무

# 제1절 프런트 오피스 개요

## 1 객실부(Room Division)의 역할

호텔의 조직은 크게 고객접점에서 고객에게 서비스를 제공하는 Front of the House와 이를 지원하는 Back of the House로 구분할 수 있다. 여기서 고객과 상호작용하는 서비스 인카운터(Service Encounter)상에 위치하는 객실부(Room Division)는 호텔영업부서의 핵심이라 할 수 있다. 고객이 호텔 선택과정에서 최종 출발단계에 이르기까지 전 과정이 원활히 진행될 수 있도록 하는 역할을 한다. 따라서 호텔의 이미지를 창출하고 동시에 고객에게 로열티(Loyalty)를 높여 단골고객(Repeat Guest)을 유도하는 역할을 하고 있다. 그런 객실부(Room Division)의 주요 역할을 살펴보면 다음과 같다.

- 고객을 위한 상품 판매촉진 및 안내기능
- 고객관계관리(Customer Relationship Management : CRM)를 위한 각종 정보 제공
- 고객을 위한 신속 · 정확한 커뮤니케이션 기능
- 타 부서와의 업무조정 및 협동기능

## 2 객실부의 조직

호텔을 포함한 모든 조직은 목적을 수행하기 위해 정돈된 조직을 필요로 한다. 특히 객실부(Room Division)는 그 조직 구성의 적합도에 따라 업무수행의 원활화와 종사원에게 직무만족을 부여해 고객만족을 이끌 수 있다.

객실부의 조직은 호텔의 규모 및 경영형태에 따라 여러 부분으로 분류 할 수 있으며 해당 직책과 직무 역시 규모에 따라 그 직책과 직무의 내용이 달라진다.

**〈그림 4-1〉** 호텔의 조직도

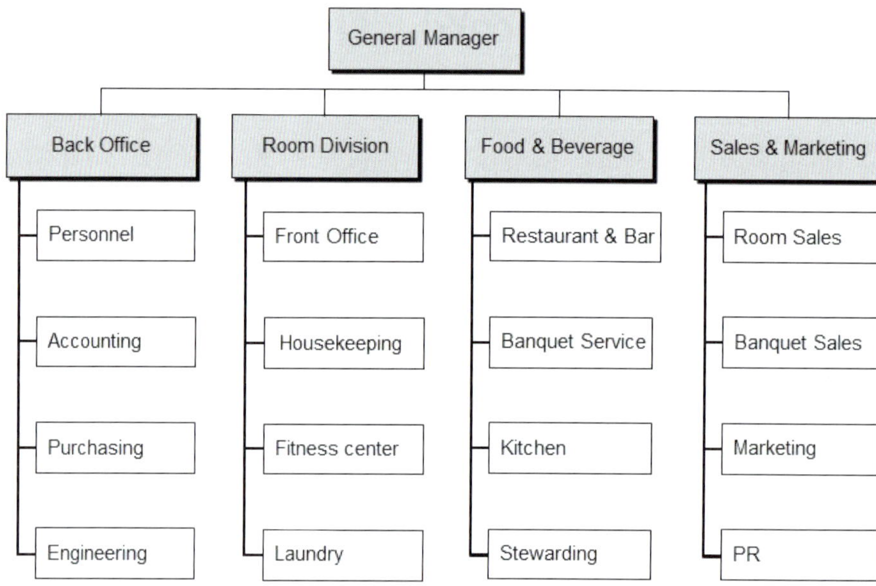


## 3 객실부(Room Division)의 담당업무

### 1) Front Reception

365일 24시간 운영되며 예약고객이나 Walk-in 고객에게 객실을 배정하고 Check-in, Room Control, Room Key 관리, 각종 안내 등의 서비스를 한다. 여기서 일하는 종사원은 객실을 효율적으로 판매할 수 있는 Salesmanship, 호텔 전반에 대한 다양한 상품지식, 세련된 접객요령 및 친절한 고객 응대요령 등의 재능을 갖추어야 한다.

## 2) Front Cashier

고객의 Check-out을 담당하며 Balance 관리, 고객원장 및 Guest Bill 관리 등 현관회계 서비스를 제공한다. 여기서 일하는 종사원은 고객의 사용내역에 대한 정확한 정보제공 및 고객의 재방문을 유도하는 중요한 역할을 한다.

## 3) Night Auditor

객실 및 호텔 전체의 매출에 대한 감사 및 카드, 현금, C/L(City Ledger : 후불)을 최종적으로 정리하며 최고경영자 및 의사결정권자에게 의사결정을 쉽게 할 수 있도록 영업 매출 자료를 분석해 보고하는 역할을 수행하며 익일 영업 준비를 위한 각종 고객사용내역(Guest Ledger)의 정리 및 Group Movement 정리의 업무를 수행한다.

## 4) Operator

통신수단을 이용 상대방에게 의사를 전달할 수 있도록 연결하는 역할과 호텔 내외부의 모든 정보를 정확·신속하게 전달하는 역할을 수행하며 긴급사태가 발생할 경우 중앙통제 및 투숙객에게 Wake-up Call, Phone Message 전달의 업무를 수행한다.

## 5) Bell Desk

현관 서비스의 핵심적 역할을 하는 부서로 고객이 호텔에 도착해서 떠날 때까지의 모든 과정에 대해 영접 및 영송을 하고 Luggage Handling, 각종 정보 제공, 예약 대행(교통편, 여행), Room Change, 로비 정리 정돈, Paging service, Message 전달, 타 부서 지원, 신문 제공 등 고객의 최접점에서 서비스를 제공한다.

### 6) Door Desk

현관에서 고객의 영접 및 영송을 비롯하여 Valet Parking, 교통정리, 교통편 제공, 호텔 내 잡상인 출입통제, 각종 안내 제공을 주로 하며 호텔의 첫인상을 좌우하는 중요한 역할을 수행한다.

### 7) Concierge

컨시어지란 프랑스의 위그카페 시대에서 루이 11세 시대 사이에 궁궐 안에 살면서 다양한 권리와 특권을 누리고 궁전의 일정 지역 내에서 사법권을 행사하며 왕의 저택을 관리하던 공무원을 말하였으나 현대에는 호텔 내에서 일종의 Door Keeper의 의미로 벨 서비스라고도 하며 호텔에 관한 정보나 호텔 외부의 레스토랑, 관광정보, 극장, 교통편 등의 각종 안내를 담당하는 등의 포괄적인 서비스를 고객에게 제공하는 역할을 수행한다.

### 8) Housekeeping

객실을 청결한 상태로 유지하여 최고의 상품을 생산하고 고객의 세탁물과 Mini Bar, 객실정비 및 객실관리업무를 수행하며 호텔 내 공공장소 청소 및 정리정돈, Lost & Found 처리, 기타 고객이 원하는 물품을 제공하는 역할을 수행한다.

### 9) Reservation

고객이 호텔 객실상품을 구매할 수 있도록 유도하는 첫 단계의 객실 판매 부서로 고객의 예약접수 및 변경, 초과예약조절, No-Show의 통제, 고객이력 관리, 타 부서와의 정보공유 및 업무협조, Forecasting 관리 및 보고서 작성 등의 업무를 수행한다.

### 10) G.R.O(Guest Relations Officer)

고객에게 좀 더 향상된 One Stop 서비스를 제공하기 위해 당직지배인, 프런트 데스크(Front Desk), 컨시어지(Concierge) 등의 현관에서 발생되는 모든 업무를 동시에 수행하며 E.F.L과 V.I.P고객의 파악 및 영접·영송, 각종 정보 제공, 환영편지 및 고객 불평사항에 대한 처리, 타 부서와의 정보공유를 통한 Up-Grade된 서비스를 제공하는 역할을 수행한다.

### 11) Business Center

사업차 방문하는 상용고객의 비즈니스를 효율적으로 실현할 수 있도록 개인비서의 업무를 수행하는 곳으로 각종 정보의 제공, OA기기의 제공, Incoming & Outcoming 팩스 서비스, 번역 및 통역, Packing 서비스, 우편물 서비스, 회의실 제공 등 고객이 업무를 수행하는 데 있어 절대적인 보조 역할을 수행한다.

### 12) E.F.L(Executive Floor Lounge)

차별화된 서비스를 제공하기 위해 투숙객을 위한 전용라운지를 만들어 서비스를 제공하는 곳으로 Express Check in/out 서비스 제공, 간단한 음료 및 식사 제공, 다양한 비서업무수행, 각종 정보 제공, 고객에 대한 Cross selling과 Upselling의 수행, VIP고객 에스코트, 고객정보 및 관계관리 등의 고차원 서비스를 제공하는 역할을 한다.

### 13) Duty Desk

현관에서 발생하는 모든 사고 및 고객서비스에 대해 책임을 지고 있으며 야간에는 총지배인의 업무를 대행하여 호텔 내의 전체 업장을 대상으로 고객관련 업무처리, 불평 및 제안접수 보고, 고객 및 호텔 안전 등의 업무를 수행한다.

## 14) Command Center

고객에게 효율적이고 신속한 서비스를 제공하기 위한 하나의 Service Express System을 수행하는 부서로 교환실(Operator), 벨데스크(Bell Desk), 룸서비스(Room Service), 예약실(Reservation), 비즈니스센터(Business Center) 등 고객서비스가 이루어지는 모든 고객접점에 있는 부서가 하는 역할을 수행하는 곳으로 예약, 식사주문, 각종 안내, 고객서비스 지원 등의 업무를 수행한다.

# 제2절 프런트 데스크의 역할 및 업무내용

## 1 프런트 데스크(Front Desk)의 역할

프런트 오피스(Front Office)는 고객서비스의 중심부분으로 고객의 호감을 창조하는 전략적 요지일 뿐만 아니라 재고객 창출의 선도적 역할을 수행하는 부서로 호텔과 고객을 이어주는 서비스 인카운터(Service Encounter)상의 공간으로 고객에게 호텔에 대한 상품의 충성도를 높이며 동시에 상품구매를 유도하는 중요한 역할을 담당하는 곳이다. 또한 대내적으로는 판촉정보나 각종 자료를 생산하여 마케팅활동을 돕고 일일영업을 마감하여 여신과 회계부서에 넘겨 각종 보고서의 기초자료를 마련해 준다. 그 외 식음료업장, 조리부, 시설관리부, 객실관리부와 업무협조를 통해 수시로 고객정보, 영업상황, 각종 현황, 행사안내, 비상사태 등의 정보를 공유함으로써 최상의 고객서비스를 제공하며 동시에 최고경영자에게는 필요한 업무자료와 고객동향을 보고함으로써 호텔경영에 있어 축주적인 역할을 한다.

- 호텔을 이용하는 모든 고객을 접촉하는 최초의 부서이며 체크인과 체크아웃을 시키는 마지막 부서이다.
- 객실예약, 객실배정, 체크인, 체크아웃, 출납, 고객서비스 제공이 이루어지는 호텔의 얼굴인 동시에 모든 정보의 중심이 되는 장소이다.
- 프런트 데스크(Front Desk)에서 얻어진 정보와 자료를 기초로 하여 서비스를 개선하고 발전시킬 수 있는 정보의 제공처이다.
- 객실상품을 생산하여 효과적으로 판매하기 위해서는 다른 부서와의 긴밀한 협조가 필요하다.

## 2 프런트 데스크(Front Desk)의 조직

프런트 데스크(Front Desk)의 조직은 호텔의 규모에 따라 크게는 특별서비스를 제공하는 EFL, Business Center, GRO 등을 포함하는 호텔의 조직이 있으며 단순히 일반적인 프런트 데스크(Front Desk)만으로 구성된 조직이 있다.

**〈그림 4-2〉** 프런트 데스크 조직도

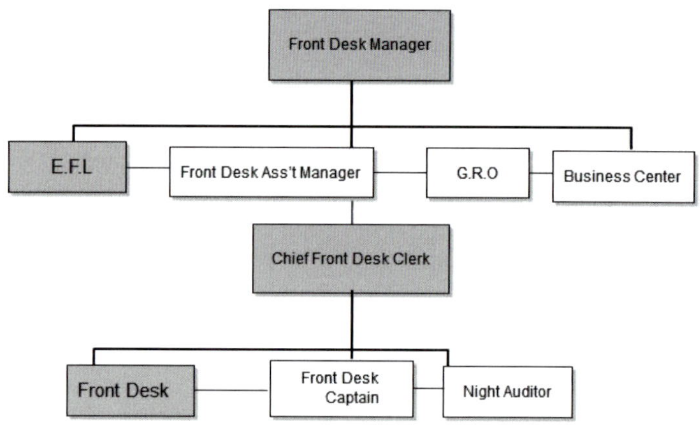

## 3 프런트 데스크(Front Desk)의 담당업무

### 1) 객실판매

#### (1) 정확한 상품지식 및 현황파악

판매 가능한 객실상태와 수를 파악하고 객실의 규모와 위치, 각 객실의 비품 및 실내장식 그리고 요금에 관하여 정확한 사항을 알고 있어야 하며 업장 및 호텔 주변상황에 대한 정보를 가지고 고객에게 서비스를 제공해야 한다.

#### (2) 고객 설득력

객실 판매 시 강압적인 방법으로 객실을 판매한다는 인상을 주지 않도록 부드럽게 설득할 수 있는 기술을 습득하며 고객이 불쾌감을 느끼지 않도록 고객을 설득하여 상품을 판매해야 한다.

#### (3) 객실료에 대한 구체적인 정보제공

객실요금은 고객이 지불해야 하는 최종금액을 알려주도록 하고 고객이 가격을 인정할 정도로 고객에게 설명해야 한다.

#### (4) 호텔 부대업장 상품의 정보제공

호텔 내 부대업장의 프로모션 또는 패키지상품에 대한 구체적인 정보 등을 고객에게 제공하여 호텔 전체 매출향상에 기여할 수 있도록 해야 한다.

#### (5) 경쟁자 분석

경쟁업체의 객실 및 부대시설의 내용을 숙지하여 고객이 경쟁업체와 비교하는 경우에도 서로 간의 장단점 등에 대해 납득할 수 있도록 설명해야 한다.

## 2) 정보제공

정보제공은 호텔 부대 서비스상품의 구매를 유도할 수 있는 기회가 될 수도 있으며 고객에게 정보를 제공하기 위해서는 호텔의 정책, 절차, 요금, 서비스, 상품 등의 호텔상품에 대하여 철저히 파악하고 나아가 호텔의 위치적 특성, 교통, 각종 여행상품 및 안내, 관광시설 등에 대해 잘 알고 있어야 한다. 다음은 일반적인 정보제공의 내용이다.

① 호텔이 갖춘 각종 업장 및 시설에 대한 정보
② 기차, 버스, 항공기 시간에 대한 자료
③ 근교 관광지 및 교통에 대한 자료
④ 쇼핑센터와 오락시설의 위치와 특성
⑤ 향토음식과 각종 이벤트 및 행사에 대한 정보
⑥ 그 도시와 지리에 관한 자료
⑦ 근교도시 및 타 호텔에 관한 정보
⑧ 각종 유명시설에 대한 정보

## 3) 객실판매관련 보고서 작성

객실판매를 주목적으로 하는 프런트 데스크에서는 객실판매에 관련된 List를 작성하여 향상된 고객서비스를 제공하기 위해 노력하며 각종 보고서를 작성하여 타 부서에 고객에 대한 정보공유를 통해 마케팅 자료 및 향상된 서비스를 제공하며 최고경영자 및 의사결정권자에게 호텔경영 전반에 대한 기초정보를 제공하여 효율적인 호텔경영을 위해 보고서를 작성한다.

## 4) 고객정보수집

고객이 예약하는 순간부터 호텔을 떠나는 순간까지 고객은 호텔에 많은 정보를 제공한다. 이 정보는 추후 호텔로 고객을 유인하는 수단이 될 수 있으며 동시에 평생고객으로 이끌 수 있는 근거가 되는 것이다. 예를 들어 고객이 특별히 요구한 사항이나 고객의 신용정보를 통해 재방문 시 고객에게 좀 더 차별화된 서비스를 제공할 수 있으며 이는 곧 고객만족으로 이어져 타 호텔과 비교해 경쟁우위를 차지할 수 있게 되는 것이다.

## 4 프런트 데스크(Front Desk)의 세부업무

### 1) 리셉션(Reception)

#### (1) 체크인(Check In) 업무

**① 체크인(Check In)의 중요성**

호텔을 이용하는 고객은 존경과 관심으로 대우받기를 원하며 호텔 역시 이런 고객을 만족시켜 주기 위해 노력해야 한다. 일반적으로 호텔을 이용하는 고객은 오랜 시간 동안 집을 떠나 여행하면서 장시간 동안의 이동, 시차에 의한 피로, 낯선 환경에 대한 긴장감 등으로 스트레스를 받거나 지친 상태이다. 이런 고객에 대한 따뜻한 배려와 친절은 재방문을 유도할 수 있으며 다른 고객에게 추천할 수 있는 기회를 제공하기도 한다. 이 첫 단계가 바로 체크인 단계이다. 체크인이란 고객이 호텔을 이용할 의사를 가지고 최종적으로 호텔 상품을 구매하겠다는 하나의 상품구매단계이다. 이 단계에서 신속하게 객실을 제공하고 안내가 이루어지면 고객은 만족을 하게 되고 투숙하는 동안 해당 호텔에 대해 좋은 이미지를 형성하게 된다.

**② 체크인 절차**

체크인은 호텔과 고객의 계약이 이루어지는 순간이며 계약을 위해서 고객은 호텔이 제공하는 양식(등록카드)을 작성해야 한다. 등록카드에는 고객의 이름, 국적, 여권번호, 연락처, 계산방법 등을 기재해야 한다. 일반적인 체크인

절차는 다음과 같다.

■ **예약의 확인**

컴퓨터와 당일예약을 적은 C/R을 통해 예약을 확인한다. 확인이 안 되는 경우 예약확인번호(Confirmation Number), 예약회사 등 다른 예약확인방법을 통해 확인한다.

■ **등록카드 제시 및 작성**

예약이 있는 경우에는 기본적인 사항(고객이 예약 시 등록한 내용)이 프린트되어 체크인 시 고객의 서명만을 통해 체크인이 이루어지지만 예약이 없는 경우에는 등록카드에 작성해야 할 항목을 체크한 후 고객에게 제시한다.

■ **체재기간의 확정**

고객에게 최대한 정확하게 확인받는 것이 중요하다.

■ **객실타입의 선정**

객실의 종류와 각 종류별 장단점을 설명하고 Upselling을 유도해야 한다.

■ **요금에 대한 이해**

고객이 충분히 이해할 수 있도록 설명하고 동의를 받아 추후 문제가 발생되지 않도록 해야 한다.

■ **지불방법에 대한 조정**

비보증 예약이나 Walk In 고객의 경우 확실한 지불보증을 받아야 한다.

■ **특이사항 접수 및 객실배정**

고객이 원하는 특이사항(엘리베이터에서 가까운 쪽, 낮은 층, 흡연여부, 전망 등)에 대해 접수하고 최대한 고객의 의향에 따라 객실을 배정하도록 한다.

■ **객실키 전달**

객실번호를 확인하고 Key 봉투에 담아 정중하게 건넨다.

### ③ 체크인 시 유의점

■ **장애인 및 노약자**

장애인 및 노약자가 체크인을 할 경우 고객이 등록카드를 쉽게 작성할 수 있도록 배려를 해야 한다. 특히 강요와 불쾌감을 주지 않도록 해야 하며 고객이 요청하기 전에는 특별한 행동을 하지 말아야 한다. 그리고 대화할 때에는 눈높이를 맞추어야 하며 명확하고 알맞은 속도로 대화를 해야 하며 단어와 문장 선택에 있어 신중함을 기해야 한다.

■ **Walk-In 고객**

예약이 없는 고객의 경우 지불수단의 불확실성에 따라 미리 객실요금에 대한 선지급을 받는다거나 신용카드를 확보해서 추후 발생될 수 있는 사고에 대비해야 한다. 그리고 호텔의 부대시설을 이용하는 데 있어서도 각 업장과 사전에 약속을 한다거나 Guest Ledger가 발생될 수 없도록 체크인 시 Credit를 차단함으로써 직불을 유도할 수 있도록 하여야 한다. 또한 만취한 고객이나 행동이 수상한 고객의 경우 객실을 제공하지 않거나 보호자의 동반 시에만 객실을 제공하도록 하여야 한다.

■ **예약 확인이 안 될 경우**

당일 예약에 대한 확인이 안 될 경우 No-Show List 및 회사나 단체명을 확인하여 예약을 찾거나 그래도 확인이 되지 않으면 고객의 과거투숙기록이나 회사 신분증을 통해 거기에 맞는 객실가격을 제공하여 체크인이 이루어질 수 있도록 하여야 한다.

■ **Full House일 경우**

㉮ Walk in 고객

최대한 친절하고 신뢰가 갈 수 있도록 상황을 설명하고 추후에 다시 이용할 것을 유도하거나 주변 호텔에 전화해서 예약해 주어 잠재고객으로 확보해야 한다.

㉯ 예약고객

초과예약(Over Booking)으로 인해 예약고객에게 객실을 제공할 수 없을 경우 진실되게 상황을 고객에게 설명한 후 다른 호텔로 Turn Away Service를 할 수 있도록 주변 호텔에 예약해 주거나 교통편을 제공하여 다음날 다시 고객이 투숙할 수 있도록 만전의 준비를 해야 한다.

### (2) 객실배정

객실배정(Room Assignment)이란 예약에 의한 당일도착 예정고객을 위하여 객실을 할당하여 배정하는 절차로 체크인 시 시간단축 및 효율적인 업무수행을 통해 투숙객의 편의를 도모하기 위하여 실시된다. 일반적으로 체크인은 고객유형별로 차이가 있으며 공항버스나 단체의 경우 체크인하는 시간대가 같아서 복잡하고 분주하다. 이러한 분주함에 대한 대비 및 향상되고 차별화된 서비스를 제공하기 위해서는 이런 사전의 객실배정이 필요하다.

#### ① 객실배정 시 유의점

- 호텔 전 객실의 구조와 특징의 정확한 숙지
- 당일 객실 타입별 예약상황의 분석
- 객실 수에 따른 우선 배정의 원칙
- VIP, Treatment 제공, Special Request 등의 분류별 우선 배정의 원칙
- 금연과 흡연고객의 분리배정 원칙
- VIP, Membership, 회원사, 특별고객 우선배정의 원칙
- 객실배정 이후의 근무자 간 가능 객실 판매방식 결정
- 체크인 시 발생 가능 변수에 대한 교차 검토
- 직원들 간의 의사통일

### ② 객실배정 시 우선순위

객실배정 시 우선순위는 프런트 종사원의 경험 및 회사가 정한 순위, 일반적인 사항에 따라 이루어진다. 즉 장애인 및 노약자의 경우는 엘리베이터에서 가까우며 낮은 층의 객실, VIP고객의 경우 조용하며 좀 더 쾌적한 환경의 객실, 특별요청이 있는 경우 해당 조건에 맞는 객실, 단체의 경우 국가별, 인원별, 구성원의 특성(가족, 회의참석자, 수험생, 일반 여행객)에 따른 배정 등 고객유형 및 특성에 맞추어 객실배정이 이루어져야 한다. 그 순위를 보면 다음과 같다.

- VIP고객
- 장애인 및 노약자
- 특별요청이 있는 경우
- Membership 소유자
- 회원사
- 단체고객
- 일반 FIT 고객

## (3) 객실 및 요금 변경

객실 및 요금 변경(Room & Rate Change)은 고객이 요구하는 사항에 대한 하나의 향상된 서비스 제공과 직원의 실수 및 시설의 고장에 의해 발생된다. 객실 및 요금의 변경은 항상 주의해서 이루어져야 한다. 즉 옮겨야 하는 객실과 옮기는 객실에 대한 정확한 인수인계가 이루어져야 하며 객실요금이 변경되었을 때는 그 상황에 합당하고 타당한 이유가 있어야 한다.

### ① 객실 및 요금 변경이 발생되는 상황

- 객실의 정비 불량 및 시설물 고장의 경우
- 고객의 요구
- 외부에서의 요구(Upgrade나 가격의 변경)

• 직원의 실수에 의한 경우
• Pre-Assign에 의한 경우

### ② 객실 및 요금 변경 시 고려사항

• 고객의 요청으로 변경할 경우 고객의 요청사항과 변경객실이 잘 부합되는지 정확히 확인
• 변경 전 객실의 사용 정도 여부
• 당일 예약상황 및 점유율 확인
• 변경요금의 타당성 확인
• 재정비 가능 여부
• 직원이나 시설물의 고장 시 Upgrade나 특별한 Treatment의 제공 및 사후 유사한 상황이 발생되지 않도록 직원의 교육 및 시설물을 확인

### ③ 변경절차

• 고객의 요청을 경청한다.
• 고객의 요청을 접수하고 관련부서에 확인을 한다.
• 객실 및 요금변경을 해야 하는지 판단한다.
• 고객에게 객실변경을 위한 소지품의 정리를 부탁한다.
• 객실변경을 위해 변경할 객실키를 벨맨(Bellman)에게 인계한다.
• 이전 객실key를 회수한다.
• 벨맨(Bellman)이나 객실정비부서에 고객의 반응을 살펴본다.
• 고객에게 전화를 걸어 만족여부를 확인한다.
• Room Change Slip을 작성하고 객실정비부서에 통보한다.
• 컴퓨터에 객실번호를 변경한다.
• Room Rack에 정비할 객실의 판매금지와 고객에게 알리기 위해(고객이 외출할 경우) Room Change Slip을 보관하거나 특별한 조치를 행한다.
• 보고서에 기록을 한다.

### (4) 정보제공

고객은 어떤 부서에서 자신이 원하는 정보를 얻을 수 있는지 알지 못한다. 그래서 호텔 로비의 중앙에 위치한 프런트로 찾아와서 자기가 원하는 정보를 얻기를 원하며 이를 충족시켜 주기 위해서는 각종 정보에 대해 프런트 종사원은 정보를 확보해야 한다. 또한 항상 최신정보를 획득하여 고객에게 정확하고 신속하게 정보를 제공해 주어야 한다. 다음은 일반적으로 고객이 원하는 정보이다.

- 관광정보
- 호텔 주변 정보
- 교통정보
- 쇼핑정보
- 목적지 정보
- 호텔상품 정보
- 문화행사 정보
- 날씨

### (5) 예약

일반적으로 예약은 예약실에서 담당하는 업무이다. 하지만 호텔의 고객은 내국인에게 국한된 것이 아니고 세계 각국의 고객을 대상으로 하기 때문에 시차 및 기타 여건에 따라 예약실 업무가 종료된 시점에서도 고객의 예약이 이루어진다. 특히 당일예약의 경우 예약실을 거쳐서 예약이 이루어지면 시간의 경과나 고객서비스 차원에서 악영향을 미칠 수 있기 때문에 일반적으로 프런트에서 예약을 접수한다. 또한 수시로 발생하는 예약 취소, 변경에 신속하고 유연하게 대처하고 효과적인 예약업무로 객실 판매의 극대화를 이루기 위해서 프런트에서 예약을 접수한다. 다만 주의해야 할 사항은 당일 예약이 초과되었을 경우나 고객이 원하는 객실타입이 없을 경우 고객을 다른 객실타입으로 유도하거나 Upselling으로 고객의 예약을 접수해야 한다.

## 2) 프런트 캐셔(Front Cashier)

### (1) 체크아웃 업무

#### ① 체크아웃의 중요성

체크아웃이란 고객이 객실, 식음료 및 부대시설 등 호텔시설을 이용한 후 프런트에 키를 반납하는 것, 즉 객실을 비우는 것을 의미하며 최종적으로는 고객에게 청구서를 만들어서 밸런스(Balance)를 "0"로 만들기 위해 계산하는 것을 의미한다. 이는 호텔의 수입과 직접적인 관계가 있으므로 정확하고 신중하게 해야 한다. 또한 빌(Bill)의 전기(Posting)가 잘못되었거나 고객이 이해하지 못하는 사용내역에 대해서도 고객에게 이해시켜야 하며 이는 고객의 신뢰와 연관되며 최종적으로는 호텔의 이미지와 관계된다. 그래서 체크아웃 업무는 단순히 고객에게 정산을 받는 회계의 의의와 더불어 재방문고객 창출에 있어 중요할 역할을 하는 것이다.

#### ② 체크아웃 절차

체크아웃은 체크인과 같이 신속하고도 세심한 업무처리가 요구되며 고객에게 의심을 주지 않고 신뢰를 줄 수 있는 의사전달의 능력이 요구된다.

■ **키 접수**

키를 접수하고 체크아웃 날짜가 맞는지 확인한다.

■ **이름 확인**

실제 투숙객과 키를 건넨 고객의 이름이 맞는지 확인한다. 간혹 키가 바뀌는 경우가 있으므로 확인절차를 거쳐야 한다.

■ **Check Out 날짜가 맞는지 확인하고 Remark를 확인**

Remark에는 각종 특이사항이 기재되어 있는데 즉 지불방법, 고객요구사항, 불평내용, 재예약 등이 있으므로 고객에게 맞는지 확인하여 추후 미연의 사태에 대비해야 한다.

■ 당일 사용내역 확인(조식, 미니바, 기타 부대시설 이용 등)

Mini Bar의 사용내역에 대해서는 고객편의 차원에서 고객이 체크한 내역에 의해 전기가 이루어지는데 간혹 행동이 수상하거나 지불방법이 현금일 경우, Walk In 고객의 경우에는 고객에게 정중하게 기다리게 한 다음 Mini Bar에 연락해서 신속하게 점검하게 해야 한다. 또한 조식의 경우도 아침시간에는 많은 고객이 이용하므로 전송상의 오류 및 Mis Posting에 대비하여 고객에게 정중하게 문의한 후 다음 절차로 넘어가는 것이 좋다.

■ 영수증 출력

고객의 확인을 위해 영수증을 출력하여 제시한다.

■ 고객에게 제시 후 이상한 내용이 없는지 확인

고객에게 영수증을 제시하며 동시에 고객등록카드, 각 업장 사용 영수증을 Room Rack에서 꺼내 고객의 문의에 신속하게 대응할 수 있도록 한다.

■ 지불방법 문의

지불방법에 대해 문의한 다음 기존에 보증의 의미로 보관했던 신용카드 사본을 고객 앞에서 폐기하고 새로운 지불방법에 따라 처리한다.

■ Balance가 '0'인지 확인

항상 체크아웃을 한 후 Balance가 '0'인지 확인해야 한다. 간혹 Mini Bar 및 각 입장에서 사용내역을 전송할 수도 있으며 잘못 전기해서 Balance가 '0'가 되지 않는 경우가 발생되므로 항상 재확인을 하여야 한다.

■ Paid 도장과 함께 봉투에 영수증 동봉

지불이 완료되면 Paid 도장을 찍고 영수증을 봉투에 담아 정중하게 건낸다.

■ 투숙 중 불편했던 내용이 없었는지 확인

투숙 중 불편했던 내용이나 제공된 서비스에 문제가 없었는지 확인하고 문제가 접수되면 상급자 및 당직지배인에게 보고하여 해결 가능한 사안에 대해서는 바로 처리될 수 있도록 하고 해결이 불가능한 경우 추후 고객에게 연락하겠다고 한 후 고객의 연락처를 받고 고객을 영송한다.

■ **감사의 말과 함께 재방문을 유도**

모든 체크아웃 절차가 완료되면 고객에게 다시 한 번 방문해 줄 것을 유도하고 VIP고객의 경우 다음 목적지를 알아 놓아서 메시지나 외부에서 찾을 경우 안내를 해야 한다.

### ③ 체크아웃 시 유의점

#### ㉮ 지불방식에 대한 이해

- C/L(City Ledger) : 후불
- H/G PAY(House Guest Pay) : 투숙객 본인이 직불
- RM ONLY- C/L(Room Only-City Ledger) : 객실요금에 대한 후불
- RM & B/F-C/L(Room and Breakfast-City Ledger) : 객실요금과 식사요금에 대한 후불
- RM & B/F & 개인사용-C/L(Room and Breakfast and 개인사용-City Ledger) : 객실요금과 식사요금 그리고 개인사용 내역에 대한 후불
- ALL CO PAY-C/L(All Company Pay-City Ledger) : 모든 사용내역에 대해 회사나 다른 사람이 지불
- RM ONLY C/O TVL DIRECT PAY(Room Only Check Out Travel Agent Direct Pay) : 단체에 대해 체크아웃 시 객실요금에 대한 여행사 지불
- RM & B/F C/O TVL DIRECT PAY(Room and Breakfast Check Out Travel Agent Direct Pay) : 단체에 대해 체크아웃 시 객실요금과 아침식사에 대한 여행사 지불
- Billing To : 사용내역에 대해 다른 객실에서 지불
- Billing With : 다른 객실에서 사용한 내역에 대한 함께 지불

### ㉯ 신용카드에 대해 승인이 안 되는 경우

고객이 신용카드로 계산하고자 할 때 간혹 전산상의 오류, 카드 마그네틱의 고장, 통신장애, 신용카드의 한도초과 등에 의해 결재가 안 되는 경우가 있다. 이런 경우에는 고객에게 상황을 설명하고 다시 시도하거나 신용카드회사에 전화를 걸어 승인을 요청하거나 다른 지불방식을 택하도록 유도해야 한다. 특히 신용한도가 초과할 경우에는 예약회사에 연락하거나 지배인에게 보고한 후 추후 계산을 받을 수 있도록 조치해야 한다.

### ㉰ 사용내역이 잘못 전기(Posting)되었을 경우

투숙객이 업장을 이용한 다음 체크아웃을 할 때 일괄 계산하는 경우 G/L (Guest Ledger)이 발생한다. 간혹 업장에서 객실번호를 잘못 보고 전기를 할 경우 다른 객실의 계정(Account)에 전기되는 경우가 있다. 이때에는 고객에게 정중하게 사과드리고 빌(Bill)을 확인한 다음 빌(Bill)에 서명되어 있는 이름과 서명을 확인한 후 해당 고객의 계정으로 Transfer시켜 손실을 막아야 한다. 이때 이미 투숙객이 체크아웃을 한 경우에는 해당 업장의 지배인과 상의 후 손실로 처리하거나 금액이 많은 경우 등록 시 고객이 남긴 연락처로 전화를 걸어 추후 정산할 수 있도록 하여야 한다.

### ㉱ 체크아웃 시간이 경과하는 경우

일반적으로 체크아웃 시간은 오후 12:00까지 이다. 일단 12:00가 넘으면 해당 객실에 전화해서 연장여부 및 체크아웃 시간을 확인해야 한다. 체크인 시 고객이 요구한 Late Check-Out이나 이에 따른 추가비용(Over Charge)을 지불한다는 내용이 확인되어 있는 경우에는 주의해야 한다. 하지만 객실을 체크한 결과 짐이 없거나 키가 없을 경우에는 등록 시 고객이 남긴 연락처로 전화를 걸어 연장여부에 대해 확인해야 한다. 연락이 되지 않을 경우에는 객실을 세심하게 체크한 후 일단 보류하고 짐이 있는 경우 17:00가 넘으면 연장시키며 짐이 없는 경우에는 “0” Posting이나 체크아웃을 시킨 후 추후 고객과 연락을 취해야 한다. 다음은 추가요금(Over Charge)에 관한 것으로 호텔마다 차이가 있으며 해당 호텔의 숙박약관에 따른다.

- 12:00~16:00 객실요금의 30%
- 16:00~18:00 객실요금의 50%
- 18:00 이후 1박 객실요금

### ④ 영수증에 대한 이해

영수증에는 각 계정별로 전기가 이루어지는데 크게 Credit(대변)과 Debit(차변)으로 나눌 수 있다. Credit은 고객이 지불해야 하는 금액부분이며 Debit은 고객이 사용가능한 또는 지불한 금액이라 할 수 있다.

#### ㉮ Debit

- 객실요금(Room Charge)
- 봉사료(Room Service Charge) : 객실요금의 10%
- 세금(VAT) : 객실요금 및 봉사료에 대한 11%
- 식음료(Food & Beverage)
- 정정(Correction) : 잘못 전기된 내역에 대한 수정
- 전화요금(Telephone) : 전화요금은 시내, 시외, 국제전화로 구분
- 전화요금에 대한 세금(Telephone VAT)
- Paid Out : 호텔에서 고객의 요구에 의해 지불된 현금
- 잡수입(Miscellaneous) : 전기할 계정이 없는 경우에 사용
- 세탁(Laundry)
- 미니바(Mini Bar)
- 부대시설 이용

#### ㉯ Credit

- 선수금(Advanced Deposit) : 체크인 전이나 체크인할 때 미리 지불하는 선납금
- 매출조정(Allowance & Rebate) : 전기의 오류나 매출조정에 따른 매출액

에서의 차감

- 현금(Cash)
- 카드(Card)
- 후불(City Ledger)

## (2) 현금관리

### ① 현금관리의 중요성

호텔경영의 특수성 중 하나는 현금의 흐름이 좋다는 점이다. 이는 투자자에게 매력을 주며 동시에 은행 대출과 관련해서도 다른 기업에 비해 우위를 차지하고 있다. 프런트 캐셔는 객실 및 각 업장에 필요한 현금을 조달하고 환전을 담당하기 때문에 원활한 영업활동을 위해서는 항상 적정금액을 일정하게 준비해야 하며 특히 휴일이나 특정 행사기간 등 상황에 따라 유동적으로 현금을 관리해야 한다.

### ② 현금관리 시 유의점

- 현금관리는 항상 프런트 캐셔가 담당해야 한다.
- 영업금과 환전금을 따로 관리해야 한다.
- 자리를 비울 시에는 항상 현금보관함을 잠가두어야 한다.
- 현금이 외부인에게 보이도록 하면 안 된다.
- 영업용 현금보관함에는 항상 최저 금액만을 보관해야 한다.
- 외부인이 현금보관함에 접근할 때에는 항상 주의깊게 살펴야 한다.
- 고객이 현금으로 지불할 경우 확인될 때까지는 현금보관함에 현금을 넣지 말아야 한다.

## (3) 밸런스 관리

Balance는 Credit과 Debit이 "0"가 되지 않을 경우에 발생된다. 즉 고객이 사용한 내역에 대해 계산이 완료되지 않으면 Balance가 발생된다. 프런트 캐셔

(Front Cashier)에서 관리하는 Balance에는 크게 두 가지가 있다.

① Check-out with Balance

Check-out with Balance란 C/L(후불)의 개념과 비슷하나 정상적인 후불방식이 아니다. 이는 고객이 체크아웃을 한 후에도 Balance가 제로로 되지 않고 남아 있는 상태이다. 이에 해당하는 경우는 다음과 같다.

- 지불조건이 확실한 기업체나 고객
- 직원의 실수에 의한 발생
- 2nd Call(다시 체크인하는 경우)이 있는 경우
- 업장이 마감한 후 발생하는 이월 빌

② High Balance

High Balance는 말 그대로 Balance가 높은 상태를 말한다. 실제로 고객이 등록하는 등록카드에 한도가 명시되어 있으며 호텔이 정한 한도가 넘으면 High Balance Check를 통해 고객에게 중간지불을 요청해야 한다. 이는 위험관리의 하나로 Skipper 및 지불에 따른 위험을 방지하기 위해서이다.

### (4) 등록카드(Registration Card) 및 빌(Guest Ledger) 관리

등록카드는 일종의 계약서로 볼 수 있다. 고객이 Check-in을 하면서 고객에 대한 정보를 기록하고 객실을 구매하겠다는 것에 동의하는 서명을 하기 때문이다. 그렇기 때문에 항상 관리가 중요하며 일정기간(1~2년)이 지나면 소각해야 한다. 또한 업장에서 발생한 전표는 업장 캐셔를 통해 전달된다. 이때 발생된 전표는 모두 G/L(Guest Ledger)로 처리된 것으로 고객의 계정(Account)으로 전기(Posting)되어 있어야 한다. 간혹 Off-line이나 시스템상 오류가 발생될 경우에는 프런트에서 일단 전기(Posting)한 후 정상화되면 Correct시키고 해당 업장에서 전기(Posting)가 제대로 되었는지 확인한다.

고객이 체크아웃을 한 경우 등록카드는 따로 보관시키며 업장 전표의 경우

는 바로 폐기처분을 한다. 이는 양이 많고 Original Bill은 여신과에서 따로 관리하기 때문이다. 등록카드(Registration Card) 및 빌(Guest Ledger)을 보관해야 하는 이유는 다음과 같다.

- 긴급상황(컴퓨터 시스템의 오류) 시 등록카드에 표기된 투숙기간이나 가격 및 업장전표를 통해 임시적으로 계산서를 만들 수 있다.
- 계산서상에 나타난 고객의 사용내역에 대해 고객에게 확인시킬 수 있다.
- 체크아웃 후 오랜 기간이 지나 고객이 원본 영수증을 원할 경우 제시할 수 있다.

### (5) 금고관리

고객편의를 위하여 투숙객에 한하여 무료로 귀중품을 일시 보관할 수 있도록 공간을 제공하는 것이 금고이다. 호텔에 따라 차이가 있지만 일반적으로 귀중품을 보관하기 위해 프런트 데스크 옆에 Safety deposit box를 두고 있다.

귀중품을 보관하는 방법에는 두 가지가 있다. 먼저 부피가 큰 노트북이나 현금이 없는 봉투는 Safety deposit tag을 이용하여 보관하며 현금이나 귀금속 등은 그 부피에 따라 Safety deposit record를 작성하고 금고 안에 넣는다. 금고는 두 개의 키(Master key와 고객에게 부여하는 키)가 함께 있어야 금고의 문을 열 수 있으며 고객에게 하나의 키를 제공한다. 그리고 고객에게 키관리의 중요성을 알려야 하는데 고객에게 부여된 키는 하나밖에 없기 때문에 분실할 경우 해당 금고의 자물쇠를 파기해서 금고를 열어야 하기 때문이다. 따라서 금전상으로나 시간상 비용이 들기 때문이다.

#### ① Safety deposit tag

Safety deposit tag은 두 개로 나누어져 있다. 먼저 날짜, 방번호, 이름을 기입한 후 하나는 손님에게 다른 하나는 물건에 부착하여 보관한다. 그리고 물건을 돌려줄 때는 시리얼 번호가 일치하는지를 확인한 다음 고객에게 인도한다.

② Safety deposit record

부피가 작거나 현금 혹은 귀중품을 보관할 시에 이용하는데 먼저 고객의 방번호, 이름, 사인, 보관날짜, 시간, 보관받은 직원의 이름을 등록한 다음 부피에 맞는 금고를 열어 고객에게 직접 보관하도록 한 후 Box 번호를 기입한 다음 고객에게 전달한다. 그리고 물건을 완전히 다 찾아간 경우에는 아래쪽 고객의 서명란, 날짜, 시간, 물건을 인도한 직원서명을 한 후 양도한다. 이때는 항상 고객의 키와 처음에 맡길 때 고객의 사인을 대조한 후 물건을 인도한다. 계속해서 금고를 이용할 시에는 뒷면에 날짜, 시간, 고객서명, 직원서명을 한 후 고객에게 물건을 인도한다.

③ 귀중품 보관절차

- 고객이 다가오면 미소로 맞이하고 어떻게 도와드릴지 묻는다.
- 금고를 이용하고자 하는 경우 조심스럽게 그 내용물을 물어본다.
- 귀중품이 아닌 경우 벨데스크로 손님을 안내하고 귀중품인 경우 손님을 금고로 안내한다.
- 손님의 물건 부피를 본 후 귀중품(현금, 보석)이 있는지 여부를 확인한 후 단순한 여권이나 항공권인 경우 safety deposit tag을 이용하여 보관하며 손님에게는 정중히 금고의 여분이 부족하여 따로 보관한다고 설명한다.
- 서랍에서 Safety deposit record card를 꺼내 객실번호, 이름, 서명을 받은 후 날짜, 시간, 직원의 서명을 한다.
- 귀중품의 양을 확인한 후 금고의 크기를 정하고 금고를 열어 box를 꺼낸 뒤 고객에게 직접 물건을 넣으라고 한다.
- 고객이 귀중품을 넣을 때는 조금 떨어져서 대기한다.
- Box를 넣은 후 키번호를 기입하고 고객에게 키를 인도한다.
- 키를 인도할 경우 키 분실에 대한 주의를 환기시키며 Safety deposit record card의 약관을 읽게 한다.
- 보관절차가 끝나면 손님의 계정(Account)으로 들어가서 Remark에 금고

번호를 기입한다.

- 고객이 다시 금고를 이용하려 할 때는 키를 받은 후 Safety deposit record card를 꺼내서 뒷면에 날짜, 시간, 고객의 서명을 다시 받은 후 앞면의 사인과 비교한다. 이런 절차는 금고 이용이 끝날 때까지 계속된다.
- 고객이 금고에 있는 귀중품을 모두 가져가려 할 때에는 고객이 직접 모든 것을 꺼내도록 한 후 박스를 비스듬히 들어 내부에 아무것도 없음을 확인시켜 준다.
- 만약 고객이 금고 열쇠를 잃어버렸을 경우 고객에게 약관을 보여주고 시설부서와 협조하여 고객의 입회하에 금고경첩을 절단하고 귀중품을 들어낸다.

## (6) 환전업무

환전은 외국환관리법 환전상 관리규정에 의한 지정외국환에 한하여 고객으로부터 외국환을 매입하는 것을 말한다. 당일 지정거래 외국환은행에서 정하는 대고객 전신환 매입률의 1/100 이내로 취급수수료를 산출하여 통화의 형태에 따라 환전하게 된다. 환전은 현금과 여행자수표(Travel's Check)가 가능하다.

### ① 현금

호텔마다 차이는 있지만 일반적으로 미국 달러, 일본 엔화, 영국 파운드, 호주 달러, 싱가포르 달러, 홍콩 달러, 유로 등을 주로 취급하며 상황에 따라 뉴질랜드 달러, 캐나다 달러 등도 환전이 가능하다. 환전수수료도 역시 호텔마다 차이가 있으나 환전량이 많은 미국 달러와 일본 엔화의 경우는 3~5%, 그 외의 통화는 4~6%의 수수료를 부과한다.

환전을 위한 공표 환전율 계산은 다음과 같다.

현금의 경우 '현찰 파실 때'의 환율에 수수료 4%(미국 달러, 일본 엔화)와 5%(그 외)를 제하고 공시한다. 여행자수표는 '전신환 받으실 때'의 환율에 수수료 4%를 제하고 공시한다.

예를 들어 현금 미국 달러의 경우 1,144.15 × 0.96(4%) = 1,098.38로 공시하며 여행자수표의 경우 1,154.80 × 0.96 = 1,108.60으로 공시한다. 유로의 경우는 수수료로 5%가 적용되며 현금의 경우 1,458.33 × 0.95 = 1,385.41이며 여행자수표의 경우 1,471.86 × 0.95 = 1,398.26으로 공시하면 된다.

### ② 여행자수표

해외여행자의 현금휴대에 따른 분실 및 도난 등의 위험을 방지하기 위하여 고안된 수표로서 은행으로부터 매입할 시 해당금액만큼의 현금을 지불하고 발행받은 수표이며 현지통화의 현금화 및 물품 구입 시 이용된다. 분실 및 도난 시 재발급받을 수 있는 수표이다. 여행자수표 역시 위의 현금 환전방법과 같으며 주의할 점은 다음과 같다.

- 여행자수표는 호텔 투숙객에 한해 객실번호 또는 신분 확인 후 여권과 함께 접수한다.
- 수표 상단에 이미 서명되어 있어야 하며 고객이 서명하는 하단과 일치하는지 확인해야 한다.
- 수표의 상단에 서명되어 있지 않거나 하단에 이미 사인이 되어 있으면 환전이 불가능하다.
- 환전은 반드시 원화로 한다.
- 환전 시 은행에서 발행한 지정된 양식(외국환 매각 증명서)을 사용해 당시 환율과 원화로 환전 시 금액, 담당자 서명, 고객의 서명과 여권번호를 기재받은 후 앞면은 여행자수표와 부착시키고 뒷장은 고객에게 영수증으로 발부한다.

## (7) 환송

체크아웃 절차에서 가장 중요한 부분으로 고객이 체크인 후 체크아웃할 때까지 99%를 만족하더라도 마지막 부분에서 실수를 한다거나 고객에게 서운

함을 보이면 99%의 만족이 없어질 수 있으며, 99%에 불만족스럽다 할지라도 마지막 환송단계에서 고객을 만족시킬 수 있다면 다시 방문할 수 있는 재고객을 창출할 수 있는 것이 이 단계라 할 수 있다. 항상 고객의 입장에서 생각하며 재예약의 여부와 특별한 내용이 있으면 다시 한 번 고객에게 환기시켜야 하며 다시 방문해 주기를 바라며 고객을 환송한다.

### (8) 기타 서비스

#### ① Cash Advance Service

손님이 자신의 Credit Card로 Front Desk에서 현금서비스를 받고자 할 때 호텔 수수료 명목으로 4~6%(카드수수료)를 부가하여 청구하는 서비스로 원금은 Paid out 처리를 하며 수수료는 Miscellaneous로 처리한다.

#### ② Paid-Out 서비스

임대업소와 기타 서비스(Tour, 교통비) 등을 고객이 이용할 경우 호텔에서 현금을 대신 지불하고 고객의 계정(Account)에 전기(Posting)하여 체크아웃 시 일괄적으로 정산받는 서비스이다.

## 3) 나이트 오디터(Night Auditor)

### (1) 객실 매출정리 및 감사

당일 객실 및 객실과 관련된 부서에서 발생된 모든 매출에 대해 정리를 하고 잘못된 부분을 찾는 감사의 역할을 한다.

### (2) 각 업장 매출정리 및 감사

당일 각 업장에서 발생된 모든 매출에 대해 정리를 하고 잘못된 부분을 찾는 감사의 역할을 한다.

### (3) 마감작업

당일 호텔 전체에서 발생된 매출을 최종적으로 정리하고 입력하여 해당일의 매출을 관리한다.

### (4) 영업일보 작성

당일 발생된 매출에 대해 경영자가 쉽게 알 수 있고, 추후 영업 및 사업계획 자료로 활용하기 위해 보고서를 작성한다. 즉 일일 호텔의 전체 매출을 기록한 영업보고서로 각 업장 사용인원 수, 매출, 평균 객실가격, 점유율 등 당일과 전달(MTD), 전년도(YTD)를 비교할 수 있도록 보여주며 Budget 대비 현재의 매출 달성률 등을 보여주는 것으로 경영자층이 향후 사업계획 및 영업 활성화를 위한 기초자료로 사용된다.

## (5) 익일 영업정리

익일 영업을 위해 단체 및 처리 가능한 정산을 미리 해두어 업무의 효율화를 높인다.

# 제3절 예약실의 역할 및 업무내용

## 1 예약경로 및 유형

### 1) 전화

전화를 통한 예약은 현대의 호텔에 있어 가장 많은 부분을 차지하고 있으며 신속하고 직접적인 대화를 통하기 때문에 상호 간에 신뢰할 수 있다는 점이 있으나 의사소통의 문제, 시차, 전화비, 정확한 수치상의 기록이 힘들다는 단점이 있다.

### 2) 예약사무소

호텔의 해외 및 국내 판촉사무소를 통한 예약으로 고객에게는 신뢰할 수 있으며 정확한 예약이 가능하지만 호텔경영 측면에 있어서는 수익적인 측면보다 비용적인 측면이 더 많이 발생되기 때문에 현대의 호텔에서는 고객수요가 많은 지역을 제외하고는 운영하지 않는 추세이다. 또한 인터넷 등 다른 예약수단의 발달에 의해 예약사무소의 역할이 미미해지는 실정이다.

### 3) 판촉부서

호텔 판촉부서에 의한 예약으로 호텔을 많이 이용하는 기업이나 관공서와 계약을 맺고 일정한 Discount나 특별서비스를 제공하여 예약을 받는다. 호텔의 예약부분 중에서 가장 많은 비중을 차지한다.

### 4) 팩스

팩스를 통한 예약은 전화상의 예약에 비해 시간, 공간, 언어 등 전화상의 단점을 극복할 수 있는 장점이 있으며 좀 더 구체적이고 정확한 예약이 가능하다.

### 5) 편지

과거의 투숙경험이 있는 고객이 호텔에 비치된 엽서나 편지를 통해 예약하는 경우로 충성도 높은 고객의 확보에 도움을 준다.

### 6) 인터넷

통신기술이 발달함에 따라 호텔들은 자체적으로나 외부에 의해 자사를 홍보할 수 있는 홈페이지를 보유하고 있다. 이 홈페이지를 통해 해당호텔의 전반적인 정보와 객실현황 및 예약을 처리하고 있다. 고객들은 실시간으로 예약을 할 수 있고 좀 더 구체적인 호텔정보를 획득할 수 있으며 많은 정보를 획득할 수 있어 선택의 폭을 넓을 수 있으나 개인정보 유출 등의 이유로 대중화된 수준은 아니다. 하지만 방화벽이나 개인인증시스템의 보강을 통해 고객을 유도하는 추세이다.

### 7) 여행사

여행사를 통한 예약은 호텔과 여행사 간의 사전계약에 의해 이루어지는데 비수기의 경우 여분의 객실을 처분할 수 있는 장점이 있으나 수수료, 지불방식 등의 문제가 발생될 수 있다.

### 8) 컴퓨터 예약 시스템

컴퓨터 예약 시스템을 통한 예약은 체인호텔이나 세계유명 항공사에서 보유한 컴퓨터 예약 시스템(CRS : Computerized Reservation System)과 광역유통 시스템(GDS : Global Distribution System)에 의한 예약방법이다. CRS는 컴퓨터화된 예약 시스템으로 판매와 경영을 목적으로 하는 호텔예약 시스템이고 GDS는 광역유통 시스템으로 세계 각국에서 사용되는 네트워크의 제공상품과 기능의 유통을 위한 한 개 이상의 CRS체제를 말한다. 대표적인 GDS에는 Sabre, Galileo, Amadeus, WorldSpan 등이 있다.

## 2 예약의 유형

예약의 유형에는 예약에 대한 지불보증에 따라 보증예약과 비보증예약으로 나눌 수 있다.

### 1) 보증예약(Guaranteed Reservation)

보증예약은 고객이 호텔상품을 구매하겠다고 상품구매에 따른 지불보증을 하는 것으로 늦은 체크인이나 초과예약 등 만일의 사태에 대비해 선입금형식으로 호텔상품에 대한 구매를 확정하는 것으로 효율적인 예약관리를 통한 No-Show의 방지 및 고객서비스 강화의 효과를 얻을 수 있다. 그 방법은 다음과 같다.

#### (1) 신용카드

예약자의 신용카드를 체크인하기 전에 호텔에 보냄으로써 신용카드 회사에서 객실요금 지불의 보증을 서는 것으로 현대에 와서는 가장 보편화된 보증예약의 방법이다.

#### (2) 선수금(Advanced Deposit)

선수금은 고객이 체크인하기 전에 객실요금에 대해 현금이나 수표로 지불보증을 하는 방법이다.

#### (3) 계약회사

호텔과 계약을 맺은 회사가 예약고객에 대해 지불보증을 하는 것으로 회사는 고객의 No-Show에 대한 지불보증을 한다.

#### (4) 여행사

여행사에서 지불보증을 하는 것으로 고객의 No-Show가 발생하였을 때 여행사가 지불보증을 서는 것으로 호텔과 여행사 간의 사전계약에 의한 No-Show Charge를 부과한다.

### 2) 비보증예약(Non-Guaranteed Reservation)

비보증예약은 예약자가 예약할 경우 아무런 지불보증을 하지 않는 것으로서 호텔이 정한 일정시간이 지나면 자동적으로 예약이 취소되며 Walk-in이나 당일예약고객에게 객실을 판매할 수 있다. 만일 비보증예약을 한 고객이 늦은 체크인을 하였을 때 객실이 없는 경우 호텔은 객실을 제공하지 않아도 되지만 고객관리 차원에서 타 호텔에 예약해 준다거나 교통편을 알선(Turn Away Service)해 주어 고객과의 관계가 악화되지 않도록 한다.

## 3 예약부서의 역할

호텔상품은 다른 제조상품과 달리 거의 예약을 하지 않고 사용하는 데에는 한계가 있다. 일반 제조상품의 경우 직접 구매할 상품에 대해 고객의 확인을 거쳐 구매가 이루어진다. 하지만 호텔상품은 구매 전에는 확인이 불가능하며 예약하지 않을 경우 상품이 재고가 없을 수 있기 때문에 상품의 구매가 불가능할 수도 있다. 이런 호텔상품의 특성과 365일 24시간 운영되기 때문에 지속적인 영업운영을 위해서는 책임 있고 정확한 예약처리가 필요하다.

예약은 여러 가지 방법에 의해 이루어진다. 그렇기 때문에 정확한 접수, 기록, 정리 및 보관이 필요하며 이런 과정을 통해 고객에게 불이익이나 불편함이 없도록 세심한 주의가 필요하다. 예약은 호텔 마케팅활동의 수확으로 고객유치의 첫 단계로서 호텔과 고객 간에 이루어지는 일종의 상품구매에 대한 계약이다. 따라서 고객이 예약을 요청한 시점부터 고객이 호텔에 투숙하여 모든 비용이 지불될 때까지 지속된다고 볼 수 있다. 따라서 고객에 대한 정중한 언어와 정확한 업무처리능력이 요구되는 곳이다.

## 4 예약부서의 업무

호텔의 예약은 전화, 팩스, 인터넷, 여행사, 직접방문 등 여러 가지 방법에 의해 이루어진다. 그 방법 중에서도 가장 많은 부분을 차지하는 것이 전화를 통한 예약이다. 전화벨이 울리는 그 자체가 매출과 직결된다. 따라서 얼굴을 볼 수 없는 고객에게 호텔서비스상품을 설명하고 매출로 연결시키는 능력은 예약부서 직원의 능력에 달려 있다. 예약부서 직원의 능력에 따라 호텔의 전체적인 서비스품질과 이미지를 고객에게 줄 수 있으며 더불어 새로운 매출을 창출할 수 있기 때문에 그 중요성이 더욱 막중하다. 다음은 예약부서의 업무 내용이다.

## 1) 예약

### (1) 예약의 흐름도

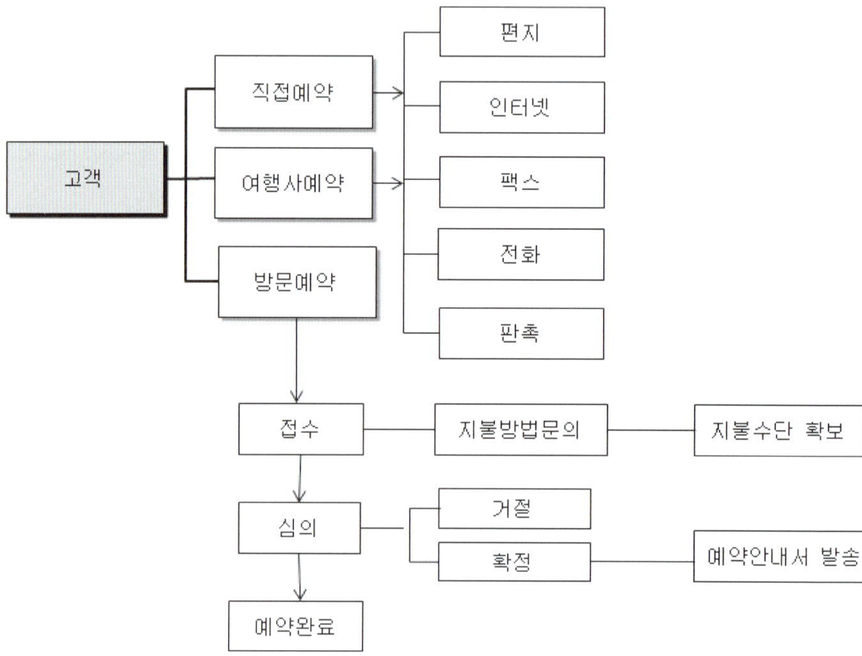


### (2) 고객유형별 예약접수

예약은 여러 가지 방법을 통해 접수된다. 그렇기 때문에 예약을 접수 할 때는 항상 세심하고 정확하게 해야 한다. 예약접수 시 가장 중요한 사항은 도착 및 출발일자, 객실종류, 가격 등에 대하여 고객에게 확실히 안내해야 하며 고객이 투숙하고자 하는 기간의 객실점유율 등 여러 가지 상황을 고려해서 예약을 접수해야 한다.

■ **도착일자**

국가 간 시차로 인해 날짜가 달라지는 경우가 있으므로 정확하게 월, 일,

요일 등을 문의해야 한다.

### ■ 출발일자

출발일정 역시 정확하게 문의해야 한다. 이는 성수기 예약의 통제에 있어 매우 중요하기 때문이다.

### ■ 과거 사용 여부

과거 호텔에 투숙한 경력이 있는지를 문의하여 있는 경우 고객 History를 검색하여 고객에 대한 정보를 정확하고 신속하게 확보할 수 있다.

### ■ 객실 수

사용할 객실의 수를 정확히 문의한다.

### ■ 투숙객 인원 및 객실 종류

객실의 종류에 따라 수용 가능 인원수에 차이가 있기 때문에 정확하게 문의를 한다.

### ■ 객실요금

객실의 요금은 계약사, Membership 등 고객의 유형별로 차이가 있기 때문에 정확하게 고객에게 안내한 후 동의를 얻어야 한다.

### ■ 성별 및 이름

성별 및 이름을 Last Name, Middle Name, First Name 순으로 정확하게 문의해야 한다. 체크인 시나 외부에서 고객에 대한 문의가 올 경우 정확하게 이름을 접수하지 않으면 예약자 및 고객을 찾을 수가 없다.

### ■ 지불조건

고객이 모든 비용을 직접 지불할 것인지 아니면 회사 및 다른 사람이 어느 한도까지 지불할 것인지를 정확하게 문의하여 추후에 계산관계로 인한 문제가 발생하지 않도록 한다. 또한 지불수단에 대해 문의하여 No-Show 및 예약취소를 사전에 방지해야 한다.

■ 도착시간 및 교통편

Early Check In이나 Late Check In의 경우가 발생될 수 있으므로 예약접수 시 고객에게 도착예정시간에 대해 문의를 하면 사전에 객실을 준비하거나 일반적인 체크인 시간(21:00)이 지나도 취소를 하지 않고 객실을 Holding하여 고객에게 제공할 수 있다. 또한 초과예약이 발생할 경우 보증이 없는 예약의 경우 시간이 경과하면 객실을 다른 고객에게 판매하여 매출을 올릴 수 있다.

■ 예약자 및 회사

예약 접수 시 예약자 및 예약회사를 알아두면 예약이 고객의 이름으로 확인되지 않을 경우 회사의 이름을 통해 예약확인이 가능하다.

■ 연락처

항상 연락 가능한 번호를 확보하여 예약확인 및 고객에게 문제가 발생할 경우 처리할 수 있도록 연락처를 확보해야 한다.

■ 특이사항

Early/Late Check In 및 Out, 엘리베이터에서 가까운 쪽, 채식주의자, 장애인 등 기타 특이사항에 대해 사전에 확보하여 고객서비스에 만전을 기하여야 한다.

■ 예약 접수일 및 접수인

예약을 접수한 일자 및 직원의 이름을 적어 문제 발생 시 해결할 수 있도록 한다.

### (3) 예약 시 유의사항

① F.I.T

- 예약 시 확인된 연락처로 체크인하기 2~3일 전에 해당 연락처로 연락하여 확인 팩스 및 재차 투숙여부를 확인해야 한다. 이는 No-Show의 방지 및 호텔의 수익관리 측면에서 중요한 것이다.
- 예약 시 가능하면 지불보증예약을 하도록 유도를 해야 한다. 이를 위해 신용카드 및 현금을 사전에 지불할 수 있도록 해야 한다.
- 예약 시 가격에 대해 고객이 이해할 수 있도록 충분히 이야기를 해서 체크인 시 문제가 발생되지 않도록 해야 한다.
- 특이사항이 있을 경우 관련부서에 충분한 내용이 전달될 수 있도록 해야 한다. 만일 예약 시 실수로 인해 관련부서에 내용이 잘못 전달될 경우 고객서비스 차원에 큰 문제를 야기할 수 있기 때문이다.
- 고객이 Suite Room을 원할 경우 투숙객의 신분이나 과거기록을 바탕으로 신중하게 판매해야 한다. 이는 호텔에 있어 Suite Room은 하나의 호텔을 상징하기도 하며 그 수가 적기 때문에 갑작스러운 VIP고객의 방문이나 호텔의 이미지를 실추시킬 수 있기 때문이다.
- 고객별 이력관리(총 방문 수, 평균 이용요금, 빈도수)를 할 수 있도록 예약접수 시 고객 투숙이력 등 고객 이력관리의 기초상황에 대하여 주의를 기울이며 임해야 한다.
- 예약 시 투숙객의 이름을 받아 적을 때 2~3번의 확인을 거쳐야 한다. 이는 고객이 체크인할 때 프런트에서는 고객의 예약을 이름으로 검색하여 예약유무를 파악하기 때문이다. 따라서 이름 입력 시 철자의 오류로 인하여 예약을 찾지 못하는 경우가 발생하지 않도록 해야 한다.
- 예약 시 고객이 Early Check In이나 Late Check Out을 원할 경우 프런트 및 객실정비부서에 통보해 추후 발생될 수 있는 미연의 사태에 대비해야 한다.
- 예약과 관련된 서류(예약슬립, 예약확인서 등)는 반드시 일정기간 보관해야 한다.

### ② 단체

- 단체의 경우 인원 및 객실 사용 수가 많기 때문에 예약을 받을 때 주의해야 한다. 이는 단체로 객실을 이용하기 때문에 객실요금이 낮게 책정되고 단체고객만을 유치하다 보면 일반고객이 객실을 원할 경우 제공하지 못할 경우가 있으며 호텔의 이미지와도 바로 연결되기 때문이다.
- 여행사 관리를 통해 No-Show의 빈도가 많거나 주거래 여행사가 아닌 경우 보통 1주일 전에 객실 수 및 인원에 대해 확인을 받아야 한다.
- 단체예약의 경우 지불조건 및 방법에 대해 확실히 해두어야 한다. 규모가 큰 여행사의 경우에는 문제가 발생되지 않지만 규모가 작거나 거래실적이 적은 여행사의 경우 언제 부도가 날지 모르기 때문이다.
- 예약이 확정되면 해당 관련부서에 연락을 취해 추후 문제가 발생되지 않도록 하여야 한다. 규모가 큰 단체의 경우 조식장소 및 모임장소 등 특별히 요구되는 사항이 발생하기 때문에 사전에 관련부서에 통보해 주어야 한다.

### ③ 계약회사 및 Membership

- 호텔마다 계약회사에 대한 객실요금은 차이가 있다. 이는 거래실적이 좋은 회사의 경우 더 많은 할인폭을 제공하거나 다른 특별한 서비스(음료이용권, 업장할인권, 부대시설 이용권)를 제공해 계속적인 관계를 유지하기 위함이다. 그래서 예약 접수 시 계약회사에 따라 지정된 Code를 입력해서 회사별로 관리해야 한다.
- 재방문 고객의 수가 많기 때문에 고객 이력관리 및 특이사항에 대해 세심한 주의를 기울여야 한다.
- No-Show 방지를 위해 가능하면 보증예약으로 유도한다.
- 예약확인서를 발송해 체크인 시 원활한 체크인이 이루어질 수 있도록 해야 한다. 이는 예약확인서에 등록되어 있는 예약번호나 기록된 이름을 통해 예약을 찾을 수 있기 때문이다.
- 가능하면 예약을 접수하도록 한다. 이는 향후 관계개선 및 이를 유지하는 데 중요하기 때문이다.

## 2) 예약 취소 및 변경

### (1) 예약 취소

객실예약의 취소는 해당호텔의 숙박약관 및 국제호텔약관에 따르게 되어 있다. 객실예약규칙에 따르면 쌍방 간에 예약이행에 있어 부분 또는 전부가 불이행되었을 경우에는 불이행 측이 전적으로 전액 보상할 뿐만 아니라 합리적인 조치를 취해야 할 책임이 있다. 호텔에서 예약실수 및 초과예약으로 인해 예약한 고객에게 객실을 제공하지 못한 경우에는 주변의 동급호텔이나 좀 더 좋은 호텔에 고객을 투숙시키며 여기에 들어가는 모든 비용은 호텔에서 전적으로 지불을 하게 되어 있다. 반대로 고객이 일방적으로 예약을 취소하거나 No-Show가 발생되면 해당 호텔의 숙박약관에 따르게 되어 있다. 일반적으로 숙박 15일에서 2일 전까지는 객실요금의 10%, 숙박 전일 취소 시에는 30%, 당일 취소 시에는 50~80%(객실상황에 따라), No-Show가 발생하면 객실요금의 50~100%를 호텔에 지급하여야 한다. 하지만 자연재해 및 기타 특별한 사유에 의한 예약 취소 및 No-Show는 고객 관리차원에서 현명하게 처리하는 것이 일반적이다.

### (2) 예약 변경

고객이 예약을 변경하고자 하는 경우 고객이 투숙하고자 하는 날의 객실상황을 고려하여 예약변경을 하여야 한다. 만일 고객이 투숙하고자 하는 날에 객실이 없는 경우 고객이 이해할 수 있도록 잘 설명하고 주변이나 숙박 가능한 호텔을 수배해서 고객에게 안내해야 한다.

### 3) 객실예약의 통제 및 초과예약

#### (1) 예약의 통제

예약의 통제는 날씨, 항공사 파업, 비행취소 및 연착, 불가항력의 경우를 제외하고는 예약현황을 정확히 파악하여 효율적인 객실판매를 하도록 하는 객실예약상황을 조정하는 것을 말한다. 호텔경영의 특성상 호텔상품은 생산과 소비가 동시에 발생하며 재고가 불가능하여 당일 한정된 객실만을 판매하여야 한다. 그렇기 때문에 무제한으로 예약을 받을 수 없다. 특히 수요가 많이 발생되는 성수기, 연휴, 행사나 국제회의 등을 고려해서 예약을 접수하여야 한다. 예약 시 우선순위는 호텔마다 차이가 있으나 일반적으로 선예약자, VIP, Membership 회원, 단골고객, 계약회사 고객, 일반고객, 단체 등의 순으로 예약을 통제한다. 그리고 예약담당자는 수시로 1주일~1달간의 Forecasting 자료를 검색하여 적정한 객실요금산출 및 예약관리를 통해 수익관리를 하여야 한다.

#### (2) 초과예약 관리

호텔의 상품은 저장이 불가능하기 때문에 당일에 판매하지 않으면 소멸되며 이는 곧 호텔의 수익과 관련된다. 호텔의 상품 중 객실은 No-Show, 예약의 취소 및 변경, Early Check Out 및 연장, 객실의 고장 및 수리 등에 의해 판매가능한 객실의 수에는 매일 변동이 생긴다. 이를 조정하기 위해서 초과예약을 받는데 보통 5~10% 정도로 받는다. 초과예약을 받을 때에는 인근호텔의 예약상황, 일정기간 동안의 Walk in 고객의 빈도, 과거의 No-Show 및 취소의 비율 등을 고려하여 판매 가능한 객실 수 이상의 예약을 받게 된다. 하지만 예약한 고객(보장성 예약)이 투숙할 객실이 없는데(Full House) 투숙을 원할 경우에는 다음과 같이 처리하는 것이 바람직하다.

- 동급이나 좀 더 좋은 호텔에 예약을 대행한다.
- 객실료 및 교통편을 마련해 준다.

- 다음날 호텔로 초대해 객실 및 기타 부대시설에 대한 무료권을 지급한다.
- 공식적인 사과문을 발송한다.

### 4) No-Show 처리

No-Show는 예약을 하고서 나타나지 않는 고객을 말한다. 이는 객실이 많이 비어 있는 경우에는 문제가 없지만 객실이 부족한 경우는 객실을 원하는 다른 고객에게 객실을 판매할 수 없기 때문에 호텔의 수익에 직접적인 영향을 미칠 수 있다. No-Show가 발생되면 다음과 같은 순서로 처리하는 것이 바람직하다.

- 예약회사 및 예약고객에게 확인을 한다.
- 보증예약의 경우 보관된 카드 및 현금으로 호텔에서 정한 약관에 따라 수수료를 징수한다.
- 고객의 동의를 받는다.
- 비보증예약의 경우 위험고객으로 등록해서 추후 예약을 원하는 경우 예약의 거절이나 확실한 지불보증을 받는다.
- 위험고객으로 등록되어 있는 고객의 No-Show가 발생되면 소액재판소에 청구하거나 여신과를 통해 No-Show Charge를 받도록 한다.

### 5) 예약 확인

고객에 의해 예약이 이루어지면 적어도 일주일 전에 예약 시 받은 연락처를 통해 예약확인을 받아야 한다. 이는 No-Show의 방지 및 예약통제를 위해 꼭 필요하다. 예약을 확인할 때에는 투숙일자, 투숙객 성명, 객실요금, 특이사항, 지불방법 등에 대해 정확히 확인한 다음 이메일, 팩스를 통해 예약확인서를 해당 고객에게 송부해야 한다. 또한 예약에 대한 보증이 없는 경우 보증을 요청하거나 보증이 없을 시 일정시간이 지나면 예약이 취소된다고 사전에 고객에게 안내해야 한다.

Introduction to
Hotel Management

# 제5장
# 하우스키핑 관리

# 제1절 하우스키핑의 개요

## 1 객실관리부의 역할

고객이 호텔을 선택하는 데 있어 고려하는 중요사항 중에 청결과 쾌적한 분위기를 간과할 수가 없다. 특히 많은 사람들이 왕래하며 시설을 이용하는 호텔은 고객이 항상 만족할 만한 공간을 만들어내는 데 관심을 기울여야 한다.

고객에게 쾌적하고 안락한(comfortable) 서비스를 제공하기 위해서는 흠 잡을 데 없는 청결이 필요하고, 편리를 제공하기 위해서는 설비, 가구, 비품류의 고장이나 미비사항이 없도록 점검에 만전을 기해야 한다. 하우스키핑은 호텔의 주상품인 객실을 생산하고 유지 관리하는 기능을 갖고 있다. 이러한 관점에서 볼 때, 하우스키핑의 업무는 호텔 수익에 중대한 영향을 미치며 호텔 운영경비의 절감, 호텔 재산의 관리, 호텔제품의 생산 및 창조에 있어서도 큰 비중을 가지고 있다.

따라서 하우스키핑은 고품질 객실상품의 생산에 최선을 다해야 하며 호텔의 재산관리와 비용 절감을 위해서도 노력해야 한다. 그러한 의미에서 하우스키핑의 역할은 다음과 같다.

- 객실 청소(room cleaning)와 객실 설비(facilities), 시설(furniture & fixtures), 비품(guest supplies) 관리
- 호텔 내 레스토랑(restaurants), 화장실(restroom), 라운지(Lounges), 주방(Kitchens) 등 호텔 전역의 공공지역(public areas) 관리
- 리넨류(Linens), 직원 유니폼(staff uniform)의 지급과 수선(repair) 및 세탁

## 2 하우스키핑(Housekeeping)의 조직

직무를 조직적으로 구성, 수행하고 종업원의 능력을 최대화하기 위해 조직을 체계화하지 않으면 안 된다. 즉, 하우스키핑 부서는 특히 관계 부서와의 협력을 조화롭고 원활하게 할 수 있어야 하며, 종업원의 직무 배정 및 한계를 명확하게 하여야 한다.

## 3 하우스키핑(Housekeeping)의 기능별 직무

### 1) Executive Housekeeper

Executive Housekeeper는 모든 객실, 사무실, 공공지역, 세탁실, 정원, 계단, 소독 관리, 청소 계약, 유리창 청소 등에 관한 일일 운영에 대해 책임을 진다.

① 노동조합과 노동법 요구조건에 맞게 성수기 및 비수기의 팀원 근무 스케줄을 적절히 조정한다.
② 고객 리넨 재고를 책임 관리하고 식음료 리넨 재고관리를 보조한다.
③ Director of Operations를 보조하여 호텔 청소 용역 계약에 관하여 협상하고 관리하며 개발한다.
④ 지원자를 면접하고 선발하며, 채용을 위해 Director of Operations와 인사부에 적합한 인재를 추천한다.
⑤ 새로운 팀원들에게 오리엔테이션을 하고 교육프로그램을 실시한다.
⑥ 일일 근무 팀원들을 감독하고 관리하며 부서 내 모든 팀원들의 스케줄을 관리하고 업무를 지정하여 준다.
⑦ 안전, 청결, 유지 보수를 위해 호텔구역들을 정기적으로 점검하고, 습득물은 Director of Operations에게 보고한다.
⑧ 모든 객실이 항상 완벽한 상태를 유지할 수 있도록 한다.

⑨ 객실에 관한 특별 지시사항에 대해서는 프런트 데스크나 관리자와 상의하도록 한다.
⑩ 관리자나 타 부서 팀원들과 원만한 의사소통을 유지하도록 한다.
⑪ 운영 예산뿐 아니라 세탁실과 객실관리부의 연간 FF&E를 작성한다.
⑫ 급여 및 스케줄이 정확히 관리되도록 한다.
⑬ 특별 프로젝트 수행에 있어 Director of Operations를 보조한다.
⑭ 장기 체류 고객과 우수 고객에게 우선적으로 서비스를 제공한다.
⑮ 근무지에서 팀원들을 코치 및 상담하고 칭찬하는 데 동참한다.
⑯ 객실용품과 청소용품 및 기물의 주문과 구매업무를 관리한다.
⑰ 객실관리부와 세탁실 팀원들의 업무수행평가를 한다.

## 2) Order Taker

Order Taker는 객실 지정을 조정하고, 객실관리부 사무실과 객실층, 객실관리부와 타 부서 간의 업무활동을 책임지고 관리한다.

① 일일 보고서를 준비하고, 객실관리부와 관련된 특별사항들을 점검하고 입실 예정 객실의 Room Attendant업무가 정확히 지정되도록 한다.
② 객실 점유상황에 따라 Room Attendant의 인원을 조정한다.
③ 정중하고 도움을 주려는 자세로 모든 전화에 즉각 응대한다.
④ 프런트 오피스와 객실관리부 간에 객실현황과 특별 요구사항에 관한 효율적인 의사소통을 한다.
⑤ 객실관리부 사무실 그리고 객실층 객실관리부 팀원들과 타 부서 간에도 원만한 의사소통을 하도록 한다.
⑥ 분실물을 관리하고 그에 따른 조치를 취하도록 한다.
⑦ 긴급 트러블 리포트(Trouble report)를 작성하고 후속조치를 취한다.
⑧ 객실관리부의 기록과 행정업무사항들을 유지 관리한다.
⑨ 키 관리절차를 확인하고 준수한다.

⑩ 베이비시팅(Baby sitting) 절차에 따라 요청 시 적절한 조치를 취한다.
⑪ 신속한 처리를 위해 분실물을 준비해 놓는다.
⑫ 교육프로그램과 회의에 참석한다.

### 3) Floor Supervisor

Floor Supervisor는 지정된 층의 Room Attendant와 House Attendant에게 업무를 지시하고, 교육 및 재교육을 책임지고 실시하되 모든 호텔과 부서의 정책과 절차를 준수한다.

① 수준 있고 지속적인 서비스를 위해 8시간 내에 최대 100개의 객실을 점검하며 객실 청결도가 명시된 기준에 부합되는지 확인한다.
② Executive Housekeeper 또는 Assistant에게 매일 결과를 보고한다.
③ 호텔 내부시설에 대해 완벽하게 숙지하여 고객의 질문에 성심껏 답변한다.
④ 항상 근무지를 청결하고 깔끔하게 관리한다.
⑤ 모든 비품을 항상 청결하게 유지 관리한다.
⑥ 호텔의 효과적이고 효율적인 운영을 위해서 필요한 모든 업무를 타 부서와 협조하여 수행한다.
⑦ 의심 가는 사람을 발견한 경우에는 즉시 안전실에 통보한다.

### 4) Room Attendant

Room Attendant는 퇴실 및 투숙 객실의 청소업무를 수행한다. 모든 복도, 조명기구, 객실 층계참 등을 항상 청결하게 관리한다.

① 8시간의 근무시간 동안 보통 12~14개의 객실을 청소하고 호텔의 정책에 따른 모든 스탠더드 청소상태를 유지한다.
② 항상 모든 기물을 청결하게 보관하고 언제라도 사용 가능하도록 한다.
③ 유지 보수에 문제점이 발생하면 Floor Supervisor에게 보고한다.

④ 의심 가는 사람 혹은 의심 가는 포장물이나 행동이 발견되면 안전실에 즉시 보고한다.
⑤ 가능한 고객의 질문사항에 답변하도록 하고, 확실하지 않은 경우에는 고객을 Asst. Manager에게 안내하도록 한다.
⑥ 모든 분실물은 즉시 객실관리부로 보내도록 한다.
⑦ 개인 용모, 복장과 위생상태를 호텔정책에 맞게 따르도록 한다.

## 5) Houseman

Houseman은 고객 요구사항을 즉시 수행하고 Room Attendant를 도와 객실에 객실용품과 사무용품을 제공하며, 요청 시에는 세탁실 업무를 보조한다.

① 전 구역을 순회하고 빠진 품목이 있는지 기록한다.
② 리넨 & 객실용품을 저장실에 비축하고 기준량에 맞게 저장되도록 유지한다.
③ Room Attendant의 카트로부터 더러워진 리넨을 수거한 후 세탁물 수트에 비축한다.
④ Room Attendant로부터 수거한 쓰레기를 제거하고 재활용 절차는 별도로 따른다.
⑤ 복도의 카펫, 천 재질의 가구 그리고 부분 청소할 카펫을 진공 청소한다.
⑥ 담뱃재를 제거하고, 모래를 채우고 로고 스탬프로 로고 모양을 찍어 나타낸다.
⑦ 주변 구역 엘리베이터를 점검하고 얼룩과 지문을 제거한다.
⑧ 벽과 발코니 청소, 매트리스 교환 등과 같은 일반 청소업무를 도와준다.
⑨ 무료 구두 광택 서비스(Shoes shine)의 일환으로 구두를 닦고 광택을 낸다.
⑩ 계단 벽과 층계층을 쓸고 청소한다.
⑪ 고객 대여물을 고객의 객실로 배달한다.
⑫ 사용기물, 진공청소기, 플로어 & 카펫 청소기계의 청결을 유지한다.

⑬ 가구나 기물의 손상 정도를 보고한다.
⑭ 임무를 완수하면 업무대장, 호출기 그리고 열쇠를 객실관리 사무실에 반납한다.
⑮ 교육프로그램에 참여하고 부서별 모임에 참석한다.

### 6) Linen Supervisor

리넨/유니폼실의 전반적인 감독을 책임지고, 모든 리넨과 유니폼의 올바른 분배를 관리하고, 항상 청결하고 좋은 상태로 유지되도록 책임을 진다.

① 더러워진 유니폼과 리넨을 분류하고 처리에 적합한 장소로 건네준다.
② 깨끗한 유니폼을 더러운 유니폼과 교환하고, 항상 유니폼을 사용 가능한 상태로 유지한다.
③ 식음료업장에서 보내온 요청서에 따라 테이블 리넨을 지급한다.
④ 세탁실과 협의하여 식음료업장의 특별요청에 따른 업무를 수행한다.
⑤ 색깔과 종류에 따라 세탁한 리넨을 선반에 놓고 가지런히 보관 유지되도록 한다.
⑥ 유니폼/리넨의 손상 혹은 분실내용을 Asst. Executive Housekeeper에게 보고하고 수선이 필요한 품목은 Seamstress에게 건네준다.
⑦ 유니폼 & 리넨의 재고관리업무를 보조한다.
⑧ 약간의 수선이 필요한 것들을 처리하고 특별 지시 프로젝트가 있을 시에는 Seamstress를 도와준다.
⑨ Executive Housekeeper로부터 지시받은 이외의 업무를 수행한다.
⑩ 교육프로그램에 참여하고 계획된 부서별 모임에 참석한다.

### 7) Linen Attendant

호텔의 리넨과 유니폼의 분류, 분출과 보관을 책임지고 관리한다.

① 더러워진 유니폼과 리넨을 분류하고 처리에 적합한 장소로 건네준다.
② 깨끗한 유니폼을 더러운 유니폼과 교환하고, 항상 유니폼을 사용 가능한 상태로 유지한다.
③ 식음료업장에서 보내온 요청서에 따라 테이블 리넨을 지급한다.
④ 세탁실과 협의하여 식음료업장의 특별요청에 따른 업무를 수행한다.
⑤ 색깔과 종류에 따라 세탁한 리넨을 선반에 놓고 가지런히 보관 유지되도록 한다.
⑥ 유니폼/리넨의 손상 혹은 분실내용을 Linen Supervisor에게 보고하고 수선이 필요한 품목은 Seamstress에게 건네준다.
⑦ 유니폼 & 리넨의 재고관리업무를 보조한다.
⑧ 약간의 수선이 필요한 것들을 처리하고 특별 지시 프로젝트가 있을 시에는 Seamstress를 도와준다.
⑨ Linen Supervisor로부터 지시받은 이외의 업무를 수행한다.
⑩ 교육프로그램에 참여하고 계획된 부서별 모임에 참석한다.

## 8) Seamstress

리넨, 유니폼, 커튼(heavy curtain), 드레이프(Sheer curtain), 침대보와 고객의복 수선을 책임지고 수행한다.

① 리넨, 유니폼, 커튼, 드레이프 그리고 침대보를 개조하고 수선한다.
② 새로운 팀원에게 유니폼을 지급하고 사이즈를 측정하며 그 기록을 유지해 둔다.
③ 주문 객실에는 커튼과 드레이프를 준비해 놓는다. 유니폼, 침대 및 테이블 리넨을 Executive Housekeeper와 상의하여 폐기처분한다.
④ 폐기처분한 품목들을 Laundry/Valet Coordinator와 상의하여 기록한다.
⑤ 단추, 옷단을 책임지고 수선한다.
⑥ 고객의 옷을 수선한다.

⑦ 근무지를 항상 깨끗하고 청결하게 관리한다.

⑧ 프로다운 용모 복장을 보여주도록 한다.

⑨ 유니폼/리넨의 발급을 위해 Uniform Attendant의 업무를 보조한다.

⑩ 유니폼/리넨의 재고관리업무를 보조한다.

## 4 하우스키핑(Housekeeping)의 주요 업무

### 1) 객실 청소(Guest room cleaning)

객실 청소란 호텔기업에 있어 새로운 상품을 만들어 고객에게 판매하는 기능을 한다. 일반적으로 객실 청소는 원활한 객실 판매를 위해 우선적으로 퇴실방(check out room)을 먼저 청소하고 청소요구(make up room)하는 방을 청소한다. 만약 메이드에게 청소를 직접 부탁하는 손님이 있으면 퇴실방보다 우선하여 청소해 준다. 그리고 마지막으로 빈방(vacant dirty)을 청소한다.

**■ 청소 전 확인사항**

1. 문은 자동으로 닫히고 잠기는가?
2. Do not disturb sign은 잘 작동되는가?
3. safety door chain 상태는?
4. 비상대피도는 잘 보이며 이해하기 쉬운가?
5. 객실문은 낡고 훼손되지 않았는가, 청결하고 손자국이 없는가?
6. 객실온도는 적당한가?
7. 온도조절장치는 작동되는가?
8. 객실이 Non smoking room일 경우 객실문과 복도에 sign이 있는가?
9. 가구(wood/metal)의 표면에 손상은 없는가?
10. 가구의 천은 훼손되지 않았나, 천은 깨끗한가?
11. 휴지통은 깨끗하고 망가지지 않았는가?

12. 서랍 안은 깨끗한가?
13. 바닥과 카펫은 훼손되거나 파손되지 않았는가?
14. 바닥이나 카펫은 부스러기가 없고 얼룩 자국이 없는가?
15. 벽과 천장은 훼손되거나 파손되지 않았나, 깨끗한가?
16. 벽의 고정설비는 망가지거나 먼지 없이 깨끗한가?
17. 창문틀과 sill은 깨끗하며 훼손되지 않았나, 깨끗하고 손자국이 없는가?
18. 창문 여닫이는 정상적이고 잠금장치는 이상이 없는가?
19. 커튼 여닫이는 정상적이고 깨끗한가?
20. 옷장 문은 깨끗하고 손자국이 없는가?
21. 옷장 선반은 깨끗하고 먼지나 손자국 기타 부스러기는 없는가?
22. 론드리(laundry) 주문서와 론드리 백은 잘 정리되어 있는가?
23. 옷장 안에 옷걸이는 최소 10개가 잘 정리되어 걸려 있는가, 옷걸이 상태는 좋은가?
24. Bathrobe은 색깔이 변하지 않고, 낡거나 얼룩이 없는가?
25. 전화번호부, 안내서는 깨끗하게 잘 놓여 있는가?
26. Voice mail system 사용 설명서는 명확하고 편리한가?
27. 전화기 옆에 Memo Pad와 Pen이 놓여 있는가?
28. 전화기 세트는 깨끗한가?
29. TV set 작동은 잘되고 훼손은 안 되었는가?

■ **재실 청소(Guest Occupied Room Daily Service)**

1. 바닥과 카펫 위에 부스러기를 치운다.
2. 가구를 원위치로 옮긴다.
3. 창문에 손자국을 지운다.
4. Sheer Curtain을 닫는다.
5. Blackout drapes를 열어둔다.
6. 전구가 나간 것이 없는지 확인한다.
7. 휴지통을 비우고 청소한다.

8. 깨끗한 재떨이와 성냥을 정해진 위치에 놓는다.
9. 돈이나 보석류와 같은 값진 개인물품은 있는 그대로 놓아둔다.
10. Stationary와 Pads를 제자리에 정리한다.
11. Memo Pad와 Pen은 깨끗이 채워 놓는다.
12. Laundry, Pressing, Dry Cleaning bag 그리고 주문서는 깨끗하게 채워 놓는다.
13. Ice Bucket을 청소한다.
14. 구두는 잘 정리해 놓는다.
15. 옷가지는 잘 정돈해 놓는다.
16. 신문과 잡지는 잘 정리해 놓는다.
17. Collateral, Brochures, Publications, 그리고 그 밖에 유사한 물건들을 잘 정돈해 놓는다.
18. Sheet, Pillowcase와 같은 리넨은 깨끗한 것을 사용하여 Bed Making한다.
19. 베드는 단정하고 팽팽하게 싼다.
20. 세면대를 청소한다.
21. 거울을 깨끗하게 청소하고 물기를 없앤다.
22. 욕조와 샤워기를 전체적으로 청소한다.
23. Shower Curtain과 Door를 청소한다.
24. Soap Dish를 청소한다.
25. 변기(Toilet) 또는 비데(Bidet)를 전체적으로 청소한다.
26. 세면대 위에 글라스 2개를 깨끗이 닦아서 커버를 덮어 놓는다.
27. 개인 세면도구를 반듯하게 정리해 놓는다.
28. 비누와 어메니티는 2/3 정도 쓰면 갈아준다.
29. 새 병의 amenities는 쓰던 것 옆에 놓는다.
30. 모든 비품은 깨끗하고 단정하게 정돈하여 놓는다.
31. 깨끗한 리넨을 잘 정돈하여 교체해 놓는다.
32. Bathrobe는 단정하게 걸어 놓는다.
33. 발코니를 청소한다.

34. 재실 방에는 매일 신문을 넣어준다.

## ■ 침대 꾸미기(Making bed)

침대 꾸미기(bed making)에는 여러 가지 방법이 있는데, 항상 하우스키핑 관리자의 지시를 따라야 한다.

침대 꾸미기(bed making)는 시간을 줄이기 위해 침대 상단 왼쪽에서 시작하여 시계 반대방향으로 돌면서 진행한다. 오른쪽에서 시계방향으로 하고 싶으면 그렇게 시작해도 무방하다. 다음은 침대 꾸미기 순서이다.

1. Mattress pad를 베드 위에 놓고 싼다.
2. 시트 상단의 왼쪽 구석을 맞춘다.
3. 시트 하단의 왼쪽 구석을 맞춘다.
4. 베드 위에 duvet cover를 놓는다.
5. duvet cover 위쪽에서 duvet를 집어넣는다.
6. duvet를 넣은 cover로 베개를 싼다.
7. 침대 양쪽 상단의 높이에 맞게 늘어뜨린다.
8. 침대 양쪽 하단의 높이에 맞게 늘어뜨린다.
9. 침대 오른쪽 끝 구석의 베드 높이를 맞춘다.
10. duvet cover를 집어 넣는다.
11. 머리 쪽에 시트를 맞춘다.
12. 상단의 duvet cover를 접어 넣는다.
13. 베개를 넣는다.
14. duvet cover로 싼다.

## ■ 턴다운 서비스(Turn down service)

어떤 호텔에서는 턴다운 서비스를 원하는지 여부를 손님에게 직접 공손하게 물어보거나 아니면 자동적으로 모든 개별 고객들에게 턴다운 서비스를 제공하고 있다. 다음은 턴다운 서비스의 순서이다.

1. Heavy Curtain과 Sheer Curtain을 모두 닫는다.
2. 모든 전등을 약간 약하게 켜 놓는다.
3. BGM(background music)을 낮은 볼륨으로 틀어 놓는다.
4. 손님 옷가지를 가지런하게 정리해 놓는다.
5. 작동이 안 되는 전구가 있는지 확인한다.
6. 돈이나 보석류와 같이 값진 물건들은 있는 그대로 놔둔다.
7. 신문과 잡지는 잘 정리해 놓는다.
8. 구두는 가지런히 정리한다.
9. 깨끗한 재떨이와 성냥을 정해진 위치에 놓아둔다.
10. 커피세트를 깨끗이 닦아 정리해 놓는다.
11. 휴지통을 비우고 깨끗이 해둔다.
12. 얼음통(Ice bucket)을 닦아둔다. /얼음 서비스
13. Sheet와 pillow를 꺼내 놓는다.
14. Bed cover를 맵시 있게 접는다.
15. Bed cover를 나이트 테이블 밑에 보관한다.
16. 세면대 앞에 있는 글라스 2개를 깨끗이 하여 놓는다.
17. 세면대를 청소한다.
18. 욕조와 샤워기를 청소한다.
19. 변기 물을 내린다.
20. 개인 세면도구를 잘 정리해 놓는다.
21. 비누나 Amenities는 2/3 정도 썼으면 교체해 놓는다. 재실인 경우 쓰다 남은 비품을 옆에 놓아준다.
22. 모든 Amenities는 깨끗한 상태로 정리한다.

## 2) 공공지역 청소(Public Area Cleaning)

객실과 욕실의 청소는 하우스키핑의 일상업무이지만 공공지역, 호텔 입구, 로비, 복도, 엘리베이터, 화장실, 운동시설물 그리고 연회장, 회의실, 사무실, 판촉부 사무실, 비즈니스센터 등과 같이 손님들이 직접 볼 수 있는 장소들 역시 하우스키핑의 담당영역으로 청소한다.

### (1) 공공 청소구역

- 공공지역(public area) : 로비(lobby), 바(bars), 그리고 라운지(lounge), 다이닝룸(dinning rooms), 연회장 룸(banquet room)
- 후방지역(back of the House) : 복도(halls), 주방(kitchen), 창고(store-rooms) 정원(grounds), 수영장(pool), 오락시설(recreation areas), 실내 식물(interior plants), 상점(shop), 사무실(offices)

### (2) 식음료업장 청소

식음료서비스 구역에 대한 하우스키핑의 청소임무는 호텔에 따라 다양하다. 특히 음식 준비, 상품, 창고 지역 등의 청소와 관련하여 매우 제한적인 책임을 가지게 되는데 이러한 구역을 유지 관리하는 데 요구되는 특별 청소나 위생에 대한 책임은 보통 chief steward 감독하에 있는 기물관리과에 의해 수행된다. 그러나 일반적인 식음료업장의 청소는 그 업장 직원들이 아침이나 점심 영업이 끝난 후에 직접 하는 경우도 있다. 하우스키핑의 야간 청소원은 업장 영업이 시작되기 전인 이른 아침이나 저녁 영업이 끝난 야간에 특별 청소(depth cleaning)를 시행한다. 따라서 객실관리 관리자와 식음료업장의 지배인은 서비스 구역(service area)이나 서비스 스테이션(service station) 주변의 청결이 완벽하게 유지되도록 서로 밀접하게 업무를 수행해야 한다. 따라서 호텔 시설의 모든 구역의 청결이나 전체적인 미관 유지에 대한 책임은 하우스키핑 부서에 있다.

### 3) 키 관리(Key control)

안전(security)과 관련하여 키 관리는 아주 중요한 문제이다. 따라서 손님의 안전과 사생활 보호를 위해 적절한 절차를 취하는 것은 매우 당연하다.

일반적으로 하우스키퍼, 슈퍼바이저, 메이드, 하우스맨 그리고 다른 많은 용도로 사용하는 키(key)들은 최소한 한 층의 구역(section)에 있는 패스 키(pass key)나 모든 객실을 열 수 있는 마스터 키(master key)들이다. 키는 보통 하우스키핑 사무실에 있는 전용 캐비닛에 보관된다. 그리고 슈퍼바이저나 모든 메이드들은 키를 수령하고 반납할 때마다 장부에 키의 내역을 기록하고 서명한다. 만약 직원이 키를 반납하지 않은 상태에서 퇴근하였을 경우에는 안전실 직원의 입회하에 로커 문을 열어 찾아내거나 그곳에서도 잃어버린 키가 발견되지 않으면 전화해서 해당 직원을 불러내어 그가 담당했던 층의 객실들을 확인하게 된다. 다음은 객실키의 종류이다.

**① Emergency Keys**

호텔 내 모든 시설의 문을 열 수 있다. 그러므로 이 키는 매우 안전한 장소에 보관해야 한다. 단지 소수의 부서장들에게만 이 키를 불출하게 된다.

**② Master Keys**

1개 이상의 객실문을 열 수 있는데 보통 3개 층 정도로 그 기능을 제한하고 있다.

**③ Grand master Key**

이 열쇠로는 모든 객실문과 창고문을 열 수 있다.

**④ Floor master Key(pass key)**

일반적으로 룸 어텐던트들이 사용하는 열쇠로서 일정한 구역이나 층의 출입만 가능한 열쇠이다.

**⑤ Guest room Keys**

객실 손님에게 제공되는 열쇠이다.

## 4) 분실물 처리(Lost and Found procedures)

모든 분실물은 하우스키핑에서 보관하고 관리한다. 특히 습득물은 발견날짜, 발견장소(객실번호), 내용물 설명, 그리고 포장 일련번호를 Lost and Found Log book에 기록하고 공식 요청서(written request)가 아닌 경우에는 어떤 손님에게도 분실물을 그냥 보내주면 안 된다. 그리고 하우스키핑은 호텔의 규정(policy)에 따라 일반품과 귀중품(valuable items)을 구별하여 관리한다. 즉 100$ 이상의 귀중품이나, ID Card, 신용카드(credit card), 패스포트(passport), 항공권(airline ticket), 현금(cash) 등은 당직지배인(duty manager)에게 보고하고 신용카드의 경우에는 경리부장(controller)에게 알린다. 또한 병마개가 열린 알코올은 모두 룸서비스를 통해 식음료부서로 보내져야 하며 오픈하지 않은 알코올 병은 분실물 처리한다. 하지만 음식물은 분실물로 처리하지 않고 모두 폐기 처리한다.

100$ 이하의 가치가 있는 일반 분실물(general items)은 보통 90일간 보관하며 귀중품은 호텔 내의 안전한 캐비닛(safety deposit cabinet) 안에 6개월 이상 보관하게 된다.

## 5) 직원 유니폼 관리(The Uniform room)

호텔산업에서의 유니폼은 직원의 신분을 식별하고 고객에게 표준화된 서비스를 제공하기 위해 제공되는 것으로 유니폼의 디자인과 색깔에 따라 호텔의 전체적인 이미지와 직원의 직무수행에 영향을 미쳐 궁극적으로는 호텔시비스품질에 영향을 미치게 된다. 따라서 유니폼은 편안하고 그들에게 가능한 매력을 느끼게끔 해야 한다.

또한 유니폼은 어디까지나 유니폼이다. 아무리 좋은 디자인일지라도 직원들이 자기 집에서는 입을 수도 없고 입을 생각도 들지 않게 디자인되어야 한다는 것이다. 그렇게 함으로써 지급된 유니폼이 더 빨리 훼손되는 것을 방지할 수 있는 것이다. 마지막으로 유니폼은 호텔업무 용도에 맞게 효율적으로 사용되어야 한다. 즉 유니폼을 결정할 때에는 공정기간, 품질, 외모 그리고 업무수행 역할 등을 고려해야 한다.

이렇듯 유니폼은 고객에게 서비스를 제공하는 데 있어 중요한 역할을 담당하게 된다. 따라서 이를 관리하고 일정량을 준비하는 것이 중요하다고 볼 수 있다.

### 6) 객실용품과 비품(Guest room supplies and amenities) 관리

객실용품(Guest room supplies)은 객실에 있거나 객실 내에서 사용되는 것을 말하며 amenities는 고객들의 편의를 위해 제공되는 일회용의 비품을 이야기한다. 일반적으로 amenities는 $.1.1~$1.6 범위의 가격이며 기념품(souvenirs)으로서 광고효과와 판매촉진(promotion)효과로 사용된다.

① 욕실용품(Bathroom Supplies) : towels(bath sheet and bath towels), hand towels, washcloth, bath mat, bathrobe, scales, hair dryer, glasses and ice bucket on tray, magnifying/swivel mirror

② 욕실비품(Bathroom) : soaps(2 and 3 ounce), 2 or 3 bars(hand soap, bath soap, deodorant soap), bath powder, bath gel, bubble bath, shampoo, hair conditioner, skin moisturizer, cologne, after shave lotion, toothpaste, toothbrush, clothes brush or lint remover, shower cap, mouthwash, suntan lotion, shoe polish applicator, shoe shine cloth, razor, blades

③ 객실용품(Bedroom supplies) : Theftproof hangers, Bible, clock, table tents, telephone book, room service menu, hotel service directory, "Do Not Disturb" sign, plastic tray with ice bucket and glasses, coffee maker and cups

④ 객실비품(Bedroom Giveaways) : note pad and pencil or pen, stationery, plastic bag, laundry bag, laundry list and dry cleaning list

### 7) 대여(Loan items)

일반적으로 많은 고객들 특히 여성고객들은 hair dryers, iron and boards, heating pads, hot water bottles, razors, electric shaves, radios, ice packs, first kits, foam pillows 등과 같은 다양한 물품의 대여를 원한다. 이러한 고객의 요구사항에 부응하고자 하우스키핑에서는 이 물품들을 보관하고 대여하는 역할을 수행한다. 특히 이러한 물품들은 많은 사람들이 사용하기 때문에 이 품목들을 보관하는 곳은 항상 청결히 하고 각 분류별로 표기해 놓아야 한다. 그리고 로그 북에 회수된 날짜를 기록해 두어야 한다.

■ 다음과 같은 대여품목들이 항상 준비되어야 한다.

- Adapters(자주 회수되지 않는 품목이다)
- After-shave lotion
- Baby carriages or strollers(유모차)
- Baby cribs
- Bed boards
- Card tables, cards, covers
- Children's toys and games
- Clothes brushes
- Cologne(화장수)
- Corkscrews
- Extension cords
- First-aid products
- Hair dryers
- Rollaway beds

### 8) 베이비시터 서비스(Baby Sitter Service)

어린아이를 동반한 가족여행 투숙객이 파티에 참석한다든지 그 밖의 다른 일로 어린이를 객실에 남겨두고 외출해야 하는 경우가 있다. 이때 손님이 baby sitter를 요청하면 하우스키핑에서 이 서비스를 제공해 준다.

먼저 손님으로부터 baby sitter 요청을 받게 되면 메이드 파일을 보고 제일 먼저 연락이 가능한 사람에게 가능 여부를 확인한다. 그리고 파일상에 등록된 사람 중에서나 여의치 않은 경우에는 사내에서 지원자를 받는다. 특히 baby sitter는 신원이 확실하고 파일에 고용등록이 되어 있는 사람이어야 한다. order taker는 baby sitter 로그 북(Baby sitter log book)에 기록된 과거 사실들을 세심하게 검토한 후 최종적으로 배정이 확정된 메이드의 이름을 baby sitter를 요청한 손님에게 전화로 확인시켜 준다.

일반적으로 baby sitter의 자격기준은 첫째, 책임감 있는 사람이어야 하며 일주일 중 어느 날이든 상관없이 손님이 원하는 다양한 시간대에 근무가 가능해야 한다. 그리고 baby sitter 시행규칙과 규정(rules and regulations)을 잘 아는 사람으로 응급처치와 같은 baby sitter 교육을 받은 사람이어야 한다.

■baby sitter가 지켜야 할 사항은 다음과 같다.

- 서비스를 제공하는 동안 복장을 단정히 해야 하며 청바지와 같은 복장은 피한다.
- 어떤 문제가 발생되면 당직지배인이나 하우스키핑 사무실로 즉시 전화한다.
- 부모가 동행하지 않고 어린아이를 호텔 밖으로 데리고 나가서도 안 되며 아기 부모가 외출하기 전에 부탁한 음식 이외에 아무 음식이나 아기에게 먹여서는 안 된다.
- 손님의 물건에 절대 손을 대서는 안 되며 아기 돌보는 일 이외에 다른 일은 하지 말아야 한다.

### 9) 리넨 관리(Guest room linen control)

리넨이란 고객의 편의를 위하여 제공되는 여러 종류의 직물을 의미하는 것으로 일반적으로 욕실 리넨(Bath Linens), 베드 리넨(Bed Linens), 매트리스 커버(Mattress Covers), 베개(Pillows), 베드 커버(Bed Spreads), 테이블클로스와 냅킨(Table cloths and Napkins) 등이 많이 사용된다. 따라서 리넨 공급이 적절하게 이루어지지 않는다면 고객에게 판매될 상품을 시간에 맞추어 준비하지 못해 결국은 수익이 발생하지 못하게 될 것이다. 특히 600실의 호텔 객실점유율(occupancy)이 100%인 경우 한 객실에 평균 1.6명이 투숙한다고 볼 때, 메이드 한 명당 하루에 보통 약 250장의 리넨을 처리하게 된다. 이와 같이 호텔에서는 엄청난 양의 리넨이 사용되고 있다. 따라서 체계적이고 정확한 관리와 준비가 우선시되어야 할 것이다.

# 제2절 교환실의 역할 및 업무내용

## 1 교환실의 역할

현대의 호텔들은 교환부서를 Command Center나 Express Service Center로 명칭을 바꾸어 고객이 원하는 내용에 대해 바로 처리할 수 있도록 One Stop Service를 제공하고 있다.

교환부서는 매우 중요한 부서로서 외부와의 연결 및 통화하려는 사람과의 매개체 역할을 하는 곳으로 상대방의 표정 및 상태를 알 수 없기 때문에 상대방의 의도를 정확히 파악하는 것이 중요하다. 또한 외부에서 오는 국제전화의 경우 시간에 따라 요금이 부과되므로 최대한 정확하고 신속하게 상대방에게 연결시켜 주어야 하며 객실번호나 찾고자 하는 고객의 이름을 정확히 알지 못하는 경우 프런트로 연결해 확실한 확인절차하에 고객에게 연결시켜 주어야 한다. 특히 Wake-Up Call의 요청이 있을 경우 해당시간에 정확히 들어갈 수 있도록 신중하고 정확하게 처리해야 하는데 이는 고객이 일어나야 하는 시간에 일어나지 못하면 중요한 Meeting이나 비행기를 놓칠 수 있기 때문이다. 간혹 Walk-Up이 잘못 들어가거나 안 들어가서 호텔의 이미지 실추 및 고객서비스에 치명적인 오류가 발생될 수 있기 때문에 교환부서의 역할은 중요하다고 볼 수 있다.

## 2 업무내용

### 1) 일반적인 업무내용

① Wake-up Call(Morning Call)

② 수신자 부담 전화연결

③ 전화비의 산출

④ 외부 및 내부 전화연결

⑤ 음성메시지 관리

⑥ 비상사태 시 안내방송 및 관련부서에 연락

### 2) 유의사항

① 모든 전화는 친절하고 신속하게 받아야 한다. 보통 전화벨이 2~3번 울린 후에 받는 것이 좋다.

② 상대의 목적, 의도를 정확히 파악한 후 연결한다.

③ 정해진 원칙을 준수하되 예외적인 상황에 대해서는 상급자의 지시를 받도록 한다.

④ 대화자와의 감정적인 인행은 삼간나.

⑤ 고객이나 외부인으로부터 장난전화를 받는 경우 침착하고 단호하게 전화를 끊는나.

⑥ 고객이 알아듣기 어려운 은어, 약어, 전문용어는 사용하지 않으며 표준어를 구사하도록 한다.

⑦ 외부, 특히 국제전화가 올 경우 해당부서나 고객에게 신속하게 연결하도록 한다.

⑧ 음성메시지나 Walk-Up Call 취급 시 기록을 철저히 하여 미연의 사태에 대비하도록 한다.

⑨ 호텔 내의 긴급한 비상사태나 재난이 발생하면 관련부서 및 외부에 긴

급히 연락하고 안내방송을 통해 고객의 안전에 최선을 다해야 한다.

⑩ 처리할 수 있는 일이면 가급적 전화를 돌리지 않고 바로 처리하는 것이 좋다.

# 제3절 유니폼서비스의 역할 및 업무내용

## 1 유니폼서비스의 역할

호텔은 다양한 사회계층의 사람들이 현관을 통해 출입하므로 근무하는 종사원들의 태도, 실내분위기 및 청결 등이 고객에게 주는 호텔의 이미지가 크다. 이 현관을 관리하고 고객의 필요와 욕구에 적극적으로 대응하며 고품위 서비스 제공을 위해 현관지역에서 서비스를 제공하는 종사원을 유니폼서비스(Uniformed Service), 현관서비스(Front Service), 고객서비스(Guest Service) 종사원이라 한다.

호텔을 방문하는 사람들은 모두 고객이고 그런 사람들에 의해 추천판매가 이루어지며 향후 호텔을 이용하는 고객이 될 수 있다. 이런 고객들을 만족시키며 고객의 요청에 부응할 수 있는 역할을 하는 것이 유니폼서비스 종사원의 일이다.

## 2 유니폼서비스의 담당업무

### 1) 로비데스크 운영

① 여행사 및 관련기관에서 오는 브로슈어의 관리

② 전 업장의 업무시간과 이용시설 및 프로모션 등의 행사 숙지

③ 관련부서와의 커뮤니케이션

④ 각종 안내책자 및 로비 필기도구 관리

⑤ 잡상인의 출입금지

⑥ 로비의 꽃 장식관리

### 2) 정보제공

① 여행관련 정보제공
② 이벤트 및 행사
③ 쇼핑, 레스토랑, 렌터카 정보
④ 항공관련 정보

### 3) VIP Escort

① VIP 리스트 체크
② 공항지배인과 수시로 연락
③ 차량번호 및 도착예정시간에 대해 관련부서에 통보
④ 객실로 안내

### 4) 수하물 관리

① 고객의 체크인과 체크아웃 시 고객의 수하물 관리
② 각종 우편물의 관리 및 배송
③ 분실물의 관리 및 처리

## 3 유니폼서비스의 세부 담당업무

### 1) 도어 데스크(Door Desk)

#### (1) 영접 및 환송 업무

호텔의 첫인상을 깊게 심어주기 위해, 또는 마지막 인상을 좋게 남겨주기 위해 고객을 영접하고 환송하는 것은 매우 중요하다고 할 수 있다.

**① 영접**

- 대형 버스 및 승합차는 정차장소를 지정하여 유도한다.
- 승용차일 경우 차량의 문을 열고 고객을 영접하며 거수경례로서 예의를 표한다.
- 고객 짐의 숫자를 확인하여 내려놓는다.
- 영업용 차량일 경우 요금 지불에 관해 불이익을 받지 않도록 한다.
- 대기하고 있는 Bellman에게 짐을 인도한다.
- 부재 시 현관문 안까지 운반하여 인수인계를 확인한다.

**② 환송**

- Bellman으로부터 짐을 인수인계받는다.
- 대기차량일 경우 호출한다.
- 차량이 없은 경우 영업용 차량으로 대치한다. (짐의 크기, 인원에 따라 대형, 모범, 일반택시 등 손님의 요구에 의한다.)
- 짐을 확인하고 차에 싣는다.
- 영업용 차량일 경우 고객에게 폐 끼칠 우려가 있으므로 시내 및 공항일 경우 정확한 요금을 지불할 수 있도록 감독하고 장거리일 경우 사전에 요금을 결정하여 고객의 오해가 없도록 조치한다.

### ③ 연회고객 영접 및 환송

- 당일 행사에 대해 숙지하고 시간과 장소 및 주최자 등의 내용을 파악하여 정확히 안내한다.
- 고객의 질문 시 시간과 장소를 친절히 알려준다.
- 대형 연회일 경우 주차장 공간을 고려하여 미리 대처토록 한다.
- 입출입이 동시에 이루어지므로 차량대기 호출에 관하여 Valet Parking 직원 및 주차장 직원과 협력하여 신속하고 정확하게 업무를 수행한다.

### ④ VIP 고객 관리

- 미리 통보된 VIP인 경우 도착시간 및 신분을 숙지하고 대기한다.
- VIP 도착 시 당직지배인이나 Front Office 지배인에게 영접을 인도한다.
- 차량은 특별히 편리한 장소에 주차할 수 있도록 배려한다.
- VIP의 불시 방문일 경우 즉시 당직지배인이나 상사에 연락하여 적절한 예우조치를 하도록 한다.
- 환송 시 최대의 경의를 표하며 다른 차량에 우선하여 차량이 신속히 출발할 수 있도록 조치한다.

## (2) 차량 안내업무

- 고객의 차가 현관 쪽으로 들어오면 정차 위치를 표시하여 차가 완전히 정차하면 문을 열어 영접한다.
- 영업용 차량 안내 시 Taxi Service 현황 일지에 '승차시간, 행선지, 차량번호, 국적/인원, 서비스 제공자' 등을 자세히 기록한다.
- 차문을 닫을 때는 조용히 닫고 가능한 신속히 차를 보내며 다음 차가 현관에 들어올 수 있도록 한다.
- 장애인이나 노약자가 승차한 차량일 경우 될 수 있는 한 현관 앞에 주차할 수 있도록 서비스해 드린다.
- 단체고객이나 버스가 있을 시에는 될 수 있는 한 현관 앞쪽으로 주차하

여 빠른 시간 내에 짐을 내리고 버스가 출발할 수 있도록 한다.

- 대형 버스가 현관 앞으로 진입 시, 승용차량의 접촉사고에 특별히 신경을 써야 하며, 안전한 공간이 확보되지 않으면 도로 앞쪽이나 가능한 장소로 안내한다.

### (3) 차량 관리업무

- 차량의 열쇠 보관은 부득이하고 꼭 필요한 경우에만 보관 의뢰를 받고 안전한 장소에 책임지고 보관한다.
- 고객이 Valet Parking Service를 원할 경우 Valet Parking 요금에 대해 안내를 한다.
- Valet Parking Service를 할 경우 차량의 이상 유무(흠집, 차량의 상태)를 확인해야 한다.
- 차량의 잠금장치를 확인해야 한다.
- 차량의 접촉사고 및 도난사고 예방에 각별히 신경을 써야 한다.
- 업무의 과실이나 예기치 않은 사고 발생 시에는 신속 정확하게 보고해야 한다.
- 근무 중 관련 없는 일이라도 현관 앞에서 발생한 일이라면 그 내용을 자세하게 참고로 기록해 둔다.
- 고객이 Valet Parking 영수증을 분실했을 경우 차량의 종류와 차량번호, 차량의 색상 등을 자세히 물어본다.
- 제3자가 차량을 찾으러 올 경우 세심한 주의가 요구되며 확인되지 않으면 차량을 인계하면 안 된다. 또한 고객과 연락이 가능하면 연락을 취해서 차량을 찾아오도록 했는지 여부를 확인한다. 그리고 찾아가는 사람의 신분증을 확인하고 주소, 성명, 연락처, 신분증 복사본 등을 받아둔다.

### (4) 안내업무

- 각종 행사 및 연회행사에 대해 숙지하고 정확한 정보를 전달한다.

• 호텔 내외의 시설 및 주변지역 건물위치, 관광지, 주요 관공서에 대한 최신정보를 획득하여 고객에게 정보를 제공해야 한다.
• 주변 교통상황 및 날씨에 대해 정확한 정보를 숙지해야 한다.
• 고객의 목적지에 대해 설명 시 알기 쉽도록 큰 건물이나 유명시설을 기준으로 설명해야 한다.
• 고객이 호텔의 위치를 문의할 경우 최대한 정확하고 신속하게 위치를 설명해야 한다.

## 2) 벨 데스크(Bell Desk)

### (1) 체크인의 보조

① Bellman은 고객이 호텔 도어에 도착하였을 경우 신속히 영접인사를 하며 고객의 수하물을 받아들고 고객의 2~3m 전방에서 가벼운 인사말과 함께 고객의 걸음걸이 속도에 맞추어 Front Desk에 안내한다.

② 고객의 수하물이 여러 개일 경우 수하물 카트(Baggage Cart)에 조심스럽게 싣고 고객에게 수하물의 수를 확인한다.

③ 귀중품, 정밀기기, 카메라 등과 같이 깨지기 쉬운 물품(Fragile Items)은 고객이 직접 휴대하도록 한다.

④ 고객을 Front Desk까지 안내하여 등록하고 있는 동안 수하물표를 부착하고, 화물을 고객이 볼 수 있도록 고객 바로 뒤에 위치시킨 후 바른 자세로 서서 Check-In절차가 끝날 때까지 기다린다.

⑤ VIP일 경우 특별한 객실 안내를 위해 당직지배인이나 GRO, 프런트 지배인을 통해 안내되도록 신속히 보고한다.

⑥ 고객의 Check-In절차가 끝나면 고객으로부터 키를 받아들고 엘리베이터로 안내한다.

⑦ 엘리베이터 앞에 도착하면 고객이 먼저 탑승하도록 한 뒤에 수하물을 들고 탑승한다.

⑧ 엘리베이터 내에서 Bellman은 객실층 버튼의 위치에 서서 엘리베이터

승/하차 시 고객에게 객실 층수를 알려주고 고객에게 호텔시설이나 각종 프로모션, 날씨 및 관광정보에 대해 가벼운 대화를 유도하여 친숙감을 유지한다.

⑨ 엘리베이터에서 내려 객실번호의 방향을 염두에 두고 고객의 전방에서 안내하며 객실의 위치와 비상구의 위치를 설명하면서 객실까지 안내한다.

⑩ 객실 앞에 도착하면 객실번호를 재확인 후 키로 문을 열고 키 홀더에 키를 꽂은 다음 고객이 먼저 들어가도록 한다. 키 홀더는 객실 내의 전원과 조명을 정상적으로 작동할 수 있도록 하는 역할을 한다.

⑪ 고객을 따라 객실에 들어가서 수하물 스탠드에 짐을 가지런히 정리하고 옷이 있으면 옷장에 걸어놓은 후 커튼을 열고 각 램프에 불을 켠 다음 객실시설의 사용법에 대하여 설명한다. 그러나 재방문 고객인 경우 무리한 안내로 인하여 시간을 지체하지 않도록 한다.

- Key의 사용법
- TV 리모컨, 램프 스위치, 에어컨 스위치, 라디오 스위치 등 사용법
- 전화 사용법
- Mini bar 사용 시 유료 및 무료의 안내
- 욕실 사용법
- 기타 관련부서 전화번호

⑫ 객실에서 나올 때는 가벼운 대화와 수하물의 이상 여부를 확인한 다음, 필요한 사항이 있으면 Bell Desk로 연락해 달라는 말과 함께 공손히 인사하고 나온다.

⑬ 신속히 내려와서 Check-In 경과 및 고객의 수상한 점 등을 상급자에게 보고한다.

⑭ Check-In Record에 투숙시간, 객실번호, Baggage의 수량, Bellman의 이름, 기타 사항을 기록한다.

### (2) 체크아웃의 보조

① 고객의 Luggage Down 접수 : 고객의 요청에 의해 Luggage Down이 접수되면 Luggage의 수량을 확인하고 다음과 같은 순서에 의해 업무를 수행한다.

- Cart를 소리가 나지 않게 조심스럽게 다룬다.
- 엘리베이터 안에서는 고객에게 Cart에 의해 피해가 가지 않도록 주의한다.
- 초인종을 누르고 고객이 문을 열어주면 인사한 후 Check-Out 여부를 확인한다.
- 객실에 출입할 경우에는 언제나 고객의 프라이버시가 손상되지 않도록 해야 한다.
- Luggage의 종류와 수량을 확인한다.
- 객실을 둘러보고 서랍, 옷장, 화장실 등을 잘 살펴서 잃어버린 물건이 없는지 확인한다.

② Luggage에 Tag을 부착하고 객실번호와 수량을 기록한다.
③ 엘리베이터를 고객이 먼저 타도록 한다.
④ 엘리베이터 안에서는 호텔에 머무는 동안 불편이 없었는지 교통편 및 비행기 시간 등을 물어보고 공항까지 걸리는 시간 등을 얘기해 준다.
⑤ 엘리베이터에서 내릴 때는 고객이 먼저 내릴 수 있도록 한다.
⑥ Front Cashier에게 Key를 건네주고 Check-Out한다고 알려준다.
⑦ Check-Out Record에 시간, 객실번호, Luggage 수량을 기록하고 서명한다.
⑧ 고객이 계산을 끝내면 Luggage를 건네주고 교통편을 제공한다.
⑨ 다시 한 번 방문해 줄 것을 권유한다.

### (3) 수하물 관리

고객의 사정으로 인하여 체크아웃하였다가 1일 이상 지나서 다시 호텔로 돌아와 숙박할 경우 수하물을 보관하는 경우와 투숙객이나 외부인이 투숙객을 위해 잠시 보관하는 경우가 있다. 이러한 경우는 고객의 수하물이 손상되지 않도록 조심스럽게 취급해야 하며 물품의 내용물을 정확하게 파악하여 기록해 두어야 한다. 통상적으로 보관기간은 6개월로 한다.

수하물 보관증에 기록하는 사항은 날짜, 객실번호, 성명, 화물의 종류 및 Bellman의 이름과 수하물의 종류에 따라 깨지기 쉬운 물품은 특별히 표시하여 취급하고 부패 가능한 물품일 경우 냉장고에 보관시키고 기타 내용물에 따라 적절한 곳에 보관하도록 한다. 현금 및 귀중품은 보관되지 않으므로 고객에게 양해를 구한 다음 금고를 이용하도록 유도한다.

### (4) Delivery업무

호텔의 내외부에서 고객에게 전달되는 내용물에는 Fax(Incoming, Outgoing), Message, Coupon, Flight Confirmation, Notice, Package, 신문 등이 있다. 전달할 때 방번호를 재확인하고 Check-Out 전에 전달되어야만 한다. Fax나 Message 등과 같은 경우에는 문 밑에 밀어 넣을 수 있으나 부피가 큰 물건이나 중요한 물건일 경우에는 반드시 방안에 넣어 놓아야 한다. 하지만 Do Not Disturb(방해금지) 표시가 돼 있을 경우에는 절대 노크를 하거나 방에 들어가선 안 되며 이때에는 Notice를 작성해서 문 밑에 넣거나 고객이 쉽게 볼 수 있는 곳에 놓아야 한다. 모든 내용은 Delivery Record에 기록해 두어야 한다.

### (5) Room & Key Check

Room Check는 통상적으로 프런트의 요구에 의해서 이루어진다. 이는 보통 체크아웃 시간이 경과한 경우와 Skipper의 방지를 위해 행해진다. Room Check를 할 경우 객실의 상태, 짐의 수량, 사용여부, 키의 유무 등을 세심하고 정확하게 살펴야 한다. 그리고 객실로 들어가기 전에 초인종, 노크를 통해 고객이 재실 중인지 재차 확인해야 한다.

• 프런트의 Order를 접수한다.
• 해당 층의 Master Key를 수령한다.
• 초인종 및 노크를 한다.
• 짐의 수량, 객실상태, 키의 여부를 확인한다.
• 수상한 점이 있으면 바로 보고한다.
• Master Key를 반납한다.
• Room Check List에 기록한다.

### (6) Room Show

프런트 및 기타 관련부서에서 Room Show를 요청하면 해당 객실의 Key를 가지고 고객과 함께 객실로 가서 우리 호텔만이 가지고 있는 객실의 특성, 각종 부대시설 및 편의시설 등 최대한의 장점만을 설명하고 가능하면 이용할 수 있도록 유도하여야 한다.

### (7) Door Open

현대의 호텔은 Door Auto Lock System에 의해 고객이 객실에서 나올 때 자동으로 문이 잠기게 되어 있다. 문이 잠긴 경우 프런트의 요청에 의해 고객과 동행하여 Master Key로 객실문을 열어주는 것을 말한다. 모든 과정에서 같지만 Master Key를 사용할 경우 항상 사용자, 사용시간, 용도를 기록하여야 한다.

### (8) 각종 정보제공 및 예약

현관에서 근무하는 종사원은 고객이 원하는 각종 정보 및 예약업무를 수행하여야 한다. 이는 고객이 어느 부서에서 어떤 업무를 하는지 정확히 알지 못하기 때문에 그러하며 항상 고객의 요구에 부응하기 위하여 각종 정보를 확보해 두어야 한다. 다음은 고객에게 제공하는 정보이다.

- 관광정보
- 호텔주변 정보
- 당일 행사 정보
- 각 업장 영업시간 및 상품정보
- 교통정보
- 쇼핑정보
- 목적지 정보
- 호텔상품 정보
- 문화행사 정보
- 날씨
- 렌터카 예약
- 여행예약

# 제4절 특별서비스의 역할 및 업무내용

## 1 G.R.O(Guest Relations Officer)

### 1) 역할

G.R.O(Guest Relations Officer)는 고객의 환대를 담당하는 호텔의 주인(Hostess) 역할을 한다. 이는 대부분의 G.R.O 직원이 여자로 구성되어 있기 때문이다. VIP고객을 위한 특별하고 세심한 서비스를 제공하고 객실 및 호텔안 모든 업장에서 발생하는 불편사항의 처리와 보고를 담당한다. 또한 호텔 내외 고객들의 각종 요구사항을 접수 및 처리하며 이에 필요한 정보를 관리하고 타 부서 및 외부의 기관들과 효율적인 업무협조를 할 수 있도록 네트워크를 구축한다. 더불어 Duty Manager를 보좌하여 응급사항에 대처하며 로비의 상태를 최상으로 유지하도록 노력해야 한다.

### 2) 업무내용

#### (1) 고객영접 및 영송

현관에 들어오는 모든 고객을 주의와 관심을 가지고 살펴야 한다. 특히 체크인과 체크아웃 시 로비가 혼잡하고 대기라인이 길어질 경우 G.R.O Desk로 안내해서 체크인 및 체크아웃을 보좌하며 투숙하는 중 불편했던 점이나 호텔에 바라는 점을 접수한다.

## (2) VIP고객의 영접 및 영송

VIP고객의 경우 비행도착시간 및 교통편을 사전에 파악하여 체크인을 하는데 있어 만전을 기한다. 특히 과거 이용사항 및 예약 시 특이사항을 검토하여 객실의 배정 및 특별 서비스가 제공되었는지 체크한다. 그리고 객실까지 Escort를 하고 고객이 객실로 들어간 지 10분 정도 후에 객실로 전화를 걸어 불편한 점이나 만족여부를 살핀다.

체크아웃을 할 때에는 미리 차량을 수배하고 계산서를 미리 작성하여 객실 및 E.F.L에서 바로 체크아웃되도록 해야 하며 고객이 체크아웃한 후 2~3일 뒤에 전화를 걸어 감사의 말을 전한다.

## (3) 로비관리

로비의 비품이나 시설물, 청결상태 등이 항상 최적의 상태로 되어 있는지 수시로 체크하고 이상이 있을 시 해당 부서에 연락해 조치를 취하도록 한다.

## (4) 분실물 및 습득물 관리

객실, 로비 및 기타 지역에서 분실물 및 습득물이 접수되면 시간, 날짜, 습득자, 분실자, 물건의 특징 등을 상세히 기록하여 해당 고객에게 전달되도록 한다. 특히 외부(택시, 버스)에서 고객이 물건을 분실하였을 경우 관련 기관에 신속하게 연락을 취해서 고객의 물건을 찾을 수 있도록 한다.

## (5) 응급환자 처리

환자 및 응급환자가 발생하면 고객의 상태를 살핀 후 상태에 따라 호텔 내의 간호사, 왕진 가능 의사 및 구급차를 불러 신속하게 조치를 취하여야 한다. 또한 고객과 관련이 있는 가족이나 예약담당자와 연락해서 추후의 사태에 대비해야 한다.

### (6) 이메일 확인

이메일을 수시로 확인하여 고객에게 전달되어야 하는 메일은 프린트해서 고객에게 전달하거나 문의에 대해서는 최소한 정확하고 상세하게 답을 해야 한다. 하지만 처리할 수 없는 내용은 해당 부서에 연락해 처리하도록 한다.

### (7) 비행관련 서비스

#### ① 예약

고객이 원하는 비행날짜, 시간, 출발지, 도착지, 좌석등급을 확인한 후 가장 경제적인 항공사 및 여행사와 연락하여 처리하도록 한다. 처리가 완료되면 고객에게 예약번호를 전달한다.

#### ② 확인

비행편의 확인은 고객에게 티켓을 받아 복사한 후 해당 항공사에 연락해 예약확인번호를 받은 뒤 고객에게 전달한다. 간혹 비행이 결항되었거나 확인되지 않는 경우 신속하게 고객과 연락을 취한 후 처리하도록 한다.

#### ③ 변경

가능하면 예약의 변경은 고객이 직접 하도록 유도한다. 그 이유는 고객이 원하는 날짜와 시간에 비행편이 없을 수 있고 본인이 아닌 경우 항공사에서 거절할 수 있기 때문이다. 그래도 고객이 원하면 원래날짜와 시간, 출발지, 도착지, 고객이름을 정확히 받아서 고객이 원하는 비행 스케줄로 변경하고 고객에게 예약번호를 전달하도록 한다.

### (8) Daily Tour 예약

- 고객으로부터 Tour 예약이 들어오면 어떠한 Tour에 관심이 있는지 호텔 내에 비치되어 있는 브로슈어를 보여주며 안내한다.

- 고객이 원하는 Tour의 종류가 정해지면 여행사에 연락해서 Tour의 종류, 인원수, 시간대 등을 여행사 직원에게 알린다.
- 고객이 원하는 Tour에 대한 정보가 전달되면 가격과 여행사에서 고객을 Pick-Up할 시간을 확인하여 고객에게 안내한다.
- 요금관계는 고객이 원할 경우 프런트에서 Paid-Out으로 지급을 대신해 주고 고객이 직접 지불한다고 하면 여행사직원에게 예약 시 정확히 안내한다.
- Tour를 예약한 직원은 고객의 이름, 객실번호, 인원수, 시간 등을 파악하여 다음 근무자에게 인수하여 고객의 Tour에 착오가 없도록 하여야 한다.

## 2 E.F.L(Executive Floor Lounge)

### 1) 역할

현대는 고객의 욕구와 수요가 다변화 또는 개성화되는 추세이다. 이런 추세에 맞추어 호텔들은 고객의 욕구를 충족시켜 주기 위해 시설 면이나 서비스 면에서 다양화되고 복합화된 상품을 만들어 고객의 욕구에 부응하고 있다. E.F.L은 이런 고객들의 욕구에 맞추어 좀 더 고급화되고 특별한 서비스를 제공하는 장소이다. E.F.L은 1980년에 그랜드 하얏트호텔에서 리젠시 클럽이라는 고유명칭을 사용하여 처음 운영되었으며 시간이 흐름에 따라 많은 특급호텔에서 운영하는 실정이다. E.F.L의 고객층은 대부분 비즈니스 고객으로 비즈니스 여행자는 업무 일정이 꽉 짜여 있고 그들에게 있어 시간은 돈과 연결된다. 이런 신속성과 편리함을 원하는 고객이 다른 일반 여행자들과 분리되어 휴식을 취하고 업무와 생각을 정리할 수 있는 공간을 제공하는 것이 E.F.L이다. 또한 E.F.L을 이용하는 고객은 호텔 이용경험이 많고 호텔문화에 적응되어 있어 직원들에게도 호의적이다. 이러한 고객들은 호텔이 추구하는 가장 바람직한 고객의 형태이며 호텔의 이미지 정립에도 밀접한 관계가 있다. 이런 고객들에게 차별화되고 향상된 서비스를 제공하여 단기적인 이익창출보다는 장기적인 관점에서 호텔 내의 하나의 상품화된 단위로서 존재하게 되며 호텔 내의 호텔이라는 명칭에 맞게 향상된 고품격의 서비스를 제공해야 한다. 다음은 E.F.L에서 제공되는 기본 서비스내용이다.

## 2) 업무내용

### (1) VIP 및 고객 파악

투숙 중인 고객의 성향을 각종 보고서 및 고객이력파일을 이용하여 파악한 다음 고객의 취향에 맞게 서비스를 제공하거나 기념일의 경우 간단한 서비스를 제공하여 관계유지에 힘써야 한다.

### (2) 특별서비스 제공 확인

VIP나 특별고객의 경우 호텔마다 일반고객과 차별화된 서비스 차원에서 과일, 꽃, 와인 등을 무료로 제공한다. 이런 내용물들이 고객의 방문에 제대로 비치되어 있는지 사전에 파악해야 한다.

### (3) Room Inspection

VIP 및 지정객실에 대해서 고객이 체크인하기 전에 객실정비 상태 및 특이사항에 대한 시설물이 갖추어졌는지 점검을 해야 한다.

### (4) 환영 전화

고객의 체크인이 완료된 15~20분에 해당 객실로 전화를 걸어 만족여부 및 필요사항이 없는지 점검해야 한다.

### (5) 비서업무

고객이 원하는 경우 통역 및 안내 업무를 제공하여 개인비서로서의 업무를 담당해야 한다.

### (6) Meeting Room 제공

고객이 원하는 경우 Meeting Room과 함께 제반 사무기기와 문구류 등을 구비해 놓아야 한다.

### (7) 안내 및 예약업무

고객이 원하면 항공기, 여행, 행사 및 공연 등에 대해 예약업무를 수행하여야 한다.

### (8) Express Check In & Out

고객에게 빠른 체크아웃과 체크인을 할 수 있도록 등록카드 및 영수증을 준비한다.

### (9) 명함관리

명함을 관리하여 호텔의 프로모션 및 재방문을 유도할 수 있도록 고객관계관리에 힘쓴다.

### (10) 고객설문조사

고객이 원하는 것과 불편한 내용 및 호텔의 전반적인 서비스에 대해 설문조사를 시행하여 향후 발전방안에 활용하도록 한다.

### (11) 타 부서와의 업무교류

관련부서와 긴밀한 관계 및 모임을 통해 고객에게 더 향상된 서비스를 제공하기 위하여 노력하고 연구해야 한다.

#### (12) 식사 및 음료 제공

아침식사 및 Happy Hour에는 버틀러(Butler)를 보좌하여 식사 및 음료를 제공해야 한다.

## 3 Business Center

### 1) 역할

비즈니스 고객이 비즈니스를 효율적으로 실현할 수 있도록 개인비서의 업무를 담당하는 곳으로서 각종 정보의 제공, OA기기의 대여, 우편·팩스·수화물의 전달, 번역 및 통역 등의 업무를 수행한다. 로비에 있는 비즈니스센터는 고객과 1:1의 업무가 이루어지므로 서비스에 만전을 기해야 함은 물론 이용고객에게 편의를 제공하는 데 차질이 없도록 유의해야 한다. 따라서 비즈니스센터에 근무하는 종사원은 호텔의 시설 및 서비스에 대해 정확히 숙지하고 다방면의 지식을 습득하고 있어야 한다.

### 2) 업무내용

#### ① 개인비서 업무

고객의 효과적인 업무진행을 위해 팩스, 복사, 타이핑, 개인 컴퓨터의 대여, 번역 및 통역의 업무를 수행한다.

#### ② 회의실 제공 및 관리

호텔에서 비즈니스 고객들이 관계자들과 회의를 개최하거나 신제품의 설명회 등 소규모로 회의실을 원하는 경우가 많다. 따라서 비즈니스센터에서는 소규모 회의실에 회의나 각종 업무에 필요한 장비를 설치하여 고객에게 대여해 주고 있다.

### ③ 각종 이용현황 작성

고객의 과거이용기록 및 시간대별, 요일별로 통계를 작성하여 각종 시설물에 대한 효율적인 대여와 시설물의 확충에 대비해야 하며 고객이 원하는 내용을 파악하여 실제 영업에 활용해야 한다.

### ④ 매출전표의 작성

비즈니스센터도 호텔영업에 있어 하나의 업장이므로 당일 매출에 대해서는 정확하게 매출내역을 작성하여 보고해야 한다.

### ⑤ 팩스의 수신 및 전송

팩스를 전송하고 수신할 경우 정확하게 하여야 한다. 팩스의 종류는 고객이 외부로 보내는 Outgoing Fax와 외부에서 고객에게 보내는 Incoming Fax가 있다.

#### ㉮ Outgoing Fax

- 고객에게서 Outgoing Fax 요청을 접수하면 고객의 객실번호, 국가번호, 팩스번호를 재차 확인한 다음 전송한다.
- 팩스전송이 완료되면 Confirmation Message를 확인하여 전송여부, 시간 등을 확인하여 해당 객실의 계정에 전기한다.
- 완료되면 Outgoing Fax의 봉투에 객실번호, 고객이름, 페이지 수, 전송시간, 전송자를 기재한 후 Bellman을 호출하여 해당 객실로 보낸다.

#### ㉯ Incoming Fax

- 팩스의 모든 페이지가 다 수신되었는지 확인하고 고객이름, 객실번호 등을 프런트 시스템을 통해 확인한 Incoming Fax 봉투에 고객이름, 객실번호, 페이지 수, 받은 시간, 접수자를 기록한 후 팩스대장에 기록한 다음 Bellman에게 인계한다.
- 당일 체크아웃하는 고객에게 온 팩스는 벨맨을 호출하여 바로 객실로 배달하도록 한다.
- Urgent Fax의 경우 Urgent Stamp를 찍어 바로 객실에 전달되도록 한다.

- 예약은 되어 있으나 체크인이 안 되어 있는 경우 프런트로 넘겨 체크인 시 고객에게 전달되도록 한다.
- 이미 체크아웃을 한 경우, 인쇄의 질이 안 좋은 경우, 누락된 페이지가 있는 경우, 수신자가 명확하게 표시되어 있지 않은 경우에는 전달이 불가능하므로 다시 전송하여야 한다.

**⑥ 택배업무**

- 고객이 보내고자 하는 서류나 물건을 가져오면 물건일 경우 내용물을 확인하고 보낼 수 없는 물건(현금, 유가증권, 보석류 등)인지, 깨지기 쉬운 물건인지를 확인하여 Packing을 한다.
- 고객이 원하는 배달업체(DHL, FedEx)가 있으면 원하는 대로 해당업체에 접수하고 그렇지 않을 경우 고객에게 요금을 안내한 후 선택하도록 한다.
- 수신인 후불로 할 경우 수신인의 계정(Account)번호를 받아 업체의 확인을 거쳐 가능한지 여부를 고객에게 안내한다.

## 4 Express Service

### 1) 역할

Express Service는 고객이 투숙 중에 느끼는 불편사항이나 요구를 신속, 정확하게 처리하기 위해 서비스 전화코드를 하나로 통합하여 보다 쉽고 간편하게 고객의 의사를 원터치만으로 서비스담당자에게 전달될 수 있도록 하는 서비스로 One Stop Service 또는 Command Center로도 불린다. 과거에 고객이 호텔로 전화를 걸어 예약이나 접근방법 등을 문의하는 경우 해당부서로 전화를 돌리거나 업장의 영업시간이 경과하면 다음날 다시 전화해 줄 것을 요청하였지만 현재는 차별화되고 전문화된 서비스를 제공하기 위해 호텔마다 Express Service Center를 두어 고객의 요청에 부응하고 있다. 이는 호텔경영에 있어 인력의 탄력적 이용을 통해 비용절감을 할 수 있으며 동시에 향상된 고객서비스를 제공할 수 있어 상승효과를 볼 수 있다.

## 2) 업무내용

### (1) Lobby Attendant Center

종전의 Bell Captain을 중심으로 Bellman, Door Man을 활용하고 룸서비스와 같은 스케줄을 짜므로 객실에서 일어나는 모든 일을 룸서비스 직원과 함께 운영한다. 즉 룸서비스가 발생되면 벨맨이 음식을 배달하거나 일이 있어서 객실을 방문한 경우 세탁물이나 Door Knob, 음식그릇 분출 등의 업무를 수행한다.

### (2) Room Service Attendant Center

종전의 룸서비스와 미니바 직원을 합해서 같은 스케줄을 작성함으로써 서로가 보완적인 인력을 구성한다. 룸서비스 직원이 객실로 음식을 배달한 경우 고객의 짐을 벨 데스크로 운반하거나 고객의 간단한 요구사항을 처리한다.

### (3) One Stop Service Center

종전의 예약실(객실, 연회), 하우스키핑(Order Taker), 룸서비스, 비즈니스센터 등의 업무를 교환실에서 대행하여 고객에게 신속한 정보제공을 한다. 즉 고객이 예약을 하거나 객실에 대한 문의를 할 때 해당부서로 전화를 돌리지 않고 바로 예약을 접수하거나 고객이 원하는 정보를 제공한다.

## 5 당직 서비스(Duty Service)

### 1) 역할

호텔은 24시간 영업이 이루어지며 그에 따른 고객서비스에 대한 책임과 권한을 가진 당직지배인은 고객과 서비스 인카운터상에 있는 종사원의 중재역할을 하는 것으로 총지배인의 직속하에 소속되어 있고 총지배인의 지시 및 당직지배인의 업무지침에 의하여 업무를 수행하며 총지배인 및 각 부서장 부재 시 총지배인의 업무를 대행하는 역할을 한다. 또한 호텔 내 전체 영업장을 대상으로 고객 관련 업무처리, 불평 및 제안사항 접수 및 처리, 고객 및 호텔의 안전 관리, 종업원의 관리 감독 등 당직지배인 직무지침에 의한 업무를 수행하는 관리자이며 호텔운영의 전반적인 면에서 운영상 필요한 업무수행을 위하여 행정 및 인원관리의 미흡한 점을 지적 개선토록 하고 지속적인 인적·물적 서비스의 향상을 도모하는 역할을 한다.

### 2) 업무내용

#### (1) VIP 영접 및 환송 업무

##### ① 영접

- Reception에서 객실을 배정하면 VIP의 객실번호를 숙지하고 객실 청소, 온도상태 등을 점검하고, 필요시 환영 편지(Welcome letter), 특별 접대품(VIP Treatment), 방명록, 꽃다발, 사진 촬영 여부 등을 확인하여 조치한다.
- 공항지배인과 수시로 통화하여 비행기 탑승, 도착 여부를 확인하고, 공항 출발 연락 접수 즉시 총지배인에게 호텔 도착 예정시간 및 차량번호를 보고한다.
- VIP 도착 예정시간 20분 전에 Bell Captain에게 객실 KEY봉투와 등록카드를 준비시키고 엘리베이터를 점검한 후, 엘리베이터 앞에 대기하도록 한다.
- 도착 10분 전 현관 앞에 정자세로 Stand-By하며 차량 소통 등을 점검한다.

• 고객이 도착하면 바로 객실로 안내한다.
• 5~10분 후 객실에 전화를 걸어 불편한 사항이나 요청사항이 없는지 Courtesy Call을 한다.
• 관련부서에 VIP관련 사항을 조치, 확인한다.

### ② 영송

• VIP의 출발시간을 확인하고 현관에 차량 배차상태를 점검한다.
• 출발 10분 전에 엘리베이터를 잡도록 하고, 객실층에 대기하며 VIP의 동정을 살핀다.
• VIP가 나오면 반가운 인사를 하며 엘리베이터로 안내하고 편안한 투숙이 되었는지, 불편한 점은 없었는지 관심을 표하며 물어본다.
• 고객이 현관에 도착하면 Housekeeping에 연락하여 객실에서의 분실물 등은 없는지 점검하도록 하고 분실물이 있으면 당직지배인 또는 프런트로 전화하여 고객이 떠나기 전에 전달할 수 있도록 한다.
• VIP가 로비로 내려오면 계산 여부를 확인하고 현관으로 안내하여 차량에 탑승 후 출발 시 정중하게 인사한다.

## (2) 고객 불평 접수 및 처리

고객의 불평내용에 관계없이 불평 접수 시에는 회사를 대표하여 정중하게 사과하며 동시에 불평을 조사하여 시정할 수 있도록 신속한 조치를 취하여야 한다. 고객이 호텔에서 제공한 조치에 만족하지 못하면 상위 책임자에게 연락하여 빠른 해결을 하도록 한다. 또한 로비, 기타 영업장에서 고객과의 많은 대화를 통해 호텔서비스의 문제점, 시설의 불편한 점 등 호텔영업을 위해서 필요한 의견을 찾아내어 경영진에게 보고해야 한다. 다음은 고객 불평 처리의 3단계이다.

#### ① 듣기

- 불평내용을 관심을 갖고 공감하고 경청한다. 반드시 메모하고 끝까지 전부 듣는다.
- 인적 사항(이름, 객실번호, 연락처 등)을 파악한다.
- 선입견을 버리고 겸허하게 듣고, 변명이나 고객의 잘못을 지적하지 않는다.
- 고객의 자존심을 존중하고 고객의 이름을 자주 사용한다.
- 고객이 많은 장소일 때는 다른 고객에게 피해가 가지 않도록 소리가 들리 않는 분리된 장소로 안내한다.

#### ② 원인분석

- 주요 원인과 부수적인 원인을 구별 분석하여 대책을 검토한다.

#### ③ 해결책

- 처리 결과에 따라 회사의 이미지가 좌우됨을 명심하고 신속하게 대응한다.
- 접수 즉시 사안에 따라 처리가 가능한 것은 관련 부서에 통보하여 즉시 처리하고 그 결과를 고객에게 알린다.
- 고객이 원하는 것을 물어보고 선택을 제시하며 권한 밖의 일은 약속하지 않는다.
- 문제 해결과정을 점검하고 사건의 전체 상황을 고객 불평 접수 및 처리 사고보고서를 작성하여 총지배인의 결재를 받아 관련 부서에 통보하고 조치 결과를 역순으로 보고한다.
- 총지배인 또는 당직지배인이 고객에게 전화나 편지(E-Mail)를 보내 유감을 표시한다.

### (3) KEY 관리 업무

당직지배인은 Room Grand Master Key 및 각종 비상 Key 등을 보관, 취급하며 긴급상황에 신속히 대처하여 인명과 재산을 보호하는 데 목적이 있다.

Room Grand Master Key를 사용할 때는 Room Grand Master Key 사용기록부에 기록해야 한다. 다음은 각종 Key의 종류 및 관리자에 대한 내용이다.

- 고객용 열쇠(Guest Key) : Front Desk Manager
- 고객용 보조열쇠(Spare Key) : Front Desk Manager
- 객실청소 담당열쇠(Room Maid Key) : Housekeeping Manager
- 각층 객실 통용열쇠(Floor Pass Key) : Housekeeping Manager
- 전 객실 통용열쇠(Room Grand Master Key) : General Manager, Duty Manager, Housekeeping Manager
- 비상문 열쇠(Exit Door Key) : Duty Manager
- 창고열쇠 기타 : Duty Manager, Security Manager

### (4) 냉난방 등 에너지 관리 업무

당직지배인은 항시 일기예보 및 급변하는 기후에 유의하여 호텔 내 적정 온도 유지 및 에너지의 불필요한 낭비 등을 제거하여 원가절감에 힘써야 한다. 이를 위하여 시설상의 구조 및 특징에 대하여 정확히 숙지하고 활용하여야 한다.

- 항시 호텔 내 객실 및 각 영업장의 온도를 점검, 또는 보고를 접수하여 적정 온도를 유지한다.
- 각 영업장의 개폐시간 예약상황 등을 확인, 해당시간 외의 시간에는 불필요한 에너지의 낭비를 막기 위하여 적절한 최저온도를 유지한다.
- 호텔 내의 객실, 각 영업장 및 후방 부서의 모든 냉난방 운영관리는 당직지배인을 통하여 일관성 있게 관리 통제되도록 수시 점검 및 규제를 게을리하지 말아야 한다.
- 냉난방 운영상황은 상황표에 표시되어 항시 상황을 판단할 수 있는 체제를 유지해야 한다.
- 불필요한 전등 및 E/V 사용횟수가 감소되는 심야 및 기타 당직지배인의

판단에 의하여 정지시켜도 무방하다고 판단되는 경우 당직 지배인은 관련시설 부서와 협조하여 절전을 위한 제반조치를 취한다.

### (5) 호텔의 품위유지 관련 업무

호텔은 항상 쾌적하고 안락한 분위기 속에서 고객에게 물적, 인적 서비스가 이루어질 수 있어야 한다. 따라서 고객이라도 타 고객에게 불쾌감을 유발시키는 고객에 대하여는 이를 묵인하여서는 안 되며 이의 지정을 요구하여야 한다. 이에 불응할 때는 정중하고 단호하게 호텔의 이용을 거부하고 퇴장시켜야 한다.

### (6) 공공지역 점검 업무

당직지배인은 로비 및 공공지역이 항상 깨끗하고 잘 정돈된 분위기를 유지하도록 해야 하며 필요시 미화반이나 각 담당자에게 연락하여 처리한다. 주요 점검장소는 로비 전체 지역, 현관 자동문 및 회전문, 고객 엘리베이터, 고객 화장실, 공중전화, 전등, 재떨이, 대리석 바닥 등 공공장소의 청결에 중점을 두어 점검한다.

### (7) 정보 및 기밀유지 업무

새로운 정보 및 변경된 정보에 대하여 정통한 정보를 입수하여 정확한 사항을 파악하여 최고 경영진의 경영관리 판단에 도움이 되도록 보고하며 항상 경영진 및 총지배인의 지시에 따라 맡은바 직무에 능동적으로 임하도록 노력하며 회사 기밀이 대내외로 새어 나가지 않도록 최선을 다해야 한다. 또한 총지배인의 허락 없이는 어떠한 경우라도 호텔에 대한 문제점이 신문 기사화되지 않도록 유의하여야 한다.

Introduction to
Hotel Management

# 제6장
# 레스토랑의 이해

# 제1절 레스토랑의 유래

레스토랑은 식사를 제공하는 장소로서 사람이 여행이나 이사, 전쟁 등 여러 가지 이유로 집을 떠나 이동하면서 자연발생적으로 생겨나게 되었다. 기록에 의하면 BC 512년경 고대 이집트에 식당의 기원이라 할 수 있는 음식점이 있었다고 한다. 이곳에서는 곡물(Cereal), 들새고기, 양파요리 등 간단한 음식이 제공되었다고 한다.

또한, 로마시대의 유명한 카라칼라(Caracalla) 목욕탕 주변에는 휴게실, 오락실과 함께 음식물을 제공하는 장소가 있었다고 하는데 이것을 식당의 기원으로 보기도 한다.

중국에서는 6세기경 '식경'이라는 요리 전문서적이 발간된 기록이 있으며, 당, 송 시대의 이백, 두보 등 시인들의 시구에 음식물을 제공하는 장소로 기솔, 주가, 주적 등의 말이 등장하는 걸 보면 이 시기에 식당이 활발한 영업활동을 했음을 알 수 있다. 중국에 근대적 음식점이 발달하기 시작한 시기는 청조시대인데 이때 '회관'이라는 식당이 출현하게 되었다.

우리나라에는 1900년에 프랑스인 손탁(Sontag)이 건립한 손탁호텔(Sontag Hotel)에 처음으로 근대식 프랑스 레스토랑이 생긴 것을 시초로 하여 1925년에는 철도호텔의 등장과 함께 서울역의 구내에는 서양식 그릴(Grill) 등이 다투어 개업함으로써 본격적인 발전을 보게 되었다.

레스토랑(Restaurant)의 어원은 1765년 프랑스 루이 15세 때의 몽불랑제(Mon Boulanger)라는 사람이 스태미나 음식인 양고기 뼈로 만든 수프를 판매했는데 수프의 이름이 'Restaurers'였고, 판매하는 장소를 'Restorante'라고 부른 데서 유래된 것으로 알려지고 있다.

'Restaurer'는 '기력을 회복시킨다', '재기한다', '수복한다'라는 뜻으로 피로한 심신을 원상으로 회복시킨다는 것을 의미한다. 미국의 웹스터사전에는 "an establishment where refreshments or meals may be procured by the public : a public eating house"라고 기록되어 "대중들이 가벼운 음식물이나 식사를 할 수 있는 시설"로 설명되어 있다. 국어사전에는 "식사를 편리하게 할 수 있도록 설비된 방, 음식물을 만들어 손님에게 파는 집"으로 설명되어 있다.

이 같은 사실을 종합하면 레스토랑이란 일정한 장소에 필요한 시설을 갖추고 영리 혹은 비영리를 목적으로 식음료 상품과 서비스를 동시에 제공하는 곳이라고 할 수 있다.

현대적인 의미의 레스토랑은 좋은 서비스와 분위기, 맛, 청결 등이 하나로 조화된 토털상품을 판매하는 장소일 뿐만 아니라 내일의 비즈니스를 위한 휴식공간으로서의 의미도 있다고 할 수 있다.

# 제2절 레스토랑의 분류

식당은 크게 서비스방법(형식)에 의한 분류, 음식품목(제공품목)에 의한 분류, 레스토랑의 명칭에 따른 분류의 3가지 형태로 분류될 수 있다.

## 1 서비스방법(서비스형식)에 의한 분류

### 1) 테이블 서비스 식당(Table Service Restaurant)

일반적인 형태의 식당으로서 일정한 장소에 식탁과 의자를 준비하여 놓고 손님의 주문에 의하여 웨이터나 웨이트리스가 음식을 제공하는 식당이다. 이 레스토랑에서 제공하는 테이블 서비스는 가장 전형적인 서비스 형태로, 쾌적한 분위기 속에서 웨이터나 웨이트리스가 보다 전문적이고 효율적인 방법으로 질 좋은 요리를 신속하게 제공하여 고객의 욕구를 충족시켜 주는 서비스이다.

### 2) 카운터 서비스 식당(Counter Service Restaurant)

이 식당은 손님이 조리과정을 직접 볼 수 있도록 주방을 개방시켜 그 앞의 카운터를 식탁으로 하여 음식을 제공하는 식당이다. 이 형태의 식당은 손님이 직접 조리과정을 지켜보기 때문에 고객의 불평이 적고, 위생적이고 신속하게 음식이 제공되며, 많은 서비스 인원이 필요치 않은 것이 특징이다. 때로는 웨이터가 음식을 테이블까지 날라주기도 한다.

■이러한 카운터 서비스의 특징은 다음과 같다.

① 빠르게 식사를 제공할 수 있다.

② 고객의 불평이 적다.

### 3) 셀프서비스 식당(Self-Service Restaurant)

이것은 고객 자신이 기호에 맞는 음식을 직접 운반하여 식사하는 형식의 식당으로 이 식당에서는 고객 스스로 음식을 운반하여 먹는 방식을 취하는데 카페테리아(Cafeteria)나 뷔페(Buffet) 서비스가 바로 그것이다. 경우에 따라 카빙(Carving)이 필요한 요리는 조리사에 의해 서비스되며, 수프와 음료를 웨이터가 제공해 주기도 한다.

■이 식당의 특징은 다음과 같다.

① 기호에 맞는 음식을 선택하여 자기 양껏 먹을 수 있다.

② 위생적인 식사가 제공된다.

③ 신속한 식사를 할 수 있다.

④ 가격이 비교적 저렴하다.

⑤ 봉사료(Tip)의 지불이 필요 없다.

⑥ 고객의 불평이 적다.

⑦ 소수의 종사원으로 인건비가 적게 든다.

⑧ 회전이 빨라 매출액이 증진된다.

### 4) 비영리단체 급식(Feeding)

급식사업으로써 비영리적이며 셀프서비스 형식의 식당이다. 회사 종사원을 위한 급식(Industrial Feeding), 학교급식(School Feeding), 병원급식(Hospital Feeding), 군대, 형무소에서의 급식이 있으며, 일시에 많은 인원을 수용하여 식사를 제공할 수 있으나, 일정한 메뉴에 의한 식사이기 때문에 자기의 기호에 맞는 음식을 선택할 수 없는 단점이 있다.

### 5) 자동판매기(Vending Machine Service) 레스토랑

자동판매기(Vending Machine)에 의해 판매되는 식당이다. 인건비의 급증으로 인하여 자동판매기의 인기가 높아지고 있다.

## 2 음식품목(제공품목)에 의한 분류

### 1) 서양식 레스토랑(Western Restaurant)

#### (1) 프랑스 식당(French Restaurant)

프랑스 요리는 서양요리 중에서도 세계적으로 유명한 요리로 불리는데, 자연적인 식재료를 충분히 살리는 고도의 조리기술로 섬세한 맛을 자랑한다. 프랑스 요리는 조리기술이나 재료의 종류도 특별하지만, 격조 높은 요리의 내용만큼이나 그릇의 선택이나 식탁의 조화를 찾는 테이블 문화가 큰 비중을 차지한다. 저녁식사의 경우 메뉴가 7~9코스이고, 시간은 보통 2~3시간이 소요된다. 달팽이(Escargot), 철갑상어알(Caviar), 거위의 간(Foie Gras), 샤토브리앙(Chateaubriand), 투르느도(Tournedos) 등이 세계적으로 유명한 프랑스 요리이고, 땅속에서 자라는 흑백색의 송로버섯(Truffle)을 재료나 소스에 많이 사용한다.

#### (2) 이태리 식당(Italian Restaurant)

이태리 요리는 14세기 초 탐험가 마르코 폴로(Marco Polo)가 중국의 원나라에 가서 배워온 면류가 고유한 스파게티(Spaghetti)와 마카로니(Macaroni)로 정착되었으며 이태리 요리의 원조가 되었다. 이탈리아 요리는 프랑스 요리와 비슷하지만 프랑스 요리의 맛이 소스에 있다면, 이탈리아 요리는 신선한 육류와 해산물 등의 식재료 그 자체에 맛이 있으며, 면류와 샐러드유를 많이 사용한다. 지역별로 요리가 다양하며, 스파게티, 라비올리, 리소토(Risotto), 폴렌타 등의 요리가 유명하다. 이태리 요리의 Course는 Antipasto(전채요리), Zuppe(수프), Pasta(파스타류), Insalate(샐러드류), Carmie Pollame(주요리류), Dolci(디저트)이다.

### (3) 스페인 식당(Spanish Restaurant)

스페인은 주위가 바다로 둘러싸여 있어 해산물이 풍부하므로 생선요리가 유명하다. 또한 스페인 요리는 올리브(Olive)유, 포도주, 마늘, 파프리카(Paprika), 사프란(Saffron) 등의 향신료를 많이 쓰는 것이 특색이다. 특히 왕새우 요리는 세계적으로 유명하고, 토르티야(Tortilla), 세고비아나(Segoviana), 가스파초(Gazpacho), 코시로 마드리예노(Cocido madrileno) 요리 등에 널리 애용되고 있다.

### (4) 미국식당(American Restaurant)

미국인들은 비프스테이크(Beef Steak), 바비큐(Barbecue), 햄버거(Hamburger) 등을 즐겨 먹는데, 이러한 것들을 미국의 대표적인 요리라 할 수 있다. 이들은 대개 빵과 곡물, 고기와 달걀, 낙농제품, 과일 및 채소 등의 식재료를 이용하는데, 간소한 메뉴와 경제적인 재료 및 영양 본위의 실질적인 식생활을 하는 것이 특징이다.

## 2) 동양식 레스토랑(Oriental Restaurant)

### (1) 한식당(Korean Restaurant)

한국요리는 우리의 유구한 역사와 함께 이루어진 문화유산 중 하나로 지리적 여건과 기후변화 등의 영향을 받으며 각 지방과 해변지역에 따라 생산되는 다양한 농수산물 및 사냥과 가축의 사육을 주축으로 한 향토성 짙은 음식들이 창출되었고, 시대에 따라 전파된 종교의 영향, 외세의 침입에 따른 새로운 문물 도입에 영향을 받으면서 향토음식, 궁중음식, 민간신앙음식, 관혼상제

음식, 사찰음식, 계절음식, 떡, 과자 등 분야별로 변화의 과정을 거치면서 독특한 조리기술 개발과 상차림 및 독창적인 식기문화의 변천과 더불어 우리의 식문화가 발전되었다고 할 수 있다. 따라서 오랜 세월 동안 이루어진 독특한 형태의 다양한 음식들이 사회구조와 외래문화의 영향으로 오늘날에 와서는 전통성을 잃어버린 것도 있고, 또한 잊혀진 것들이 너무 많은 반면에 끈질긴 민족의 보수성으로 현재까지 쌀을 주식으로 한 김치, 된장찌개, 불고기 등이 함께 유지되어 온 것이 한국요리의 특성이라 할 수 있다. 한국식 레스토랑은 우리나라 고유의 음식을 제공하는 레스토랑으로 특히 외국인들이 한국음식을 맛볼 수 있는 좋은 기회를 제공한다.

특히 한국음식은 손끝 맛을 강조하며, 주식과 부식이 분리되어 있고, 곡물 조리법이 발달되었으며, 음식의 간을 중히 여긴다. 한식 메뉴는 크게 밥, 죽, 면 등의 주식류와 국, 찌개, 구이, 찜, 조리, 산적, 나물, 전, 편육, 젓갈, 김치, 육류 등의 부식류로 구성되어 있다.

### (2) 중식당(Chinese Restaurant)

중국요리는 중국 대륙에서 발달한 요리의 총칭으로 일명 '청요리'라고도 한다. 중국은 오랜 세월을 두고 넓은 영토와 영해에서 다양한 생산물과 풍부한 해산물을 얻을 수 있었으며, 이들 산해식품을 이용한 요리는 불로장수를 목표로 오랜 기간의 경험을 토대로 꾸준히 다듬고 연구 개발되어 현재는 세계적인 요리로까지 발전하게 되었다. 다시 말하면 폭넓은 재료의 이용, 맛의 다양성, 풍부한 영양, 손쉽고 합리적인 조리법, 풍성한 외양 등이 중국요리로 하여금 세계 어느 곳, 어느 사람에게나 적응되게 또는 환영받게 하였다.

한 나라의 요리가 그 나라의 역사와 전통, 기후, 풍토의 소산인 동시에 국민 슬기의 총화라 한다면 중국요리가 오늘날 세계적인 요리로 발전하게 된 것도 우연일 수 없는 것이다. 일찍이 동양문화를 이룩해 낸 중국인의 슬기가 광대한 영토에서 산출되는 다종다양한 산물을 바탕으로 하여 수천 년 역사 속에서 문화의 한 분야로 꾸준히 다듬고 가꾸어 온 결과라 할 수 있다. 또한 넓은 영토를 지녀온 중국은 지역적으로도 풍토, 기후, 산물, 습관이 다른 만큼 지방색이 두드러진 요리를 각각 특징 있고 독특한 맛을 낼 수 있는 요리로 발전시켰다.

이처럼 독특한 개성을 지니고 발전해 온 각 지방의 요리는 예부터 빈번하게 있어온 민족 간의 이동과 더불어 상호 교류와 보완을 통해서 오늘의 중국요리로 발전된 것이다.

### (3) 일식당(Japanese Restaurant)

일본요리는 일본 풍토에서 독특하게 발달한 일본인이 일상 먹는 요리의 총칭이다. 일본 열도는 북동에서 남서로 길게 뻗어 있고 바다로 둘러싸여 있어 지형과 기후의 변화가 많다. 따라서 사계절에 생산되는 재료가 다양하고 계절에 따라 맛도 달라지며 해산물이 매우 풍부하다. 이러한 조건 속에서 일본요리는 쌀이 주식으로, 농산물과 해산물이 부식으로 형성되었는데, 일반적으로 맛이 담백하고 색채와 모양이 아름다우며 풍미(향기, 혀끝 감촉, 씹는 맛)가 뛰어난 것이 특징이다. 그러나 이러한 특징을 너무 존중한 나머지 때로는 식품의 영양적 효과를 고려하지 않는 경우도 있었는데, 제2차 세계대전 후부터는 구미 식생활의 영향을 받아 서양과 중국풍의 요리가 등장하면서 영양 면을 한층 더 고려하게 되었다.

## 3 레스토랑의 명칭에 따른 분류

### 1) 레스토랑(Restaurant)

일반적으로 식당의 의미로 쓰이는 명칭이다. 레스토랑은 고급식당으로서 식탁과 의자를 마련하여 놓고, 고객의 주문에 의하여 웨이터나 웨이트리스가 음식을 날라다 주는 테이블 서비스가 제공되며, 고급음식과 정중한 서비스, 훌륭한 시설이 갖추어진 최상급의 식당이다.

### 2) 커피숍(Coffee Shop)

고객이 많이 왕래하는 장소에서 커피와 음료수 또는 간단한 식사를 판매하는 식당이다.

### 3) 카페테리아(Cafeteria)

음식물이 진열되어 있는 카운터 테이블(Counter Table)에서 음식을 고른 다음, 요금을 지불하고 손님 자신이 직접 날라다 먹는 셀프서비스(Self-Service)식의 식당이다.

### 4) 다이닝 룸(Dining Room)

주로 정식(Table d'hote)을 제공하는 호텔의 주식당으로, 이용하는 시간을 정하여 조식을 제외한 점심과 저녁 식사를 제공한다. 그러나 최근에는 이 명칭은 사용되지 않고 고유의 명칭을 붙인 전문요리 레스토랑과 그릴(Grill)로 형태가 바뀌었으며, 정식뿐만 아니라 일품요리(a la carte)도 제공하고 있다.

### 5) 그릴(Grill)

일품요리(a la carte)를 주로 제공하며, 수익을 증진시키고 고객의 기호와 편의를 도모하기 위해 그날의 특별요리(Daily Special Menu)를 제공하기도 한다.

### 6) 뷔페식당(Buffer Restaurant)

준비해 놓은 요리를 균일한 요금을 지불하고, 자기 양껏 뜻대로 선택해 먹을 수 있는 셀프서비스 식당이다.

### 7) 런치 카운터(Lunch Counter)

식탁 대신 조리과정을 직접 볼 수 있는 카운터 테이블에 앉아, 조리사에게 직접 주문하여 식사를 제공받는 식당이다. 고객은 조리과정을 직접 지켜볼 수 있기 때문에 기다리는 시간의 지루함을 덜 수 있고, 식욕을 촉진시킬 수 있다.

### 8) 리프레시먼트 스탠드(Refreshment Stand)

간편한 간이음식을 만들어 진열장에 미리 진열하여 놓고, 바쁜 고객들이 즉석에서 구매해 먹을 수 있도록 한 식당이다.

### 9) 드라이브 인(Drive-In)

도로변에 위치하여 자동차를 이용하는 여행객을 상대로 음식을 판매하는 식당이다. 이 식당은 넓은 주차장을 갖춰야만 한다.

### 10) 다이닝 카(Dining Car)

다이닝 카는 기차를 이용하는 여행객들을 위하여 식당차를 여객 차와 연결하여 그곳에서 음식을 판매하는 레스토랑을 말한다.

### 11) 스낵 바(Snack Bar)

가벼운 음식을 제공하는 간이식당이다. 스낵바는 호텔의 피트니스센터(Fitness Center), 공항, 회사, 학교 등에서 가벼운 음식을 제공하는 간이 레스토랑을 말한다.

### 12) 백화점 식당(Department Store Restaurant)

백화점을 이용하는 고객들이 쇼핑 도중 간이식사를 할 수 있도록 백화점 구내에 위치한 식당이다. 이곳에서는 대개 셀프서비스 형식을 취하며, 패스트푸드(Fast-food)가 제공된다.

### 13) 인더스트리얼 레스토랑(Industrial Restaurant)

회사나 공장 등의 구내식당으로, 비영리 목적의 식당이다. 학교, 병원, 군대의 급식식당 등이 이에 속한다.

### 14) 룸 서비스

호텔에서의 룸 서비스라 하면 고객이 객실에서 식음료를 주문하면 주문한 음식을 신속, 정확하게 객실까지 배달해 제공하는 서비스를 말한다. 음료로서는 소프트드링크(Soft Drink)류의 주문이 많고 식사는 아침식사와 간식이 주류를 이룬다. 룸 서비스는 엘리베이터나 주방 가까운 곳에 위치하여 운영된다.

# 제3절 테이블 서비스

테이블 서비스는 식당 이용고객을 접대하고 영접하는 것을 말하는 것으로, 접객의 요체는 서비스이다. 이와 같이 식당종사원의 인적 서비스는 사람이 주체가 되어 서비스활동을 하는 서비스기능을 말하며, 고객영접과 안내, 접객업무, 판매서비스, 고객의 편의를 위한 서비스 기능을 총칭한다. 따라서 종사원은 항상 친절한 마음을 지니고 서비스해야 한다. 친절은 고객을 접대함에 있어 기본적인 사항이며, 종사원은 평소에 친절한 마음씨를 갖는 것과 봉사정신을 습관화함으로써 유능한 접객원이 될 수 있는 것이다.

## 1 서비스의 형식

### 1) 카트 서비스(Cart Service)

카트 서비스는 프렌치 서비스(French Service)라고도 불리는데, 이 서비스 형식은 시간적 여유가 있고 유럽의 전통적인 우아한 서비스를 즐기는 미식가들과 귀족적인 서비스를 원하는 고객에게 적합한 형식이다. 이 서비스 형식은 모든 음식의 1차 조리는 주방에서 하고 마지막 단계의 조리는 식당 홀로 운반되어 고객의 식탁 앞 카트(또는 게리동) 위에서 셰프드랑(Chef de rang)에 의해 요리를 완성하여 제공하는 서비스이다. 즉 카트(Cart)라고 하는 조리대 위에서 마지막 조리, 썰기, 장식하기, 뼈 발라내기, 일인당 분배 등이 이루어진다. 이때 셰프드랑은 코미드랑(Commis de rang)과 한 조를 이루어 팀워크(Team Work)를 이루는데, 셰프드랑이 카트 위에서 음식을 완성하여 접시에 담으면 코미드랑이 고객에게 제공한다.

이 서비스는 숙련된 종사원에 의해 제공되는 최고급의 서비스로서 고객의 만족도를 높일 수는 있으나, 테이블과 카트 등 많은 기물이 요구되며 특히 요리하는 시간이 길기 때문에 테이블 회전율이 다른 서비스 형식의 식당보다 낮다.

## 2) 플래터 서비스(Platter Service)

플래터 서비스의 형식은 주방에서 조리된 요리를 큰 플래터에 담아 고객에게 보여준 후 한 사람씩 접시에 음식을 제공하는 방식이다. 이 형식의 서비스는 독일과 미국에서는 러시안 서비스(Russian Service)라고도 말하며 세계 도처의 고급식당에서 많이 이용되는 형식이다. 우아하고 멋있게 장식된 Platter는 고객 테이블로 옮겨지고, 직원은 Platter를 고객의 왼편에서 Showing을 하고, 고객이 원하는 만큼을 Server(Spoon & Fork)로 서비스한다. 시계 반대방향으로 돌면서 Service한다.

**■ 서비스의 특징**

① 주문된 요리를 비교적 빠른 시간 내에 제공할 수 있다.
② 접객 직원의 우아한 동작과 Server를 다루는 숙련된 기술을 요한다.
③ 모든 요리가 주방에서 준비되는 관계로 우아하고 아름답게 장식된다.

또한 이 서비스는 전형적인 연회행사용 서비스로서 카트 서비스에 비해 특별한 준비기물이 필요치 않으며 아울러 시간이 절약되는 형태의 서비스이다.

## 3) 플레이트 서비스(Plate Service)

이 서비스 형식은 아메리칸 서비스(American Service)라고도 하는데, 프렌치 서비스나 러시안 서비스보다 화려하지는 않지만 식당에서 일반적으로 이루어지는 서비스 형태로서 서비스 중에서 가장 신속하고 능률적이다. 고급식당을 제외하고는 대부분의 식당에서 이 방법을 취하고 있다. 이 서비스의 특징은 모든 음식이 주방에서 접시(Plate)에 담겨, 접시째로 운반하여 서비스되는 형식으로 신속한 서비스를 할 수 있지만 음식이 비교적 빨리 식어 고객의 미각을 돋우지 못한다. 종사원 한 사람이 동시에 많은 고객을 담당할 수 있으므로 고급식당보다는 고객 회전이 빠른 식당에 적합하다.

■ **서비스의 특징**

① 요리를 빠른 시간에 제공한다.
② 종사원의 숙련도가 그다지 요구되지 않는다.
③ 트레이(Tray) 서비스와 플레이트(Plate) 서비스로 나누어진다.
④ 배정된 스테이션(Station)에서 일어나는 서비스를 책임 있게 완성시킬 수 있다.
⑤ 요리는 주방에서 장식되어 나온다.
⑥ 고객의 수가 많을 경우 서비스 트레이로 운반한다.
⑦ 고객의 오른쪽에서 오른손으로 시계방향으로 서비스한다.
⑧ 종사원의 행동범위를 국한시키고 불필요한 노동력을 줄일 수 있다.
⑨ 팀원 한 사람이 보다 많은 고객을 담당할 수 있다.
⑩ 고객의 미각을 돋우지 못한다.
⑪ 음식이 비교적 빨리 식는다.
⑫ 고급식당보다는 회전이 빠른 식당에서 적합하다.

### 4) 패밀리 서비스(Family Service)

패밀리 서비스는 영국식 서비스(English Service)라고도 불리며 모든 음식이 플래터나 큰 접시에 담겨 테이블로 운반되면 테이블에서 주빈(또는 종사원)이 카빙(Carving)하여 각 접시에 담아서 모든 사람에게 돌려주거나 그렇지 않으면 카빙된 큰 접시를 돌려가면서 각자가 덜어 먹는 형식이다.

이 형식의 서비스는 가족적인 소연회나 칠면조가 제공되는 미국식 추수감사절 만찬에 적합하다.

### 5) 뷔페 서비스(Buffet Service)

뷔페 서비스는 진열된 요리식탁에서 고객 자신이 원하는 음식을 스스로 날라다 먹는 일종의 셀프서비스(Self Service) 형식이다. 뷔페는 수프나 샐러드와 같은 간단하고 작은 것부터 호화로운 뷔페까지 그 종류가 매우 다양하다. 뷔페 서비스는 일종의 셀프서비스이고 요리들은 주문요리가 아니기 때문에 미리 만들어 준비하여 놓을 수 있다. 따라서 소수인원으로 많은 고객을 서비스할 수 있는 장점이 있다.

- Open Buffet(Restaurant) : 일정금액을 지불하면 무한정 먹을 수 있도록 음식이 계속 제공
- Close Buffet : 정해진 인원이 넉넉히 식사할 수 있도록 계약에 의해 일정한 음식만 제공

# 제4절 식음료부문의 서비스 조직

식음료부문 경영에 있어 조직은 경영의 한 과정으로 인식된다. 이것은 호텔의 규모가 커지고 전문화되어 일반기업의 경영활동과 마찬가지로 호텔의 경영도 고도화되었다. 따라서 효율적인 호텔경영을 위해 식음료부문에 대한 조직도 경영조직의 기본이념에 입각하여 조직의 형태가 이루어지는 것이므로 각 업무가 합리적으로 구성되어야 한다.

조직이란 일반적으로 어떤 목적을 달성하기 위해 혼자 해야 할 일을 타인과 협력해서 하는 것이 효율적인 경우에 형성된다. 좀 더 구체적으로 표현하면 조직은 수행해야 할 일을 명시하고 개인을 집단화하여 책임과 권한을 규정하고 위임하여 소기의 목적을 달성하기 위하여 구성원들이 가장 효과적으로 협동하여 일할 수 있도록 직무관계를 설정하는 과정이다.

특히, 다양한 고객의 욕구를 충족시켜 줌으로써 수익증대의 목적을 달성할 수 있는 식음료부문은 조직구성원에 의한 인적 서비스를 통해 각종 정보를 제공하여 고객의 수요를 확산시키고 구매행동으로 유도하는 중요한 역할을 수행한다. 따라서 식음료부문의 조직구성원은 고객의 물질적 기대와 심리적 기대를 동시에 충족시킬 수 있는 소비자 지향적인 수준 높은 서비스기법을 갖추어 판매촉진을 위한 합리적인 경영활동의 조직체계를 갖추어야 한다.

이와 같이 조직의 목적과 목표를 달성하기 위해서는 각 구성원의 직무를 규정하는 일과 일정한 권한과 책임을 할당하여 각 직무의 상호관계를 정하는 것을 중심과제로 삼아 업무를 능률화시키고 경영활동을 촉진시키는 데 그 의의가 있다.

〈그림 6-1〉 호텔 식음료부서 조직도

# 제5절 식음료부문의 직무분석

직무분석이란 해당직무를 수행하기 위해 요구되는 사항을 명시해 놓은 것을 말한다. 이 같은 식음료부문의 직무를 분석하는 대상은 두 가지로 구별할 수 있다. 하나는 개개의 인적 구성원의 직책을 중심으로 하는 개별직무분석이고, 다른 하나는 각 단위영업장의 직무를 분석하는 것으로 대변된다. 후자의 경우는 영업장의 실제 운영편에서 언급하기로 하고 여기서는 전자의 개별직무분석을 중심으로 설명하고자 한다.

국내호텔 식음료부문의 직제는 호텔에 따라 약간의 차이는 있지만 대부분이 '식음료 부장－식음료 차장－업장지배인－부지배인－캡틴－웨이터－어시스트웨이터－실습생'으로 구성되어 있다. 따라서 이들 각각의 직무를 분석하면 다음과 같다.

## 1 식음료 부장(F&B Director)

식음료부문의 최고 책임자로서 영업의 계획 및 정책의 수립, 영업장의 관리, 감독, 종사원의 인사관리 등 식음료의 전반적인 운영에 대한 책임을 진다. 의사전달(Communication)자로서 여러 형태의 경영진 회의에 참여하며, 각 영업장 지배인회의를 주재하여 정보전달을 하거나 업무지시를 한다.

## 2 지배인

식음료 이사의 영업정책 및 운영지침에 따라 인 룸 다이닝의 원활한 운영과 목표를 효과적으로 달성할 수 있도록 팀원들을 지휘 감독하며, 고객에게 훌륭한 서비스를 할 수 있도록 팀 리더로서의 역할 수행과 고객에게 쾌적한 분위기와 양질의 요리가 제공될 수 있도록 주방부서와 기타 관련부서 간의 긴밀한 협조관계를 이룩한다.

### 1) 업장관리

① 재고관리 및 영업에 필요한 물품청구를 지시 감독한다.
② 영업장의 청결과 정돈 및 분위기를 관리한다.
③ 영업개시 및 영업종료 시 안전관리에 만전을 기한다.
④ 영업장에서 진행되는 모든 업무를 총괄적으로 지휘, 감독과 책임을 다한다.
⑤ 고객에게 최상의 서비스를 제공하기 위하여 호텔 내 다른 업장의 행사, 활동에 대하여 효과적인 커뮤니케이션을 유지한다.
⑥ 고객의 의견, 불만사항, 그리고 영업정보 등이 기록된 로그 북을 유지하고 매일 영업 후 식음료 사무실에 제출한다.
⑦ 그 외 상사가 요구하는 추가업무를 처리한다.

### 2) 재무관리

① 매출관리 및 영업수익을 관리한다.
② 영업에 필요한 경비지출을 계획하고 보고한다.
③ 기물(OPE) 및 집기 · 비품(FF&E : Fixture Furniture and Equipments)을 적정유지하고 청구한다.

## 3) 마케팅 관리

① 월 1회 마케팅 회의에 참석한다.
② 당해연도 영업계획과 시행에 따른 과정 및 결과를 보고한다.
③ 경쟁사 영업현황과 유행(Trend)을 미리 파악하여 신상품의 개발과 매출관리에 주력한다.
④ 경쟁사의 특별 판촉행사, 새로운 칵테일, 음료, 고객 수, 평균매출 등에 항시 주의를 기울인다.

## 4) 고객관리

① 고객대장 작성을 관리 감독한다.(지속적 업데이트)
② 고객의 불평처리 및 예방에 주력한다.
③ 고객의 취향을 파악하여 지속적으로 업데이트를 한다.

## 5) 인력관리

① 업장의 적정서비스 인원계획을 보고하고 유지한다.
② 직원들의 근태관리의 일환인 Monthly Attendance Report, Time Report, Payroll Report, Working Schedule, 휴가 계획서를 작성하고 보고한다.
③ 직원들의 PDR(인사고과)을 시행하여 승진 및 전보를 요청한다.
④ 정기적으로 직원들을 개별면담을 시행한다.
⑤ 모든 신입사원은 교육프로그램을 이수토록 한다.

## 6) 재산관리

① 영업에 필요한 집기, 비품들의 유지관리에 힘쓰고 해당부서와 협조하여 수리의뢰를 한다.
② 기타 시설의 안전관리에 필요한 조치를 강구한다.

③ 업장의 운영장비, 기물, 액세서리 등이 잘 정돈되어 있는지 확인한다.

④ 청결, 운영장비 및 가구의 작동상태를 점검하고 이에 따른 수리지시 및 이행상태를 확인한다.

## 7) 커뮤니케이션

① 매일 직원조회를 주관하여 각종 정보의 하달과 원활한 의사소통에 노력한다.

② 매월 1회 정기적으로 직원의 커뮤니케이션 미팅을 주관하여 의사소통을 원활히 하며 합의된 사항을 보고한다.

③ 호텔 내 영업에 관련된 모든 부서장과 의사소통을 원활하게 유지한다.

④ 메뉴 변경에 관해 조리부와 협의하고 서비스에 차질이 없도록 한다.

⑤ 고객 및 직원들과 지속적인 커뮤니케이션을 유지한다.

⑥ 객실관리부, 시설부 등 타 부서와 원활한 협조를 한다.

## 8) 서비스 교육관리

① 직원들의 교육훈련계획 및 OJT(On the Job Training)를 주관하고 감독한다.

② 지원들의 위생과 청결유지를 지속적으로 체크하고 교육한다.

③ 호텔의 시설과 고객의 안전을 위해 필요한 안전수칙을 교육한다.

④ 기물 파손을 최소화하기 위하여 주기적으로 교육한다.

## 9) 문서관리

① 매출액을 기록 및 보고(Log Book)한다.

② 업장에 전달된 모든 문서를 분류하여 일정기간 열람케 하고 보관하도록 지시한다.

③ 상부에 보고한 문서를 복사(Copy)하여 일정기간 보관하도록 지시한다.

④ 기타 서류의 보관 및 관리를 지휘 감독한다.

### 10) 기타 관리

습득물을 하우스키핑(Housekeeping)에서 보관하도록 요청한다.

## 3 부지배인

① 평상시 지배인을 보좌하여 영업장 운영관리와 팀원 간, 다른 부서원들과의 업무협조를 조정하고, 대고객 서비스 관리를 주업무로 하며, 지배인 부재 시 업무를 대행한다.

② 근무자의 정시 출근 및 업무수행에 관한 모든 규칙과 규정이 제대로 이행되고 있는지 관리한다.

③ 지배인으로부터 위임받은 행정서류를 작성하고 보고한다.

④ 지배인으로부터 위임받은 교육을 철저하게 준비하여 실시한다.

⑤ 업장에 각종 불편사항을 처리하고 방지책을 강구한다.

⑥ 업장의 지배인, 주방장, 직원 상호 간 원활한 커뮤니케이션을 위해 조정자 역할을 수행한다.

⑦ 고객과 팀원 간에 원활한 서비스와 커뮤니케이션이 될 수 있도록 조정자 역할을 수행한다.

⑧ 항상 팀원들에게 자신감과 소속감을 느낄 수 있도록 긍지를 심어준다.

⑨ 예약현황과 준비사항을 점검하고 각 담당자에게 임무에 대한 세부사항을 지시한다.

⑩ 경쟁사 메뉴가격, 매출비교를 월별로 파악하여 지배인에게 보고한다.

⑪ VIP(Very Important Person)고객이나 특별한 고객은 직접 서브를 담당할 수 있다.

⑫ 고객의 반응과 요구사항을 체크하여 시정하도록 한다.

⑬ 업장의 시설물 점검과 안전관리를 체크하여 보고하고 처리한다.
⑭ 영업에 필요한 OPE, FF&E를 관리 감독한다.
⑮ 영업에 필요한 계획 및 시행 등을 지배인과 상의하여 원활하게 영업이 이루어질 수 있도록 한다.

## 4 그리트리스(Gretress)

그리트리스는 업장의 지배인과 부지배인의 업무를 보좌하고 고객의 영접과 안내 그리고 예약업무를 담당하는데, 그 직무를 살펴보면 다음과 같다.

고객을 안내할 수 있도록 테이블을 계획하고 숙지한다. 예약업무, 좌석 안내절차 등에 능통해야 하며 지배인의 지시를 받는다. 고객을 위해 호텔 내의 시설물들을 잘 숙지해야 한다. 예약을 받을 때는 가능한 충분한 시간을 두고 받아야 한다.

## 5 캡틴

지배인과 부지배인을 보좌하여 영업장의 최종 접객 책임자로서 직원들 근태, 위생상태를 점검, 특히 풍부한 상품에 대한 지식을 가지고 대고객 서비스 관리에 힘쓴다.

① 당일 스페셜 고객 및 VIP(Very Important Person)고객을 체크하여 이에 필요한 준비사항을 점검한다.
② 접객 책임자로서 영업 준비상태와 웨이터 및 버스 보이의 복장 및 용모를 점검하고 예의 바른 태도로 서비스에 최선을 다 하도록 지시한다.
③ 웨이트리스(Waitress)와 버스 보이(bus boy)에게 필요한 교육을 담당한다.
④ 호텔 내의 전반적인 사항을 숙지하고 고객에게 정보를 제공할 수 있어

야 한다.

⑤ 음식과 음료에 대한 깊은 지식을 가지고 있어야 한다.

⑥ 캐셔로서 최종 마감과 Fond를 체크하며, 시간대별 캐셔 리포터를 출력한다.

⑦ 식음료가 올바르게 서브되도록 확인하며, 같이 돕는다.

⑧ 각종 기물, 리넨, 시설물 수량을 파악하고, 청결하게 유지, 보관, 사용하도록 한다.

⑨ 계산서를 체크하고 고객의 요구에 의한 계산서를 제공한다.

⑩ 고객에게 회사 및 업장의 좋은 이미지를 줄 수 있도록 하여야 하며 컴플레인 발생 시 지배인 또는 부지배인에게 즉각 보고한다.

⑪ 항상 최선의 서비스를 할 수 있도록 만반의 태세를 갖추어야 하며 다른 동료직원이 바쁠 때는 도와준다.

⑫ 팀원들의 사이드 업무를 관리 보좌하며, 요일별로 점검한다.

⑬ 일일 로그 북(Daily Log Book)을 작성하여 보고하고, 캐셔링 리포트를 작성한다.

⑭ 기타 지배인으로부터 위임받은 행정서류를 작성하여 보고한다. (경쟁사 매출 비교표 작성, 고객대장 정리, 각종 주문, 분실물 등)

⑮ 지배인과 팀원 사이에서 업장의 대소사를 세심하게 체크하여 로그하고 보고한다.

## 6 웨이터

① 캡틴을 보좌하여 주문된 식음료를 직접 취급하여 고객에게 제공하고, 각 책임구역에 대한 준비 및 정리 정돈을 관장하고 상품에 대한 지식과 서비스품질 향상에 노력한다. 근무 전 청결한 복장과 용모를 갖추며, 출근하여 보고 후 영업에 필요한 준비를 한다.

② 출근 즉시 지배인 또는 부지배인으로부터 당일 영업에 필요한 사항을 듣는다.

③ 서비스 스테이션과 테이블을 세팅한다.

④ 영업 전 예비기물 및 소스류, 리넨류, 소모품을 파악하고 청구하여 결재 후 수령한다.

⑤ 할당된 구역과 부수적인 업무를 파악하고 이행한다.

⑥ 테이블 정리 및 서비스 구역이 잘 정리되었는지를 점검하고, 버스 보이를 지도하며 도와주어야 한다.

⑦ 음식과 음료를 서브한다.(고객의 성함과 존칭을 사용)

⑧ 항상 영업에 필요한 기물들(접시류, 은기류, 글라스류, 소스류, 리넨 등)을 청결하게 유지한다.

⑨ 각 조에서 팀원의 위치를 파악한 후 이에 맞는 일을 수행한다.

⑩ 팀원에게 할당된 사이드 업무를 숙지하고 수시로 체크한다.

⑪ 항상 고객에게 좋은 이미지를 갖도록 노력한다.

⑫ 회사의 제반 규정을 준수한다.

⑬ 기타 지시된 업무를 수행한다.

## 7 웨이터 보조

웨이터를 보좌하여 식음료 서브를 도와주며, 영업에 필요한 기물의 보급 및 청결하게 세척하여 지정된 장소에 정리 정돈하고, 서비스 노하우를 빠른 시일에 습득하도록 노력한다. 웨이터의 업무를 보좌하여 돕는다.

① 주방에서 나온 음식을 스테이션까지 전달하고 돕는다.

② 식당에 필요한 기물(은기류, 접시류, 글라스류, 리넨 등)을 각 스테이션과 정해진 장소에 정결하게 하여 보급한다.

③ 사용이 끝난 접시들과 글라스들을 세척장소로 옮긴다.

④ 사용한 기물과 카트 등을 닦고 정리 정돈을 한다.

⑤ 서비스 매뉴얼, 호텔 규정, 긴급 시 유의사항을 숙지하도록 노력한다.

⑥ 언제나 최선의 서비스를 제공할 수 있도록 만반의 태세를 갖추어야 하며, 동료들이 바쁠 때는 협동하여야 한다.
⑦ 기타 지시된 업무를 수행한다.
⑧ 지배인이 주관하는 모든 브리핑 및 커뮤니케이션 미팅에 참가한다.

# 제7장
# 메뉴 해설

# 제1절 메뉴

## 1 메뉴의 정의

메뉴란 라틴어 "Minutus"에서 유래한 말로 아주 작은 표(Small or Small List)라는 뜻이다. 즉 식사의 종류를 나열해 놓은 아주 작은 차림표이다. 그러나 오늘날 호텔에서 상업적으로 쓰이는 메뉴는 결코 작지 않으며 날이 갈수록 점점 다양화되고 고급화되는 추세에 있다.

호텔에서 식음료를 상품으로 판매하는 장소에서의 메뉴란 고객에게 제시하기 위하여 식음료의 품목과 가격을 작성 기록하여 고객이 식음료를 구입하는데 필요한 정보를 제공하는 차림표라고 할 수 있다.

메뉴란 오늘날 세계공용으로 통용되고 있으며, 우리나라에서는 식단 혹은 차림표라고 부르며 프랑스어로는 Carte, Carte de Jour, 영어로는 Bill of Fair, 스페인어로는 Minuta, 독일어로는 Speisekarte, Tageskarte, 일본어로는 虛立表(곤다데효), 중국어의 菓果子 등으로 불린다. 현대 호텔경영에 있어 메뉴란 단순히 품목과 가격을 기록한 데 그치는 것이 아니라 고객과 기업체를 연결하는 판매촉진의 모체로서 '판매원의 역할'을 할 뿐만 아니라 고객과 호텔 간의 식음료를 제공하는 '계약서의 역할'도 하며, 고객의 식음료를 판매하는 데 있어 자세한 설명을 제공하는 '설명서의 역할'도 겸하므로 현대 호텔의 식음료 경영에 있어 메뉴는 매우 중요한 부분이다.

따라서 오늘날 사용되는 메뉴를 정의하면 다음과 같다.

"메뉴란 고객이 알기 쉽고 보기 쉽도록 식음료의 품목과 가격을 작성 기록하여 고객이 식음료를 주문하는 데 필요한 정보를 제공하고 고객과 호텔 간의 식음료 제공을 약속하는 차림표"라고 할 수 있다.

## 2 메뉴의 종류

메뉴는 여러 가지 특성에 따라 여러 종류의 메뉴로 나누어지나 일반적으로 다음의 3가지로 크게 분류할 수 있다.

① 시간적 분류
Breakfast, Brunch, Lunch, Afternoon Tea, Dinner, Supper

② 내용적 분류
Table D'hote, A La Carte

③ 식사형태에 의한 분류
Seafood Menu, Steak Menu, Children's Menu, 기타 Special Menu

### 1) 시간적 분류

식사가 제공되는 시간에 따른 분류로 크게 다음의 4가지로 나누어진다.

#### (1) Breakfast(06:00~10:30)

아침식사로 제공되는 모든 요리를 일컫는데 일반적으로 양식당에서 제공되는 Breakfast는 American Breakfast와 Continental Breakfast로 나누어진다.

① American Breakfast

달걀요리가 곁들여지는 아침식사 : 달걀요리(Egg Dish)+빵 종류(Toast or Bread)+주스류(Juice)+커피나 홍차(Coffee or Tea)

② Continental Breakfast

달걀요리가 곁들여지지 않는 아침식사 : 빵종류(Toast or Croissant, Danish)+주스(Juice)+커피나 홍차(Coffee or Tea)

③ English Breakfast

American Breakfast에 간단한 생선요리가 추가되는 조식

정해진 아침식사 외에도 고객이 주문해서 먹을 수 있는 여러 종류의 알라카르트 메뉴가 있다.

아침에 주문해서 먹을 수 있는 알라카르트 메뉴에는 여러 종류가 있으나 대부분의 호텔에서 공통적으로 갖춘 메뉴로는 주스류, 시리얼류, 여러 종류의 달걀요리, 뜨거운 케이크류, 과일류, 빵종류, 차종류 등이 있다.

### (2) Brunch(10:30~14:30)

아침 겸 점심을 먹는 식사로 현대인들이 주말이나 공휴일에 늦게 일어났을 때 식사하는 것이다. 아침식사와 점심을 겸한 메뉴로 간단한 뷔페로 제공한다.

### (3) Lunch(Luncheon)(11:30~14:30)

일반인들이나 비즈니스맨이 빠르고 간단하게 먹을 수 있는 주방장 특선메뉴나 그날의 특선메뉴로 구성되어 있다.

### (4) Afternoon Tea(14:30~18:00)

영국인의 전통적인 식사습관으로 간단한 후식과 샌드위치 그리고 음료가 제공되는 간식으로서 뷔페로 제공된다.

### (5) Dinner(18:00~22:30)

저녁식사로 제공되는 요리로 메뉴가 정식코스(Full Course)로 구성되고 음료 및 주류 등이 함께 제공되기도 한다. 그러나 오늘날에는 Dinner도 간단하게 A La Carte로 주문하여 먹기도 한다.

#### (6) Supper(22:30~24:00)

여행에서 시차적으로 늦은 시간에 객실이나 라운지에서 가벼운 샌드위치나 샐러드가 제공된다.

### 2) 내용적 분류

식사가 제공되는 내용에 의한 분류로서 정식차림표(Table D'hote)와 일품요리차림표(A La Carte)로 나누어진다.

#### (1) Table D'hote(정식차림표)

이 메뉴는 정해진 순서에 따라 제공되는 메뉴로서 매일 변화를 주며 작성되기도 하고, A Course, B Course 등으로 구분되기도 한다. 때로는 장기간 실시하는 Full Course Menu로서 정해진 가격에 의해, 정해진 순서대로 제공되는 요리를 말한다. Table D'hote로 제공되는 요리의 순서는 전채(Appetizer), 수프(Soup), 생선요리(Fish), 셔벗(Sherbet), 주요리(Entree), 샐러드(Salad), 디저트(Dessert), 커피 또는 홍차(Coffee or Tea) 등의 순서로 짜인다.

#### (2) A La Carte(일품요리 차림표)

고객의 기호에 따른 주문에 의하여 제공되는 요리로 각 코스별로 여러 종류를 나열해 놓고 고객이 골라먹을 수 있게 만들어진 차림표이다. 일품요리 메뉴는 고객이 기호에 따라 먹을 수 있는 유리한 점이 있으나 대체로 가격이 비싸다는 단점이 있다.

### 3) 식사형태에 의한 분류

제공되는 요리의 특성에 따른 분류로서 크게 양식메뉴, 중식메뉴, 일식메뉴, 한식메뉴 등으로 나누어지며 특별히 고객이 선택할 수 있는 Steak Menu, Seafood Menu, Children's Menu, Daily Special Menu, Season Special Menu 등도 있다.

## 3 메뉴계획

메뉴를 작성한다는 것은 하나의 예술품을 만드는 것과 같다. 호텔식당에서의 메뉴는 그 식당의 특성을 나타내는 간판이므로 세심한 준비로써 꾸며져야 한다. 메뉴의 성공적인 계획이나 제작은 제공될 여러 종류의 음식을 판매하기 전에 어떤 고객에게 어떤 재료를 가지고 어떻게 조리하여 어떤 가격으로 어떻게 판매할 것인가를 사전에 종합 검토하여 작성하는 과정을 말한다. 즉, 식당의 메뉴는 식사의 종류 및 특성에 따라 알맞은 메뉴를 작성해야 한다. 일반적으로 메뉴를 작성할 때는 주방장에 의해서 꾸며지지만 때로는 식당지배인과 같이 상의하는 것이 바람직하다.

■ 메뉴를 계획하는 데 있어 중요한 사항을 살펴보면 다음과 같다.

**① 고객의 욕구 파악**

고객이 호텔식당을 이용함에 있어서 어떤 식당에서 무엇을 원하는지 잘 파악하여 메뉴계획을 세워야 할 것이다.

현대적 호텔식당의 메뉴는 고객의 기호에 맞추어 메뉴, 서비스, 장식 등을 하여 그 식당의 메뉴 판매방향을 설정하여야 한다.

**② 원가와 수익성 조사**

메뉴를 계획함에 있어서 빼놓을 수 없는 것이 식재료의 원가와 판매수익성이다. 식당의 식음료서비스에 있어서 원가관리계획을 철저히 세워서 원가가 높은 품목의 부담을 덜어 판매가격의 인상을 줄이는 것이 중요한 문제이다.

### ③ 식재료의 준비

메뉴 작성자는 메뉴를 구성하기 전에 판매할 품목에 어떤 식재료가 필요한가를 먼저 알아야 한다. 따라서 냉장고에 남아 있는 재고를 먼저 알아서 이에 대한 메뉴를 작성해야 하며, 구성되는 메뉴의 식재료가 시장에서 공급될 수 있는가를 파악해야 한다.

### ④ 조리기구의 한계성 파악

메뉴 작성자는 사용 가능한 조리기구의 한계성을 잘 파악해야 하며 또한 작성되는 메뉴가 조리인원에 너무 부담스럽지 않은지도 고려하여 메뉴계획을 세워서 어떤 품목은 어떻게 조리해야 하는지에 대한 계획도 수반되어야 한다.

### ⑤ 영양적 요소 고려

식당메뉴를 작성할 때는 균형 있는 영양을 고려하여 작성해야 한다. 특히 호텔식당의 메뉴를 작성할 때는 작성된 메뉴가 영양 손실을 방지하는 기술과 아울러 종류의 다양화를 꾀하여 고객을 유치하는 수단으로 사용되어야 한다.

### ⑥ 다양성과 매력성 가미

어떤 식음료서비스를 막론하고 아무리 좋은 메뉴일지라도 제공되는 요리는 고객의 식욕을 돋울 수 있는 매력을 가져야 한다. 이것은 메뉴 작성자의 창조적인 노력과 연구에 의해 가능하다. 식음료의 다양성은 제공되는 식음료의 모양, 색깔, 향기, 온도, 서비스의 방법 등에 따라 나타내질 수 있다. 또한 메뉴 작성자는 계절적 요소를 잘 가미하여 계절에 알맞은 식재료를 주기적으로 변화있게, 다양하게 사용하여 고객의 매력을 유도할 수 있도록 개발해야 한다.

#### ⑦ 메뉴의 구성 고려

메뉴를 구성함에 있어서 무엇보다도 고객에게 식당의 좋은 인상을 심어줄 수 있게 표현되어야 하며 이해하기 쉽게 표기되어야 한다. 메뉴를 구성할 때는 고객이 음식을 쉽게 선택할 수 있어야 하며, 따라서 읽기 쉽고 결정하기 쉬워야 한다.

## 4 메뉴 작성 시 유의사항

메뉴를 작성할 때, 메뉴 작성자는 어디에서, 어떤 형태로, 어떤 고객을 상대로 할 것인가를 먼저 연구해야 한다. 일반적으로 메뉴는 식당의 형태, 특성에 따라 구성상에 있어서 약간의 차이가 있지만 메뉴를 작성하는 데 있어서 지켜야 할 기본적인 원칙은 다음과 같다.

#### ■ 메뉴 작성의 기본원칙

① 같은 종류의 음식이 한 메뉴에 중복되면 안 된다.

예를 들어 닭고기 수프(Chicken Noodle Soup)가 제공될 경우 주요리(Main Dish)에서는 닭(Chicken)요리가 제공되지 않아야 한다.

② 음식의 색깔에는 변화가 있어야 한다.

예를 들어 흰살 생선요리(White Fish)가 제공될 경우 흰살 육류(White Meat)요리가 제공되지 않는 것이 좋다.

③ 비슷한 소스는 중복되지 않아야 한다.

예를 들어 베어네이즈(Bearnaise) 소스가 육류요리에 제공된다면 생선이나 채소에는 홀랜다이즈(Hollandaise) 소스가 제공되지 않아야 한다. 왜냐하면 두 가지 소스의 재료가 같기 때문이다.

④ 조리방법이 중복되지 않아야 한다.

예를 들어 생선튀김(Fried Fish)을 제공한 후에 닭튀김(Fried Chicken)을 제공하지 않아야 한다.

⑤ 식사는 순서에 따라서 균형 있게 구성되어야 한다.

예를 들면 수프(Soup), 생선(Fish), 주요리(Entree) 순으로 경식(Light Food)으로 연결되어야 한다.

⑥ 주요리와 함께 제공되는 채소(Salad)는 달지 않아야 한다.

⑦ 일반적인 주요리와 채소요리는 분리해서 제공되어야 한다.

⑧ 메뉴상의 표기는 식당의 특성에 따라 그 나라의 표기대로 기술함을 원칙으로 한다.

# 제2절 메뉴 구성내용

## 1 전채(Appetizer ; Hors D'oeuvre)

### 1) 전채의 정의

전채란 식사 전에 제공되는 모든 요리를 총칭하여 부르는 말로 Hors는 식사 전, D'oeuvre는 식사를 의미한다. 따라서 전채란 식욕을 촉진시킬 수 있는 요건을 갖추고 있어야 한다.

전채(Hors D'oeuvre)는 Hering's Dictionary에는 "Appetizer Ought to be Small Dainty and…" 즉, 분량이 적은 요리로서 맛과 풍미를 갖추고 식욕을 촉진시킬 수 있는 요리를 일컫는다.

오늘날 프랑스 요리에서는 빼놓을 수 없는 중요한 식전요리 코스로서 Hors D'oeuvre의 유래를 살펴보면 13세기 마르크 폴로가 중국을 다니면서 냉채를 모방하여 이탈리아를 거쳐 프랑스로 건너갔다는 설과, 러시아의 자쿠스키(Zakuski)라는 요리가 오늘날에 이르러 Hors D'oeuvre로 발전되었다는 2가지 설이 있다.

각국별 명칭을 살펴보면 영어로는 Appetizer, 프랑스어로는 Hors D'oeuvre, 스페인어로는 Antradas 등으로 불린다.

## 2) 전채의 종류

전채는 크게 2종류로 분류되는데 종류별로 살펴보면 다음과 같다.

### (1) 온도에 의한 분류

**① 찬 전채(Cold Appetizer ; Froid)**

거위간 요리(Goose Liver), 철갑상어알 요리(Caviar), 훈제연어(Smoked Salmon), 생굴요리(Fresh Oyster), 말린 햄과 참외(Raw Ham/Melon), 오리간 파테(Duck Liver Pate), 새우칵테일(Shrimp Cocktail), 게살요리(Crab Meat), 훈제 송어요리(Smoked Trout), 신선한 과일(Fresh Fruit)

**② 더운 전채(Hot Appetizer ; Chaud)**

달팽이요리(Snail : Escargot), 구운 굴요리(Baked Oyster), 튀긴 양송이요리(Fried Mushroom), 넙치요리(Fillet of Sole), 새우튀김(Gambas), 구운 바닷가재(Broiled Lobster), 홍합요리(Mussel), 개구리 다리요리(Frog Leg)

### (2) 가공형태에 의한 분류

**① 가공하지 않은 전채(Plain Appetizer)**

햄(Ham), 올리브(Olive), 오이절임(Pickle), 생굴(Oyster), 소시지(Sausage), 치즈(Cheese), 살라미(Salami), 과일(Fruit)

**② 가공한 전채(Dressed Appetizer)**

과일주스(Fruit Juice), 카나페(Canape), 고기완자(Meat Ball), 달걀요리(Stuffed Egg), 게살요리(Crab Meat)

## 2 수프(Soup ; Potage)

### 1) 수프의 정의

수프는 식사의 첫 번째 코스로서 영양가가 매우 높을 뿐 아니라 건강유지에도 좋아 여러 가지 방법으로 만들 수 있으나, 일반적으로 스톡(Stock)을 기본으로 하여 만들어지는데 모든 수프를 만드는 데는 백색(White Color), 혹은 갈색(Brown Color) 등 수프의 종류에 따라 재료를 잘 선택해야 하며 수프를 끓일 때는 서서히 끓여 찌꺼기를 잘 걸러낸 뒤 건져낸다. 쇠고기 스톡(Beef Stock)으로 만들어지는 콩소메(Consomme)는 첫 번째 과정에서 맑게 하여야 하며 두 번 정제하는 일이 없어야 한다.

수프를 정의하면 "고기뼈나 고기조각을 채소와 향료를 섞어 끓여낸 국물 즉, 스톡을 기본으로 하여 각종 재료를 넣어 만들어진 것"을 뜻하는데 모든 수프는 스톡을 기본으로 하여 만들어지므로 먼저 스톡(Stock)의 종류를 살펴보면 다음과 같다.

### 2) 스톡(Stock)의 종류

#### (1) Beef Stock : 쇠고기 스톡

① White Stock

소뼈나 송아지의 기름기가 없는 무릎뼈나 정강이뼈에 채소다발과 향료를 넣고 3~4시간 이상 서서히 끓여서 찌꺼기를 걸러낸 후의 국물이다.

Mirepoix, Carrot, Onion, Celery Heart, 1/2Bay Leaf, Thyme

② Brown Stock

소뼈나 송아지뼈를 잘게 썰거나 깨뜨려서 채소, 기름과 함께 잘게 볶다가 갈색으로 되었을 때 물을 붓고 서서히 끓여 후추나 소금을 가미하여 찌꺼기를 걸러낸 후의 국물이다.

### (2) Fish Stock

생선의 뼈나 머리, 꼬리, 지느러미와 채소(당근은 제외)를 함께 넣고 갈색이 되도록 볶은 후 물을 붓고 다시 1~2시간 정도 끓인 다음 후추와 레몬 껍질을 넣고 서서히 끓여 30분 후에 걸러낸다.

### (3) Poultry Stock

각종 가금류나 엽조류의 뼈나 날개 · 목 · 다리에 채소다발과 향료를 넣고 2~3시간 정도 끓인 후 백포도주와 후추 · 소금으로 양념하여 걸러낸다.

## 3 생선요리(Fish)

생선요리는 수프 다음에 제공되는 정식요리의 두 번째 코스로 알려져 왔으나, 요즈음에는 주식(Entree)을 대신한 주요리(Main Dish)로서 많이 찾기도 한다. 생선요리는 다른 요리와 달라서 신선도가 맛에 절대적인 영향을 끼치는 바 조리하기 전의 생선이 매우 신선해야 함은 물론, 결합조직이 없어 조리한 후 형태가 부스러지기 쉬우므로 서비스할 때에는 조심스럽게 다루어져야 한다. 생선요리를 제공할 때는 항상 머리 부분은 고객의 좌측으로, 배 부분은 고객의 앞쪽으로 가도록 놓아야 한다. 생선요리는 지방성분이 적고 결합조직이 없으며 비타민과 칼슘이 매우 풍부하므로 많은 사람들이 건강식으로 즐겨 찾을 뿐만 아니라 여성들도 많이 찾으며 또한 종교적인 문제로 인하여 육류 대신 많이 찾기도 한다.

## 4 육류요리(Meat)

일반적으로 호텔에서 육류요리로 많이 제공되는 것은 쇠고기(Beef), 양고기(Lamb), 돼지고기(Pork), 송아지고기(Veal) 등이다. 육류요리는 앙트레(Entree)로 제공될 수 있는데 앙트레(Entree)란 영어의 "Entrance"란 뜻으로 정찬의 중간코스(Middle)를 의미하였으나 오늘날에는 주요리로 제공되는 모든 요리를 앙트레(Entree)라고 부른다. 육류요리는 따뜻하게 제공되어야 하므로 사전에 앙트레 접시(Entree Plate)를 따뜻하게 데워 놓는다. 고객에게 제공할 때는 뜨거운 채소와 함께 커버(Cover)를 씌워서 낸다.

■ 호텔에서 제공되는 육류요리를 종류별로 살펴보면 다음과 같다.

### 1) Beef(쇠고기)

호텔에서 가장 많이 쓰이는 육류요리로 쇠고기 스테이크(Beef Steak)를 들 수 있는데 부위별로 살펴보면 다음과 같다.

#### (1) 안심(Tenderloin)

소 한 마리에 2개가 있고 육질이 연하고 부드러운 것이 특징이며, 평균 5~6kg 정도이다.

* 샤투브리앙(Chateaubriand) 쇠고기의 최고 안심 부분이며 가장 연한 것이 특징. 19세기 프랑스 귀족 샤토브리앙이 즐겨 먹었던 것으로 그의 주방장 몽미 레이유에 의해 고안되었다.
* 투르느도(Tournedos) : 1885년 프랑스 파리에서 시작된 것으로 눈 깜짝할 사이에 익는다. 베이컨에 감아 구워내는 요리
* 필레미뇽(Filet Mignon) : 작고 예쁜 Steak

### (2) 등심스테이크(Sirloin Steak)

영국의 왕 찰스 2세가 즐겨 먹던 고기로 이 스테이크에 남작의 작위를 수여할 만큼 즐겼다고 하여 Loin에 Sir를 붙여 Sirloin이라 불린다.

Sirloin Steak에는 Minute Steak, New York Cut, Doubue Texan 등의 Steak가 있다.

### (3) Rib Steak(갈비등심 스테이크)

등쪽에 있는 부위로서 두터우며 지방분이 많다.

Rib Steak로는 Rib Eye Steak, Roast Beef(Prime Rib) 등이 있다.

### (4) Porterhouse Steak(허리등심 스테이크)

허리부분 위쪽의 안심과 뼈를 같이 잘라낸 큰 스테이크를 말한다. 포터하우스 스테이크를 잘라낸 다음 조금 작은 부분을 자른 것을 T-Bone Steak라 한다.

이외에도 Rump Steak(엉덩이 부분), Round Steak(허벅지 부분), Flank Steak(배 부분) 등이 있다.

## 2) 송아지고기(Veal)

송아지는 생후 12주를 넘기지 않은 것으로 어미 소의 젖으로만 기른 것이 적은 지방층과 많은 양의 수분을 갖고 있어 연한 맛이 있다.

송아지고기 요리를 살펴보면 다음과 같다.

### (1) Scaloppine

다리 부분에서 잘라낸 작고 얇은 고기로 소금, 후추로 양념하여 밀가루를 뿌린 후 소테(Saute)하여 마데이라(Madeira) 소스를 곁들인다.

### (2) Veal Cutlet

뼈를 제거한 송아지고기를 얇게 저민 후 소금, 후추를 뿌리고 밀가루를 칠한 후 달걀, 빵가루를 입힌 다음 버터에 소테(Saute)하여 Veal Sauce와 함께 제공한다.

## 3) 양고기(Lamb)

1년 이하의 어린 양고기(Lamb)는 살이 부드럽고 맛이 담백한 반면 1년 이상 자란 양고기(Mutton)는 Lamb에 비하여 섬유질이 많아 약간 질기며 맛도 담백하지 못하다.

양고기 요리는 신앙문제로 인하여 중동지역 사람이나 유대인이 즐겨 찾는다. 양고기 요리를 살펴보면 다음과 같다.

### (1) Rack of Lamb

허리 부분의 뼈 달린 부분을 잘라서 양념을 뿌려 소테(Saute)한다. 오븐에서 익혀 껍질을 벗긴 다음 버터를 바른 뒤 양고기에 향료를 덮어서 샐러맨더(Salamander)에서 색깔을 내어 조리하는 것이다.

### (2) Lamb Chop

1년 이하의 양고기 로스부분을 얇게 잘라서 적포도주, 양파, 셀러리, 올리브기름으로 잰 후 고기를 소테(Saute)한 나음 백포도주로 조리해서 둥글게 썰어 놓는다.

## 4) 돼지고기(Pork)

돼지고기 요리는 주로 중국식당에서 많이 제공된다. 또는 뷔페식당에서 다량으로 사용하기도 한다.

### (1) Pork Chop

돼지갈비살 부분을 1~1.5cm 두께로 자른 후 소금, 후추를 뿌려 바비큐 소스와 함께 제공한다.

### (2) Pork Cutlet

돼지고기를 얇게 저민 후 소금, 후추를 뿌리고 밀가루, 달걀, 빵가루를 입힌 후 Frypan에 튀겨낸다.

## 5 가금류 요리(Poultry)

가금류 요리도 육류요리와 마찬가지로 앙트레(Entree)로 제공될 수 있는 요리로서 영양분이 풍부하여 육류요리를 싫어하는 고객이 즐겨 찾는다. 일반적으로 호텔에서 많이 쓰는 가금류는 닭(Chicken), 오리(Duck), 거위(Goose), 칠면조(Turkey) 등이다. 이외에도 비둘기(Pigeon), 메추라기(Quail) 등이 있으나 모든 가금류 요리는 지방질이 많아서 요리할 때 주의를 요한다. 가금류 요리를 할 때 많이 쓰이는 요리방법으로는 Broiled, Roasted, Fryed 등이 있다. 닭(Chicken)을 제외한 오리(Duck), 거위(Goose), 칠면조(Turkey) 등은 대부분 통째로 로스트하여 고객의 주문에 따라 썰어서(Carving) 제공되거나 특별행사 시 고객 앞에서 직접 썰어주기도 한다.

## 6 채소요리(Salad)

채소요리 즉 샐러드(Salad)란 라틴어의 Sal(소금)에서 비롯된 말로서 싱싱한 채소를 주재료로 하여 소금을 가미하면 되는 것이다. 그러나 오늘날에 이르러 샐러드(Salad)의 의미는 여러 종류의 채소와 과실, 생선, 육류, 조류 등을 주재료로 하여 여러 가지 특성의 드레싱(Dressing)과 함께 제공되기도 한다. 채소요리(Salad)에는 비타민 A와 C가 풍부하기 때문에 많은 사람이 즐겨 찾는다.

샐러드를 크게 분류하면 Simple Salad와 Combined Salad로 나누어진다. Simple Salad는 다시 Green, Leaf, Vegetable Salad로 나누어지며 Combined Salad는 Fruit, Fish, Meat, Poultry Salad 등으로 세분화시킬 수 있다. 샐러드는 앙트레 코스(Entree Course) 다음에 제공되는 것이 원칙이나 요즈음에는 앙트레(Entree) 전에 제공되기도 하고 때로는 앙트레(Entree)와 함께 제공되기도 한다. 샐러드는 반드시 차게 해서 제공되어야 하며 항상 신선한 상태를 유지해야 한다.

## 1) 드레싱(Dressing)의 종류

좋은 샐러드에도 좋은 샐러드 드레싱이 함께 제공되어야 한다. 드레싱(Dressing)은 샐러드의 맛을 한층 높여주는 데 없어서는 안 될 필수적인 것이다. 좋은 샐러드 드레싱은 최상급의 식초(Wine Vinegar)와 샐러드유(Salad Oil)를 기본으로 만들어진다.

기본적인 샐러드 드레싱을 살펴보면 다음과 같다.

**① 프렌치 드레싱(French Dressing Original)**

I Vinegar, 3 Oil, Salt, Pepper, Mustard, Hard Boiled Chopped Egg(or Herb)를 섞어서 만드는 것이 원칙이나 Worcestershire Sauce or Chili Sauce, Tomato Ketchup, Chopped Capers, Gherkins, Shallots 등을 함께 섞어서 만들기도 한다.

**② 아메리칸 프렌치 드레싱(American French Dressing)**

I Vinegar, Paprica, Salt & Pepper, Sugar, Garlic, Powder Egg Yolks, English Mustard, Worcestershire Sauce, 5 Oil

③ 1000 아일랜드 드레싱(Thousand Island Dressing Original)

Mayonnaise, Chili Sauce, Chopped Red & Green Peppers

④ 로크포르 치즈 드레싱(Roquefort Cheese Dressing)

Original French Dressing, Roquefort Cheese

⑤ 러시안 드레싱(Russian Dressing)

1000 Island Dressing(Original, American), Chopped Chives, Caviar

⑥ 머스터드 크림 드레싱(Mustard Cream Dressing)

Heavy Cream, Mustard, Lemon Juice

⑦ 마요네즈 드레싱(Mayonnaise Dressing)

Mayonnaise, Cream

⑧ 프루트 샐러드 드레싱(Fruit Salad Dressing)

Mayonnaise or Cream, Red Current, Jelly, Lemon Juice

⑨ 앤초비 드레싱(Anchovy Dressing)

Anchoby Paste, Hard Boiled Egg English Mustard, Oil, Lemon Juice, Sugar, Paprica, Sour Cream

지금까지 설명한 샐러드 드레싱 외에도 재료의 사용여부에 따라 여러 종류의 드레싱이 만들어질 수 있다. 드레싱은 드레싱 트레이(Dressing Tray)를 잘 점검하여 고객의 왼쪽에서 드레싱의 이름과 맛을 간단히 설명한 후 트레이 주위 등에 떨어지지 않도록 보기 좋게 또 조심스럽게 제공해야 한다.

## 7 후식(Dessert)

■ 여러 종류의 후식

후식(Dessert)은 주 식사가 완전히 끝난 후에 제공되는 것으로 감미로운 것을 의미하나 때로는 치즈 종류가 디저트로 제공되기도 한다.

디저트(Dessert)는 크게 찬 후식(Cold Dessert)과 뜨거운 후식(Hot Dessert)으로 나누어진다.

### 1) 찬 후식(Cold Dessert)

#### ① 아이스크림(Ice Cream)

우유, 크림, 사탕, 향료 등을 주원료로 여기에 연유, 분유, 무염버터를 첨가하여 교착제로 젤라틴, 알(卵), 물엿 등을 배합 냉결시켜서 만든 찬 후식이다.

- 종류 : Vanilla Ice Cream, Strawberry Ice Cream, Chocolate Ice Cream 등
- 아이스크림과 함께 제공되는 과일

#### ② 셔벗(Sherbet)

프랑스어로는 소르베(Sorbet)라고 불리며 과즙과 리큐어(Liqueur)를 사용하여 민든 빙과를 말한나.

- 종류 : Lemon Sherbet, Orange Sherbet, Cherry Sherbet 등

#### ③ 무스(Mousse)

달걀과 휘핑크림(Whipping Cream)을 이용해서 만들어 차게 얼린 것을 말한다.

- 종류 : Lemon Mousse, Chocolate Mousse, Banana Mousse 등

#### ④ 과일류(Fresh Fruit)

계절적으로 신선한 과일을 후식으로 제공하기도 한다. 과일류를 제공할 때

과일의 신선함과 맛을 돋우어주기 위해 아이스크림이나 각종 셔벗을 함께 제공하기도 한다.

- 종류 : Apple, Pear, Melon, Pineapple, Kiwi, Persimmon, Orange, Mandarin, Grapes, Plums, Banana, Watermelon
- 여러 종류의 과일

## 2) 더운 후식(Hot Dessert)

### ① 크레페 수제트(Crepes Suzette)

세계적으로 알려진 디저트로서 미리 만들어진 Pancake에 설탕, 오렌지, 레몬즙, 리큐어(Grand Marnier, Cointreau), 브랜디(Brandy) 등을 사용하여 고객 앞에서 직접 Flambee Service한다.

- Crepes(Pancake)의 재료 : 밀가루, 설탕, 소금, 달걀, 우유, 버터

### ② 체리 주빌레(Cherry Jubilee)

체리(Cherry)를 이용하여 만든 디저트로서 버터, 설탕(Brown Sugar), 체리주스, 오렌지주스, 키르슈(Kirsch) 등을 사용하여 고객 앞에서 직접 Flambee Service한다. 고객에게 제공할 때는 바닐라 아이스크림 위에 아몬드(Almond)와 휘핑크림(Whipping Cream)을 얹어서 함께 제공한다.

### ③ 수플레(Souffle)

크림 수플레와 프루트 수플레로 나누어지는데 크림 수플레는 무스 만드는 방법과 같고 프루트 수플레는 과일 저민 것과 함께 휘핑크림이 많이 들어간다.

- 종류 : Chocolate Souffle, Vanilla Souffle, Strawberry Souffle, Apple Souffle

## 3) 치즈류

■ **여러 종류의 치즈**

우유나 산양유 등을 레닛(Rennet : 치즈 제조에 쓰이는 송아지 제4위의 내막)에 유산균을 작용시켜 지방, 유당 및 무기물 등과 함께 응고시킨 후 발효시켜서 만든 것을 일반적으로 치즈라고 부른다. 치즈는 세계적으로 약 500여 종이 있으며 크게 분류하면 다음의 3종류로 나누어진다.

① Soft Cheese

Mozzarella, Camembert, Brie, Petif Munster, Feta Cottage, Cream Cheese

② Semi Hard Cheese

Dunlop, Cheddar, Gruyere, Roquefort, Brick, Causse, Breese

③ Hard Cheese

Parmesan(Very Hard), Edam, Emmental, Gouda, Provolone, Bonbel

위와 같은 Cheese 중에서도 가공된 모양이나 형태에 따라 Blue-Viened Cheese 혹은 Processed Cheese, Smoked Cheese 등으로 부르기도 한다.

## 8 식후음료(Coffee or Tea)

식후음료로 가장 보편화된 기호음료로 커피와 홍차를 많이 마신다.

### 1) 커피(Coffee ; Cafe)

#### (1) 커피의 특성

커피는 쓴맛, 떫은맛, 신맛, 구수한 맛이 잘 조화되어 만들어진 미묘한 쾌감을 주는 기호음료로서 커피에는 피로감을 없애주고 머리를 깨끗하게 하고 혈액순환이 잘 되도록 해주는 성분과 함께 특유의 맛과 향이 있어 커피가 발견된 이후 수백 년 동안 커피 애호가들에 의해 애용되고 있다.

#### (2) 커피의 역사

커피는 처음 발견되었을 때부터 기호음료로 쓰인 것이 아니고 오랫동안 식료품이나 의약품용으로 사용되다가 차츰 그 맛과 조리방법이 개발되어 오늘날의 커피로 발전되었다.

기원전 6세기경 에티오피아의 아비니시아고원에서 야생으로 자라던 커피열매를 산양이 먹고 취한 것을 바그다드의 의사인 "다레스"가 발견하여 약용으로 사용하였고 1세기 후 아라비아의 의학자이자 철학자인 "아비센나"가 커피를 최초로 기호음료라고 불렀다.

그 후 유럽으로 전해진 것은 약 300년 전의 일이며 이웃나라 일본에 상품으로 들어온 것은 약 100년 전의 일이다. 우리나라에서는 19세기 말 궁중에서 첫선을 보인 이래 8·15 해방과 6·25전쟁을 거치면서 일반인에게 본격적으로 알려졌으며 이때부터 커피의 대중화가 시작되었다고 볼 수 있다.

## 2) 홍차(Tea)

홍차는 커피나 코코아같이 강한 맛은 없지만 섬세하고 미묘하고 우아한 향에 특성이 있다. 홍차는 떫은맛이 풍부하게 풍긴다. 홍차는 특유한 풍미를 잃지 않도록 끓일 때, 서비스할 때 세심한 주의를 요하며 고객의 기호에 따라 레몬을 넣기도 하고, 밀크를 넣기도 하는데 레몬과즙에 포함된 향기와 홍차의 풍미가 잘 조화되며 밀크를 넣으면 떫은맛(타닌)의 강한 맛을 제거시켜 부드러운 맛으로 변하게 한다. 홍차를 제공할 때는 커피와 마찬가지로 홍차컵이 뜨거워야 한다.

Introduction to
Hotel Management

# 제8장
# 음료의 이해

# 제1절 음료 분류

## 1 알코올성 음료(Alcoholic Beverage)

### 1) 양조주(Fermented Liquor)

양조주는 술의 역사로 보아 가장 오래전부터 인간이 마셔온 술로서 곡류와 과실 등 당분이 함유된 원료를 효모균에 의해 발효시켜 얻어지는 주정, 즉 포도주와 사과주가 있고, 또 하나는 전분을 원료로 하여 그 전분을 당화시켜 다시 발효공정을 거쳐 얻어내는 것으로서 맥주와 청주가 있다. 양조주는 보편적으로 알코올 함량이 낮은 것이 특징이다.

### 2) 증류주(Distilled Liquor)

곡물이나 과실 또는 당분을 포함하는 원료를 발효시켜 약한 주정분(양조주)을 만들고 그것을 다시 증류기로 증류한 것이다. 양조주는 효모의 성분이나 당분의 함유량에 의해 대개 8~14° 내외의 알코올을 함유한 음료를 산출하는데 이를 보다 더 강한 알코올 음료나 순도 높은 주성을 얻기 위해 증류하는 것이다.

### 3) 혼성주(Liqueur)

혼성주(Liqueur)는 과일이나 곡물을 발효시킨 주정을 기초로 하여 증류한 스피리츠(Spirits)에 정제한 설탕으로 감미를 더하고 과실이나 약초류, 향료 등 초근목피의 침전물로 향미를 붙인 혼성주이다. 즉, 색채, 향기, 감미, 알코올의 조화가 잡힌 것이 혼성주의 특징이다. 식후주로 즐겨 마시며 간장, 위장, 소화 불량 등에 효과가 있는 술이다.

## 2 비알코올성 음료의 분류(Non-Alcoholic Beverage)

### 1) 청량음료(Soft Drink)

청량음료는 마실 때 청량감을 주는 음료로 탄산음료와 무탄산음료로 나누어진다. 탄산음료에는 탄산가스가 포함된 것으로 콜라, 사이다, 환타, 토닉워터, 소다수, 콜린스믹스, 진저에일 등이 있다. 무탄산음료는 일반적으로 미네랄워터(Mineral Water : 생수)를 가리킨다.

### 2) 영양음료

영양음료는 영양성분이 많이 함유된 음료로 건강에 이로운 것이다. 일반적으로 영양음료라고 할 수 있는 것은 채소나 과즙 음료로서 주스, 우유 등이 있다. 또한 과일주스는 생과일(Fresh) 주스와 가공된(Processed) 주스로 나눌 수 있다.

### 3) 기호음료

기호음료는 식전이나 식후에 즐겨 마시는 커피류나 차류를 말한다. 커피는 보통 커피와 무카페인 커피로 나눠지며 차의 종류에는 홍차, 녹차, 인삼차 등이 있다. 이 같은 기호음료는 식후음료 또는 칵테일의 부재료로도 사용할 수 있다.

〈표 8-1〉 음료의 분류표

<table>
<tr><td rowspan="10">음료</td><td rowspan="3">알코올성 음료</td><td>양조주</td><td colspan="2">와인, 맥주, 청주, 막걸리</td></tr>
<tr><td>증류주</td><td colspan="2">브랜드, 위스키, 보드카, 진, 럼, 테킬라, 소주</td></tr>
<tr><td>혼성주</td><td colspan="2">증류주에 알코올 강화, 향료나 식물 첨가</td></tr>
<tr><td rowspan="7">비알콜성 음료</td><td rowspan="2">청량음료</td><td>탄산음료</td><td>콜라, 사이다. 토닉워터, 소다워터</td></tr>
<tr><td>비탄산음료</td><td>광천수, 생수</td></tr>
<tr><td rowspan="2">영양음료</td><td>주스류</td><td>과일주스, 채소주스,</td></tr>
<tr><td>우유류</td><td>살균우유, 저지방우유</td></tr>
<tr><td>기호음료</td><td colspan="2">커피, 홍차, 녹차, 인삼차</td></tr>
<tr><td>기능성 음료</td><td colspan="2">각종 스포츠음료, 다이어트음료</td></tr>
<tr><td>전통음료</td><td colspan="2">식혜, 수정과</td></tr>
</table>

〈표 8-2〉 주류의 저장온도와 서비스 온도

| 구분 | 저장온도 | 서비스 온도 |
|---|---|---|
| 레드 와인 | 13~16℃ | 15~18℃ |
| 화이트 와인/샴페인 | 10℃ | 8~12℃ |
| 스피리츠(증류주)류 | 13~16℃ | 18℃ |
| 병맥주 | 6~10℃ | 여름철 : 6~8℃<br>겨울철 : 10~12℃ |
| 생맥주 | 2~3℃ | 4℃ |
| 청량음료 | 13℃ | 여름철 : 6~8℃<br>겨울철 : 10~12℃ |

# 제2절 양조주

## 1 와인의 이해

일찍이 "신이 인간에게 준 최고의 선물"이라고 플라톤이 극찬한 와인은 소아시아에서 처음 생산되기 시작했지만 유럽에서 열매를 맺은 술이다. 넓은 의미에서의 와인은 과실을 발효시켜 만든 알코올 함유 음료를 말하지만 일반적으로 신선한 포도를 원료로 한 포도주를 의미하며 우리나라 주세법 역시 과실주의 일종으로 정의하고 있다.

와인의 어원은 라틴어의 '비넘(Vinum)'으로 '포도나무'로부터 만든 술이라는 의미이다. 세계 여러 나라에서 와인을 뜻하는 말로는 이태리의 비노(Vino), 독일의 바인(Wein), 프랑스의 뱅(Vin), 미국과 영국의 와인(Wine) 등이 있다. 또, 와인은 다른 술과는 달리 제조과정에서 물이 전혀 첨가되지 않으면서도 알코올 함량이 적고, 유기산, 무기산, 무기질 등이 파괴되지 않은 채 포도성분이 그대로 살아 있는 술이다. 실제로 와인의 성분을 분석하면 수분 85%, 알코올 9~13% 정도이고 나머지는 당분, 비타민, 유기산, 각종 미네랄, 폴리페놀(동맥경화 예방에 효능이 있는 카테킨 등)로 나누어진다. 따라서 와인의 맛은 토질, 기온, 강수량, 일조시간 등의 자연적 조건과 포도 재배방법 그리고 양조법에 따라 달라진다. 그래서 나라마다, 지방마다 와인의 맛과 향이 다른 것이다.

기원전부터 인류에게 사랑받아 현재 식탁에서 각종 모임이나 행사에서 식사용 음료로 맛과 분위기를 돋우고 더 나아가 서구문명의 중요한 한 부분을 차지하고 있는 와인을 한마디로 정의하기는 어렵다. 하지만 플라톤의 말처럼 인간에게 신이 내려준 최고의 선물임에는 틀림없는 것 같다.

## 2 와인의 역사

와인을 누가 처음 만들어 마셨는지는 알 수 없지만, 고고학자들이 발굴한 유적과 효모에 의해 발효가 저절로 일어나는 와인의 특성상 와인은 "인류가 마시기 시작한 최초의 술"로 보인다.

기원전 6000년경 과일 압착 시에 사용한 것으로 보이는 유물과 기원전 4000년경 와인을 담았던 것으로 추정되는 유물로 보아 와인의 역사는 기원전 4000년경 전에 시작된 것으로 보인다. 또한 포도 재배과정이 그려진 고대 이집트의 벽화와 아시리아의 유적, 페르시아의 진흙그릇 등을 통해 기원전 약 3500~3000년경에는 와인이 많이 음용되었음을 알 수 있다.

와인을 '신의 축복'이라 말하는 그리스는 기원전 600년경 페니키아인들에 의해 포도와 와인을 전해 받은 유럽 최초의 와인 생산국이었다.

이러한 고대 그리스의 뒤를 로마가 이어나감으로써 포도 재배지역은 확장되었다. 특히 로마는 식민지를 넓힐 때마다 포도 재배와 와인 양조를 하게 하였고 와인 양조기술을 발달시켜 대량생산을 가능케 했다.

중세시대에 와서는 교회의 미사나 성찬용으로 또 의약용으로 그 중요성이 강조되면서 포도재배나 와인 양조기술이 엄청난 발전을 하게 되었다. 게다가 대형 와인공장이 생기고 교회에서 필요한 양보다 많은 양을 생산하여 주된 수입원이 되기도 하였다.

한편 영국에서는 와인소비가 갑자기 급증하기도 하였는데 이는 헨리 2세가 보르도의 엘레오노르 공주와 결혼하면서 보르도가 영국령같이 되어 와인이 세관 통관 없이 수출되었기 때문이다. 그러나 이때의 와인은 배고픔과 통증을 잊게 해주는 하나의 수단인 동시에 물 대신 마시는 음료로 사용되었다.

근대에 들어서는 생활의 향상과 명문 와인의 등장, 병에 넣어 보관하는 방법, 편리한 운반 등으로 인해 와인의 보급은 물론 소비량 역시 크게 늘어났다. 또한 1679년 프랑스 돔 페리뇽에 의해 샴페인 제조법이 발견되었고 와인 병의 마개로 코르크의 사용이 일반화되었다. 이때부터 품질에 따라 등급이 매겨졌으며 유럽 전 지역뿐만 아니라 신대륙에서도 와인의 수요가 급증하여 주요한 무역상품이 되었다.

한편 18세기 후반 미국에서 수입된 야생포도나무의 뿌리에 있던 '필록세라 선충'이라는 기생충이 유럽 전역의 포도원을 황폐화시키는 위기가 있었다. 하지만 저항력이 강한 미국산 포도묘목과 유럽 포도묘목의 접붙이기로 해결할 수 있었고 1860년 '미생물에 의해 발효와 부패가 일어난다'는 사실이 파스퇴르에 의해 발표되어 효모의 배양, 살균, 숙성에 이르는 와인 제조방법이 크게 발전을 이루었다.

포도 재배와 압축기, 여과기 등 양조기술의 발달로 훌륭한 와인이 많이 생산되었는데 1935년 프랑스에서는 와인에 대한 규정인 AOC를 제정하여 와인의 철저한 품질관리를 통해 세계적 명성을 유지하고 있다. 이에 잇따라 이태리, 독일, 미국, 호주, 스페인 등이 비슷한 와인법을 시행해 와인의 품질을 유지, 발전시켜 나가고 있다. 또한 교통의 발달로 와인의 생산과 교역이 활발해졌고 아시아 개발도상국의 경제가 발전됨에 따라 이들 지역에도 와인이 확산되고 있다.

오늘날 와인은 프랑스, 스페인, 이탈리아, 독일 등 유럽 전통 와인 생산국들과 미국, 칠레, 남아공, 아르헨티나 등 약 50여 개국에서 연간 250억 병이 생산되고 있다.

## 3 와인의 제조과정

와인의 제조과정은 크게 포도를 수확해서 열매를 분리 및 파쇄하는 과정, 포도주스를 만들고 발효하는 과정, 숙성과 와인의 병입과정의 단계로 이루어진다.

### 1) 포도 수확

포도 수확은 보통 늦여름에 하는데 각 나라마다 조금씩 차이가 난다. 이것은 와인의 품질을 결정하는 중요한 단계이기 때문에 포도 경작을 책임지는 사람이 시간과 기후를 판단하여 수확한다. 수확된 포도는 와인공장으로 운반된다.

## 2) 제경 파쇄

와인공장으로 운반된 포도는 주스를 쉽게 얻을 수 있도록 포도송이에서 줄기를 제거하고 포도알맹이를 터뜨리는 제경 파쇄라는 과정을 거친다. 이때 줄기를 제거하는 목적은 줄기와 주스를 같이 발효시킬 경우 향기가 나빠지고 발효를 방해하는 물질이 용출되어 발효가 부진하여 미생물 오염의 우려가 있고 숙성이 느리게 진행되기 때문에 이를 방지하기 위함이다. 그리고 포도 알맹이를 터뜨리는 이유는 알맹이를 그대로 압착하면 고압에서도 압착이 잘 되지 않으며 압착되더라도 시간이 길어지고 수율이 낮아지기 때문이다.

## 3) 압착

껍질과 씨를 제거하고 깨끗한 포도주스를 얻기 위하여 압착을 하게 된다. 껍질을 제거하는 이유는 껍질에 있는 야생효모와 세균의 활성으로 향기가 저해되고 발효 시 껍질이 위에 떠서 공기와 접촉하여 부패의 원인이 되기 때문이다. 압착을 통하여 나온 걸쭉한 포도주스는 발효과정으로 들어가게 된다.

## 4) 전발효

포도주스는 발효탱크로 옮겨져 발효된다. 발효란 효모가 당분을 먹이로 하여 알코올과 이산화탄소로 변화시키는 과정으로 효모를 첨가하여 포도의 당분을 알코올로 변화시키게 만든다. 이때 적정온도가 유지되어야 하는데 포도주스와 공기가 접촉하게 되면 품질이 나빠지므로 발효탱크 외부에 물을 뿌려주거나 차가운 공기를 순환시키면서 발효시켜야 한다. 발효를 막 끝낸 와인은 효모와 포도주스에 들어 있는 고형물로 인해 흐린 상태를 하고 있는데 효모와 고형물을 침전시킨 후에 맑은 와인만 저장용기에 따라 낸다. 이때 한번 걸러진 와인을 어린 와인이라 부른다.

## 5) 후발효–숙성

어린 와인 속에 아직 남아 있는 효모와 고형물 등은 계속 침전되고, 물리화학적으로 결합, 침전되었던 여러 물질들이 겨울 동안에 칼슘, 칼륨과 결합하여 주석산 염을 만들면서 점점 맑은 와인이 된다. 이때 주석산 염은 와인을 병에 담은 뒤에도 일부 남아 있는데 시간이 흐를수록, 온도가 낮을수록 병 속에 결정체가 되어 남아 있는 경우도 있다. 이때의 주석산 염 결정체는 인체에 해가 없는 아주 정상적인 것이다. 또 숙성 중에 소량의 산소는 와인의 맛을 부드럽게, 향과 색을 좋게 만든다. 숙성이 끝난 와인은 미세한 고형물까지 여과기로 여과되어 병에 담긴다.

## 6) 와인 병입

발효탱크 속의 와인을 병에 담고 코르크로 막는다. 이때 외관을 좋게 하는 것도 중요하나 가장 중요한 것은 품질의 변화를 방지하는 것이다.

## 7) 와인 포장

병에 담긴 와인은 코르크로 닫고 병입된 장소를 라벨에 표기한다. 이때 와인은 눕혀서 보관하는데 그 이유는 소량의 산소가 와인 속으로 들어가 와인을 숙성시키기 때문이다. 만약 병을 세워서 보관하면 많은 양의 산소가 와인을 산화시켜 맛을 나쁘게 한다. 따라서 코르크 마개가 항상 젖어 있도록 보관해야 한다.

## 4 와인의 보관방법

와인을 어떻게 보관하느냐에 따라 맛과 향이 더 좋아질 수도 있고 더 나빠질 수도 있을 만큼 와인의 보관은 일종의 "투자"라고 할 수 있다. 실제로 오래되고 비싼 고급와인이 산화되어 식초로 변하여 맛과 향을 잃게 되는 경우도 있다. 와인을 제대로 보관하는 법을 알아두면 보다 좋은 향과 맛의 와인을 즐길 수 있을 것이다. 우선 와인 보관에 있어서 빛과 온도는 중요한 요인이다. 빛은 와인을 망가뜨리는 주요인이므로 어두운 곳이나 직사광선이 비치는 곳을 피해야 하며 형광등 빛조차도 와인을 변질시키므로 주의해야 한다.

빛과 더불어 온도도 중요한 요인인데, 와인은 일정한 온도를 유지시켜야 한다. 이상적인 온도는 15~17℃로 일정 온도를 유지하는 것이 좋고 진동이 없고 너무 습하지 않은 곳에 보관하여야 한다. 특히 기온이 높은 여름엔 섬세한 화이트 와인이나 라이트한 레드 와인의 품질이 떨어질 우려가 있기 때문에 보관에 신경을 더 써야 한다.

이렇게 빛이 들지 않고 일정한 온도를 유지시켰다 하더라도 와인병을 세워서 보관하면 와인의 맛을 잃게 된다. 와인을 장시간 보관할 때는 눕혀서 보관해야 하는데 이는 코르크의 미세한 틈새로 공기가 투입되면 와인이 산화되기 쉽기 때문에 항상 코르크 마개를 젖어 있도록 하기 위함이다.

반면 마셨던 와인을 보관할 때 하루 정도인 경우는 코르크 마개로 잘 막아 냉장고에 보관하고 3~7일 정도 보관할 시에는 와인 병의 공기를 빼내서 진공상태로 보관한다. 이때 배큐엄 세이버(Vacuum Saver)로 병 안의 공기를 뽑아내면 좋다. 그러나 한 번 코르크를 딴 와인은 빨리 마시는 것이 가장 좋다.

## 5 와인의 종류

와인의 색깔, 맛, 향은 어느 하나로 규정할 수 없을 정도로 그 종류가 다양하다. 식사의 종류에 따라 마시는 와인이 달라지고 색깔에 따라 잔에 따르는 방법이 달라진다. 이렇듯 다양한 와인 종류를 몇 가지 기준에 의해 분류하면 다음과 같다.

### 1) 색깔에 따른 분류

#### (1) Red Wine

붉은빛이 감도는 레드 와인은 포도껍질에 있는 붉은 색소를 추출하는 과정에서 씨와 껍질을 그대로 함께 넣어 발효한 것으로 떫은맛을 낸다. 붉은 벽돌색, 자주색, 루비색, 적갈색 등의 다양한 색을 지니며 대부분 육류나 양념이 많이 된 음식과 어울린다. 레드 와인의 적정온도는 12~18℃이며 유명한 포도품종으로는 카베르네 소비뇽(Cabernet Sauvignon), 메를로(Merlot), 시라(Syrah), 바르베라(Barbera) 등이 있다.

#### (2) White Wine

맑은 황금색을 띠는 화이트 와인은 와인 제조과정에서 레드 와인과 달리 씨와 껍질을 없앤 후 발효시켜 만든 것으로 순하고 상큼한 맛을 낸다. 와인을 처음 대하는 이들에게 적당한 와인으로, 엷은 노란색, 연초록색, 볏짚색, 황금색, 호박색 등 다양한 색을 지닌다. 화이트 와인은 생선이나 과일, 채소, 담백한 요리에 어울리며 온도는 8℃ 내외이다. 유명한 포도품종으로는 샤르도네(Chardonnay), 리슬링(Riesling), 소비뇽 블랑(Sauvignon Blanc), 세미용(Smilion) 등이 있다.

### (3) Rose Wine

핑크색 장미를 연상케 하는 로제 와인은 레드 와인과 같이 포도껍질을 같이 넣고 발효시켰다가 어느 정도 색이 우러나오면 껍질을 제거하여 만든 것으로 담백하고 달콤한 맛을 낸다. 엷은 분홍색, 분홍색으로 생선과 고기를 함께 먹을 때, 레드 와인이 부담스러울 때 어울리는 와인이다.

## 2) 당분에 의한 분류

### (1) Dry Wine

포도 발효 시 천연 포도당이 모두 발효하여 단맛이 거의 나지 않는다.

### (2) Medium Dry Wine

드라이와 스위트의 중간으로 약간의 단맛이 난다.

### (3) Sweet Wine

드라이와는 반대로 발효 시 천연 포도당이 남아 단맛이 난다. 주로 식후 디저트와 함께 마신다.

## 3) 식사용도에 따른 분류

### (1) Appetizer Wine

식욕을 돋우기 위해 식전에 마시는 와인으로 산뜻한 맛을 낸다. 외국에서는 풀코스의 정식을 먹는 식사(주로 저녁)에는 반드시 애피타이저부터 주문을 받고 수프, 메인디시, 디저트 순으로 식사가 진행된다. 보통 산미와 향이 강하며, 주정 또는 브랜디로 강화된 와인(알코올 18%)이다.

### (2) Table Wine

식사 중 또는 식사 외에 통상적으로 마시는 와인이다. 우리나라에서 보통 마시는 와인은 대부분 테이블 와인이라고 생각하면 된다.

식사 중에 마시는 와인은 입안을 헹구어주는 역할을 해 나중에 나오는 음식의 맛을 잘 느낄 수 있도록 한다.

### (3) Dessert Wine

식후 디저트와 함께 마시는 것으로 알코올 도수가 높고 단맛을 낸다. 와인 이외에 브랜디도 많이 음용한다.

## 4) 탄산가스 여부에 의한 분류

### (1) Sparkling

발포성 와인인 스파클링 와인은 발효 도중에 생기는 탄산가스가 병 안에 포함되어 있는 와인이다. 이때의 가스압력은 3~6기압 정도이며 와인을 따랐을 때 거품이 생기며 기포가 떠오르게 된다. 대표적인 것으로 프랑스 샹파뉴의 샴페인과 이탈리아 스푸만테가 있다.

### (2) Still

비발포성 와인이라고도 하는 스틸 와인은 흔히 우리가 마시는 보통의 와인이다. 제조과정에서 발생되는 탄산가스를 완전히 제거한 것으로 보통 알코올 도수가 8~13%이며 단맛부터 쌉쌀한 맛까지 다양하게 있다.

## 6 레이블의 이해

와인을 제대로 즐기려면 제대로 알고 마시라는 말이 있다. 이로 인해 와인을 아직도 복잡하고 까다로운 술로 여기는 사람들이 많다. 그 이유는 와인 병에 부착된 레이블 탓일 것이다. 와인 레이블에는 그 와인을 생산한 사람이라고 해도 아무 글이나 함부로 써넣을 수 없다. 아마도 레이블을 어렵게 생각하는 이유 중 하나가 각 나라마다 각기 다른 기준을 가지고 표기하기 때문일 것이다. 일반적으로 와인의 레이블에 포함되어 있는 정보로는 와인의 원료가 된 포도의 이름, 포도가 자란 지역이름, 와인의 등급, 포도가 수확된 해, 와인을 만든 회사명이나 생산자 이름, 특정한 와인에 붙여진 특별한 이름, Reserve, Reseva 등의 단어 등이다.

와인의 원료가 된 포도의 이름은 생각처럼 그리 단순한 몇 종류가 아니라 수십여 종에 달한다. 따라서 어떤 포도에 의해 만들어졌는지가 와인의 맛과 향을 결정짓는다. 또한 포도가 자란 지역도 와인의 특성을 판단하는 중요한 기준이 된다. 와인의 등급은 각 나라마다 등급체계를 달리하고 있는데 가장 엄격하게 규제하는 나라는 잘 알다시피 프랑스이다. 대부분의 나라들이 프랑스의 와인등급법을 모델로 하여 나름대로의 등급체계를 정착해 왔다.

어떤 해는 풍작을 이루고 어떤 해는 가뭄이나 홍수로 인하여 흉작인 해가 있다. 그래서 맛과 질이 좋은 과일을 먹을 수 있는 반면에 좋지 않은 기후 탓에 당도나 맛이 뒤떨어지기도 한다. 즉, 와인의 레이블에 적힌 연도는 와인 선택에 있어 중요한 요인이 된다. 기후가 좋은 해에 생산된 포도로 만들어진 와인의 품질은 좋을 수밖에 없는 것이다.

같은 재료를 두 명의 유명한 요리사에게 주어 맛있는 요리를 만들어보라고 해보자. 아무리 똑같은 재료를 준다고 해도 분명히 두 요리사가 만든 음식은 맛이 다를 것이다. 이처럼 포도주 역시 똑같은 나라, 똑같은 지역에서 만든 것이라도 누가 만들었는지에 따라 와인의 맛이 달라지게 마련이다. 즉, 와인을 만든 회사 혹은 사람의 이름 역시 와인 선택에 있어 중요한 기준이 된다. 이러한 기준 외에 와인을 보다 특색 있게 만드는 요소로 포도명, 지방명이 아닌 특별한 이름을 써넣기도 한다.

## 7 빈티지(Vintage) 가이드

빈티지는 와인의 원료가 되는 포도를 수확한 연도로 와인 선택에 있어 중요한 요인이 된다. 한 해의 농사는 농부의 부지런함에도 달려 있지만 그해의 기후가 어떤지에 따라 크게 좌우된다. 포도 역시 와인의 원료가 되기 위해서는 일정 수준의 높은 당도와 각종 유기산을 충분히 함유하고 있어야 한다. 이는 풍부한 일조시간과 적은 강우량의 기후적 조건이 맞아 떨어졌을 때 얻을 수 있다.

따라서 그해의 기후가 어떠했는지에 따라 와인의 맛이 달라지게 마련이다. 와인의 출생연도라 불리는 빈티지는 와인 마니아급의 사람들에게는 상당히 중요하게 여겨지고 있는 데 와인의 품질이나 성격을 예측하고 마시기 적당한 시기 등을 판단하는 데 참고가 된다. 특히, 프랑스와 유럽에서는 Vintage Chart가 와인 선택의 잣대 역할을 하고 있다.

빈티지 차트는 와인 산지에서 기온과 일조시간, 강우량, 그 밖에 그해의 기상조건을 기준으로 작성된다. 차트 내용은 와인의 경우에도 Life Cycle이 있기 때문에 매년 다르다. 게다가 같은 지역이더라도 등급에 따라 차트의 내용은 달라진다. 각 지역 와인을 테이스팅하여 점수로 표기하며 100점 만점 혹은 20점 만점으로 점수를 매긴다. 또 이를 근거로 보기 쉽게 원으로 표기하기도 한다. 빈약한 해는 원 1개로, 평균 해는 별표로 빈티지를 작성하고 있다.

## 8 와인과 음식

보통 유럽에서는 저녁식사 때 와인을 곁들여 식사를 한다. 와인이 식욕을 북돋워주고 분위기를 조성해 식사시간을 즐겁게 만들기 때문이다. 와인과 음식이 서로 맛의 상승작용을 일으켜 그 맛을 더한다는 것도 이유 중의 하나이다. 역사적으로 볼 때 와인과 음식의 조화는 프랑스의 왕 루이 16세와 왕비

마리 앙투아네트가 만들었다고 한다.

생선요리에는 화이트 와인을, 육류요리에는 레드 와인을 마셔야 한다고 일반적으로 인식하고 있다. 하지만 각자 취향에 따라 와인을 결정해도 된다. 누가 터치하겠는가?! 그러나 음식과 음식 사이에 궁합이 있듯 와인과 찰떡궁합을 이루는 음식을 제대로 알고 마신다면 보다 즐거운 식사시간을 가질 수 있을 것이다. 오랜 시간 동안 많은 이들의 경험을 통해 와인과 어울리는 짝은 하나둘씩 이루어졌다. 우선 서양에서 와인과 어울리는 음식들을 살펴보면 다음과 같다.

식초가 기본적으로 사용되는 전채요리에는 가벼운 화이트 혹은 자연 숙성된 레드의 약한 발포성 와인이 잘 어울린다. 이때 드라이한 화이트 와인은 8~10도 사이로 차가운 상태에서 서브되는 것이 좋다.

생선요리가 화이트 와인에 잘 어울린다는 것은 이미 일반화된 사실이다. 하지만 세부적으로 들어갔을 때 생선의 상태에 따라 와인도 달라진다. 우선 잘 익혀진 생선요리에는 가벼운 화이트 와인을, 구운 생선요리에는 알코올 성분이 좀 높고 2~3년 정도 숙성된 화이트 와인이 잘 어울린다. 생선으로 만든 수프에는 화이트 와인보다는 가벼운 레드 와인이나 로제 와인을 곁들이는 게 최상이다.

반면에 육류요리는 타닌성분이 많은 레드 와인을 마시는 것이 좋다. 튀긴 고기요리에는 약간 강하고 알코올 성분이 있는 레드 와인이 잘 어울린다. 하지만 송아지고기나 닭고기 혹은 돼지고기처럼 살이 흰 육류에는 레드 와인보다는 드라이한 화이트 와인이 어울린다. 달걀요리나 오믈렛요리에는 차가운 화이트 와인을, 버섯류에는 도수가 조금 높은 레드 와인을, 식사 후 먹는 디저트에는 높은 알코올 도수에 약간은 단 와인이 잘 어울린다. 갈비찜에는 타닌성분이 많고 풍미가 강한 와인을, 우리 음식 중 와인을 즐기기에 최고로 좋은 음식인 안심구이에는 가벼운 레드 와인을, 삼겹살에는 레드 와인이나 달지 않은 화이트 와인을, 적당한 와인을 고르기가 까다로운 김치찌개에는 입안을 개운하게 만드는 알자스 지방의 리슬링 포도로 만든 와인이 적당하다. 불고기는 단맛이 있으므로 미디엄 바디드 와인이 좋다. 구절판은 다양한 맛이 나기 때문에 복합적이고 개운한 맛의 와인으로 스파클링 와인이 제격이다.

## 9 와인 웨어(Ware)

와인을 마실 때는 와인의 종류에 따라 그 와인의 특징을 보다 더 잘 맛보기 위하여 그에 맞는 적당한 글라스를 선택하는 것이 좋다. 와인 잔은 튤립이나 달걀 또는 풍선 모양의 몸통(Bowl)에 가늘고 긴 다리(줄기)가 있는 것이 특징이다. 몸통의 경우 와인의 생명인 향을 날려 보내지 않게 하기 위해 가운데 부분이 부풀어 있고 입구는 오므려져 있다. 잔의 볼록한 정도는 포도품종이나 산지, 와인의 종류에 따라 조금씩 다르다. 다리가 가늘고 긴 것은 손의 열이 와인에 전달되어 와인의 온도가 상승되는 것을 방지하기 위한 배려이다.

이에 비해 코냑이나 아르마냑 등 브랜디 잔은 손에 감싸 쥘 수 있게 만들어져 체온에 의한 향이 잔에 가득 퍼지게 한 점이 다르다. 와인은 입안에 들어가 혀의 어느 부분에 먼저 닿는가에 따라 느끼는 맛도 달라질 수밖에 없다. 잔의 몸통 크기와 높이, 입구의 지름이나 경사각에 따라 같은 와인이라도 감지되는 향과 맛이 다르므로 잔의 선택은 매우 중요하다.

레드 와인을 마실 때 쓰는 글라스는 좀 크고 오목하게 생겨서 떫고 텁텁한 맛을 잘 볼 수 있도록 와인이 혀의 안쪽 부분에 떨어지도록 한다. 화이트 와인 글라스는 화이트 와인의 상큼한 맛을 잘 볼 수 있게 레드 와인 글라스보다 덜 오목하여 와인이 혀의 앞부분에 떨어지도록 되어 있다. 샴페인 글라스는 탄산가스의 공기방울이 오래 올라오면서 또 눈으로도 잘 볼 수 있게 글라스가 튤립형으로 좁고 길게 생겼다.

## 10 와인 에티켓

우선 와인을 냉장고에 넣은 후 화이트 와인의 경우는 온도를 섭씨 12~14도, 레드 와인의 경우는 섭씨 16~18도 정도의 가장 적절한 온도로 만든다. 와인은 잔의 2/3 정도까지 넘치지도 모자라지도 않게 따라야 하며 와인 잔을 손에 들고 받는 것은 정식 매너가 아니다. 와인은 잔에서 비워지기 전에 채워 주어야 한다. 와인을 따를 때는 와인이 병 입구에서 흐르는 것을 피하기 위해 병을 약간 돌리면서 들어 올린다. 와인 잔을 잡을 때는 손잡이(다리)를 잡아야 하는데 그 이유는 체온으로 와인이 데워지는 것을 방지하기 위함이다.

## 11 와인 맛보는 요령

단지 입으로만 맛보는 것이 아니라 반드시 눈, 코, 입과 목으로 맛을 보아야 한다.

### 1) 눈으로 와인의 색깔과 투명도 확인

와인 잔의 다리나 받침을 잡고 밝은 쪽을 향해 잔을 조금 기울여 색의 투명도, 선명성, 농도 등을 살핀다. 레드 와인은 눈높이보다 아래쪽에 잔을 들고 잔 속의 와인을 본다. 와인의 색깔이 붉고 반짝반짝 빛이 나야 정상적인 와인이다. 갈색이거나 혼탁하면 변질된 와인이다. 화이트 와인은 눈높이 정도로 잔을 들고 보는데, 황금색에 약간의 연녹색을 띠어야 하고 맑고 투명하여 반짝반짝 빛이 나야 한다.

### 2) 코로 향을 맡기

잔을 두세 번 흔든 후 코밑에 갖다 대고 정신을 집중하여 향기를 맡는다. 코르크 마개가 썩었을 경우 곰팡이냄새나 나무냄새가 날 수 있다.

잔을 약간 돌려주는 것은 잔 속의 와인이 움직이면서 표면적이 넓어져 향기성분이 많이 기화하기 때문이다. 향에는 두 가지 종류가 있는데 포도품종에 따라 각각 다른 향이 나는 아로마(Aroma)와 와인이 오래 숙성되면서 생기는 부케(Bouquet)가 그것이다.

### 3) 입으로 맛보기

입안 전체와 혀를 적실 정도의 와인을 마신 후 입을 오므려 공기를 들이켠다. 그리고 입안에서 서서히 돌리면서 맛을 본다.

## 12 적포도주의 품종

### 1) 카베르네 프랑(Cabernet Franc)

카베르네 소비뇽의 약화된 변형이다. 덜 숙성되었을 때는 거친 듯하고 덜 농축되지만 풀향기 같은 싱그러운 향을 갖고 있다. 과일의 향이 뛰어나고 타닌의 향은 적다. 부드럽고 온화한 맛의 와인을 만든다.

### 2) 카베르네 소비뇽(Cabernet Sauvignon)

레드 와인 원료 중 오늘날 세계에서 가장 훌륭한 포도품종의 하나로 평가받고 있다. 보르도 메독 지역에서 생산되는 레드 와인의 주원료가 되는 매우 준수한 포도품종이다. 성장력도 강해 주변환경을 잘 이겨낸다. 다만 단위당 생산량이 떨어지고 늦게 익는 것이 흠이다. 포도 열매는 방향이 풍부하며 타닌의 함유가 많아 장기 숙성을 요한다. 캘리포니아, 이태리, 동유럽 등지에서 널리 재배되고 있다.

### 3) 피노 누아(Pinot Noir)

카베르네 소비뇽과 대비되는 품종으로 널리 분포되어 있지 않으며, 프랑스 부르고뉴 지방에서 주로 재배된다. 딸기 냄새가 많으며 과일 맛의 방향이 함께 배어 있다. 타닌과 산이 적은 편이어서 장기숙성에는 적합하지 않다. 포도가 일찍 익는다는 장점이 있다. 캘리포니아, 독일, 이태리 동북지방에서도 찾아볼 수 있다.

### 4) 메를로(Merlot)

카베르네 소비뇽과 매우 닮은 것으로서 보르도의 포므롤 및 생테밀리옹에서 레드 와인 양조의 기초원료로 쓰인다. 북부 이태리, 불가리아, 뉴질랜드 등에서도 재배되고 있다.

### 5) 가메이(Gamay)

밝은 빛깔과 신선한 과일 냄새를 가진 레드 와인의 주원료이며 부르고뉴의 보졸레, 마코네 지역에서 재배되고 있다.

### 6) 시라(Syrah/Shiraz)

색깔이 진하고 타닌 함량이 많다. 시라로 만든 와인은 숙성이 오래 걸리고 또 그만큼 오래 보관할 수 있으며 깊은 맛을 가진다. 잉크 같은 진한 색깔과 자극적인 향을 가진 와인을 만든다.

## 13 백포도주의 품종

### 1) 샤르도네(Chardonnay)

세계적으로 가장 널리 쓰이는 화이트 와인의 주원료이다. 특히 뛰어난 부르고뉴 샤블리의 화이트 와인과 샴페인의 주품종으로서 그 명성이 높다. 추위에 잘 견디고 일찍 익으며 생산량도 풍부하다. 포도주 양조도 수월한 편이다. 캘리포니아, 오스트리아, 이태리 등지에서도 많이 재배되고 있다.

## 2) 리슬링(Riesling)

샤르도네와 더불어 흰 포도주의 쌍벽을 이룬다. 샤르도네의 원산지가 프랑스인 반면, 리슬링은 독일이 원산지이다. 추위를 잘 견디기 때문에 프랑스의 알자스나 독일에서 많이 재배되고 있다. 그러나 온난한 기후에도 매우 적응을 잘하여 호주에서도 많이 생산된다. 신선한 과일냄새를 풍부히 갖고 있으며 산성도 알맞게 지니고 있다.

## 3) 세미용(Semillon)

보르도 백포도주의 양조에 쓰이는 기본 원료이며 호주의 헌터밸리, 칠레에서도 많이 재배되고 있다.

## 4) 게뷔르츠트라미너(Gewurztraminer)

핑크색에 가까운 이 포도의 껍질은 화이트 와인의 색을 풍부하게 하는 데 특히 애용된다. 알코올 함량을 높이기 위해서는 완숙한 상태의 포도주를 수확해야 하는데 이럴 경우 산도를 떨어뜨릴 수 있다. 프랑스 알자스, 독일이 주산지이며, 호주나 캘리포니아 등에서도 재배되고 있다.

## 5) 소비뇽 블랑(Sauvignon Blanc)

향기가 탁월한 포도품종으로 샤르도네 와인이 이상적인 맛을 낸다면, 소비뇽 블랑은 독특한 향으로 와인 애호가들의 사랑을 받는다. 프랑스의 보르도, 루아르, 캘리포니아 등지에서 재배된다.

# 제3절 맥주(Beer)의 이해

맥주의 역사는 와인과 거의 같다. 맥주는 모든 사람 모든 계층의 사람들에 의해 만들어졌으며, 바빌로니아 사람들은 6000년 전부터 맥주를 만들어왔다. 그 당시 사용했던 맥주 제조법 책자가 지금까지 전해 내려오고 있다.

## 1 맥주의 원료

### 1) 물

맥주를 만들어내는 데 물이 85% 이상의 비중을 차지한다. 물은 맑고 무색 무취해야 하며 유기물이 없어야 하고 알칼리 성분 50% 이하여야 적당하다. 물이 적당치 않으면 적당한 물 처리과정을 거쳐 맥주 제조에 알맞도록 조절해야 한다.

### 2) 보리(Barley)

맥주에 있어서 보리는 중요하다. 보리는 알맹이가 열린 줄에 따라 2줄 보리, 4줄 보리, 6줄 보리로 구분되는데 맥주를 만드는 보리는 전분질이 많은 2줄 보리를 사용한다. 두 줄 보리는 껍질이 얇으며 단백질과 지방이 적고 녹말이 많아 맥아 제조 시 발아율이 높고 용해가 잘되며 향이 좋은 것이 좋다.

### 3) 효모(Yeast)

효모는 맥즙에 용해된 당을 발효하는 데 필요한 일종의 미생물이다. 효모는 당을 발효시키는 외에 부가적으로 맥주의 향을 주는 기능도 있다. 양조의 효모는 매우 다양하며 각기 다르게 발효하고 각각의 독특한 향을 맥주에 준다. 맥주를 제조하는 데는 효모가 절대 필요하며 조심스럽게 배양되어야 하고 순도가 보증되어야 한다. 양조용 효모는 상면효모와 하면효모로 구분되며, 상면발효는 발효 후 위에 뜨고 하면발효는 밑에 가라앉기 때문에 붙은 이름이다.

### 4) 부원료(Adjuncts)

첨가되는 재료를 부원료라고 하는데 전분이 사용되며 전분 외에도 옥수수와 쌀이 보편적으로 사용된다.

## 2 맥주의 제조법

### 1) 맥아의 제조

보리의 먼지를 제거하고 물에 담가 수분을 흡수한 다음 발아시킨다. 이것을 몰트(Malt)라 한다.

### 2) 당화

몰트를 분쇄기에 넣고 잘게 부순 후 통에 담아 온수를 넣어 죽과 같은 상태로 만든다. 이것을 매시(Mash)라 한다. 매시에 호프를 첨가하여 끓인 다음, 홉을 제거하고 발효에 적당한 온도까지 얼린 다음 여과기와 원심분리기로 침전물을 제거하여 투명한 액체로 만든다.

### 3) 발효

맥아액에 상면발효나 하면발효 효모를 첨가하여 발효를 시작하고 효모는 발아액의 당분을 분해하여 알코올과 탄산가스를 만든다.

### 4) 저장

전발효를 마친 어린 맥주를 저장탱크에 약 60~90일간 0도에서 숙성시킨다. 이를 후발효라 하고 이 기간 중 탄산가스가 밀폐된 맥주에 녹아들어 원숙한 맥주로 성장한다. 이것을 규조토 여과기로 여과하여 술통에 담아두는 것이 생맥주(Draft Beer)이다. 이는 신선함을 오래 보존하는 데 어려움이 있어 저온살균하여 병에 담아 오래 보관할 수 있는 것이 병맥주이고, 신선함이 그대로 살아 있는 것이 생맥주이다.

## 3 맥주 서비스

맥주의 온도는 기호에 따라 조금씩 달라지나 일반적으로 맥주의 독특한 맛이 살아나는 온도는 여름 4~8℃, 겨울에는 8~12℃ 정도로 마시는 것이 좋다. 미지근한 맥주는 거품이 너무 많고 쓴맛이 나며 반대로 너무 차가우면 거품이 잘 일지 않을뿐더러 맥주 특유의 향도 사라진다. 가끔 맥주를 빨리 차갑게 하려고 냉동실에 넣어두는 경우가 있는데, 이는 향이나 성분의 조화가 깨져 쓴맛만 남게 되는 경우가 있다. 맥주의 거품은 청량감을 주는 탄산가스가 새어나가는 것은 물론 맥주가 공기 중에서 산화되는 것을 막아주므로 맥주를 따를 때에는 2~3cm 정도 거품이 덮이도록 제공해야 한다.

## 4 맥주 취급방법

맥주를 관리하는 데 있어 많은 사람들이 안전한 제품이라 잘못 인식하고 있다. 맥주는 주류제품 중에 가장 상하기 쉬운 것으로, 양조장에서 만들어진 제품의 맛과 향을 유지하고 상하지 않도록 잘 다루어야 한다. 맥주는 병입된 후 숙성하지는 않지만 병입되기 전 약간의 공백기간에도 숙성을 하므로 신선하게 유지하는 것이 중요하다. 좋은 맥주의 조건으로는 흔히 호박색의 빛깔과 산뜻한 향기 그리고 상쾌하고 청량감 있는 술 맛을 든다. 이를 위해서는 마시기 전의 보관장소가 햇빛에 노출되지 않은 곳이어야 하며 온도변화가 심하지 않아야 한다. 또한 운반할 때 충격도 가급적 피해야 하는데 충격은 맥주 안의 단백질이 응고하는 혼탁현상을 일으키기 때문이다. 맥주가 변질되어 혼탁현상이 나타나면 인체에 해는 없다 하더라도 맛과 향을 잃게 되어 맥주의 제맛을 즐길 수 없게 된다.

# 제4절 증류주

## 1 위스키(Whisky)

세계인들이 즐겨 마시는 위스키 종류에는 여러 가지가 있는데 그중에서도 대표적인 것이 스카치, 버번, 캐나디안, 아이리시 위스키이다. 모두가 훌륭한 지역적 특성을 가지고 있으며, 위스키의 철자도 스카치와 캐나디안 위스키에는 'e'자가 없는 'Whisky'라고 쓰고 아이리시와 버번은 'e'자가 있는 'Whiskey'라고 쓴다. 위스키는 주로 보리(Barley), 옥수수(Corn), 호밀(Rye), 귀리(Oat) 등의 곡물을 주재료로 하여 발효, 증류, 숙성의 과정을 거쳐 만들어진 술이다. 위스키(Whisky)의 어원은 게일어(Gaelic)인 우스게바하(Uisge Beatha, Usquebaugh)에서 유래된 말로서 '생명의 물'이라는 뜻이다.

### 1) 스카치(Scotch)

스카치는 부드러우면서도 강하고 미묘하며 독특한 향기를 지닌 황금빛 술이다. 우리나라 사람들이 마시는 양주 중에서 가장 많이 마시는 술이 스카치이다. 스코틀랜드는 끝없이 구릉으로 이루어진 우리나라의 경상도 크기만 한 지역이다. 스카치위스키가 스코틀랜드에서 언제부터 증류되어 왔는지는 확실하지 않다. 증류기술이 기독교 전도사에 의해 전해졌다는 증거는 있지만 스코틀랜드 농부들이 보리(Barley)로 어떻게 위스키를 증류했는지에 대해서는 확인되지 않고 있다.

위스키에 대한 언급은 1494년의 스코틀랜드 재무부 문서에 존 코 수도회에 맥아 여덟 꼬리표를 주어 생명의 물을 만들도록 한다는 내용이며, 증류주에 대해서는 1609년의 스코틀랜드 의회법에 페린토쉬(Ferintosh)가 최초로 언급

되었다. 스카치위스키가 만들어진 초기 스코틀랜드 사람들은 위스키에 자부심을 갖지 못했다. 1746년에 일어난 컬로든(Culloden) 전투 후 스카치의 운명과 장래가 결정되었다. 스코틀랜드가 1707년 영국에 통합된 후 스코틀랜드의 부활을 꿈꾸던 왕자 찰리가 영국과 전쟁을 벌여 컬로든 전투에서 전멸하자 영국은 스코틀랜드를 완전 정복하고, 하일랜드와 로랜드(남동부 저지)까지 완전 개방되었다. 이를 계기로 하일랜드의 위스키가 세계에 알려지는 계기가 되었으며. 컬로든 전투 후 영국은 위스키에 세금을 부과하게 되었고 세금 징수관들이 하일랜드 사람들에게 차별대우를 하는 부당한 세금을 부과하게 되었다. 하일랜드 사람들은 이에 대항하여 70여 년 동안 깊숙한 산속에서 비밀리에 위스키를 제조하였다. 하일랜드는 위스키 제조에 천혜의 이점을 갖고 있었다. 이 시기 하일랜드 계곡에 숨어 달빛 아래서 위스키를 몰래 제조한 문 샤이너(Moon Shiner)라는 밀조자에 의해 스카치위스키는 단계적으로 발전을 이루었다.

산간에서 술의 원료인 몰트를 건조시킬 연료가 부족했기 때문에 산중에 매장되어 있는 피트(Peat : 토탄)를 채취하여 몰트를 건조시켰는데 스카치 특유의 스모키한 향은 이 피트 연기가 몰트에 배어 생겨난 것이다. 산중에서 증류한 위스키는 판로를 찾기 어려워 늘 많은 양이 누적되었다. 이를 은폐하는 수단으로 쉐리 와인을 마시고 난 빈 통에 보관하였다. 당시 영국은 스페인에서 쉐리 와인을 수입하여 마시고 난 통을 그냥 버렸다. 오랜 시간이 흘러 다시 위스키를 판매하려고 할 때 당시의 무색인 위스키가 호박색이 되어 있었고 짙은 향취는 전에 마시던 위스키와 너무도 달라졌다. 이것이 바로 숙성의 계기가 되어, 궁여지책의 수단이 오늘날의 스카치가 있게 하였다.

1832년 고든 공작(Duke of Gordon)이 영국과 협상하여 세금을 동등하고 공정하게 부과하는 조건으로 스카치를 합법적으로 만들 수 있게 되었으나, 그 후로도 오랫동안 스카치가 이익을 내는 상품으로 정착하지 못했고, 1831년 이니어스 코페이(Aeneas Coffey)에 의해 현대식 증류기(Patent Still)가 발명되면서 사람들의 입맛과 체질에 맞는 블렌디드 스카치를 만들 수 있었다.

스카치는 5년 숙성의 스탠더드를 기본으로 12년, 15년, 17년, 21년, 25년, 30년 숙성의 상위 프리미엄 스카치들이 있고, 이 연수는 스카치에 얼마나 오래 숙성된 몰트 위스키를 사용했는지를 나타낸 것이다.

스카치위스키의 종류는 발렌타인(Ballantines), 조니 워커(Johnnie Walker), 시바스(Chivas), 페이머스 그라우스(Famous Grous), 화이트 호스(White Horse), 제이앤비(J&B), 듀어스(Dewars), 커티삭(Cutty Sark), 글렌피딕(Glenfiddich), 맥켈란(Macallan) 등이 있다.

## 2) 버번(Bourbon)

미국의 초기 정착민은 호밀로 위스키를 만들었다. 그러던 어느 한 해 호밀 수확이 흉작이 들어 옥수수를 섞어 위스키를 만들게 되었고 그 결과는 매우 훌륭하게 되어, 켄터키의 버번 지역에서 만들어진 위스키가 버번 위스키로 알려졌다. 버번 위스키는 51% 이상의 옥수수를 사용하도록 법률로 정하고 있고 그을린 참나무통에 4년 이상 숙성시켜 제품화한 것이다.

버번 위스키의 종류는 짐빔(Jim Beam), 와일드 터키(Wild Turkey), 얼리 타임(Early Time), 올드 그랜 대드(Old Grand-dad) 등이다.

## 3) 테네시 위스키(Tennessee Whiskey)

버번과 테네시 위스키는 밀접한 관계가 있지만 같은 것은 아니다. 테네시 위스키는 옥수수를 51% 혹은 그 이상을 사용하여 발효한 매시를 테네시주에서 증류한 스트레이트 위스키이다. 테네시 위스키는 증류한 후 숯으로 여과해서 만들기 때문에 독특한 맛을 낸다.

테네시 위스키의 종류로는 잭 다니엘(Jack Daniel's), 조지 디켈(George Dickel) 등이 있다.

## 4) 아이리시 위스키(Irish Whiskey)

아일랜드 사람은 그들이 세계에서 제일 먼저 위스키를 만들었다고 주장하고 있고 'Whiskey'의 철자도 'e'를 하나 더 넣어 자신들의 위스키에 대한 자부심과 원조임을 강조하고 있다. 증류기술은 어디서 온 것인지 분명치 않지만 기독교 수도사들이 아일랜드를 거쳐 스코틀랜드로 전래한 것으로 알려진다. 아이리시 위스키는 커피와 잘 어울리며, 아이리시 커피에 스카치를 사용하면 커피맛이 제대로 나지 않는다.

제임슨(Jameson)과 올드 부시밀(Old Bushmils)은 아이리시 위스키 중에서 가장 유명하다.

## 5) 캐나디안 위스키(Canadian Whisky)

캐나디안 위스키는 오직 곡물만 위스키 재료로 사용한다. 호밀을 주재료로 한 스트레이트 위스키와 옥수수를 주재료로 한 내추럴 스피리트를 혼합해서 만들고, 오크통에 4년 이상 숙성한다. 즉 캐나디안 위스키는 블렌디드 캐나디안 위스키다. 캐나디안 위스키는 맛이 부드러움에 있으며 라이트 타입으로 품질은 변하지 않는다.

유명한 캐나디안 위스키로는 캐나디안 클럽, 캐나디안 미스트, 시그램스 브이 오, 시그램스 세븐 크라운, 크라운 로얄 등이 유명하다.

## 2 진(Gin)

진은 곡물을 발효 증류한 주정에 두송자나무의 열매(Juniper Berry)향을 첨가하여 만들어진 무색 투명한 증류주이다. 17세기 화학자인 실비우스(Sylvius)에 의해 의약용으로 만들어졌다. 주니퍼 베리의 정유에 이뇨성분이 있음을 알게 되자 그레인을 증류하여 얻는 스피리트에 주니퍼 베리를 담갔다가 이것을 재증류해 약을 만들었다. 이 약의 명칭은 주니퍼 베리라는 프랑스식 명칭인 즈니에브르(Genievre)라 명명하였고 이것을 네덜란드인들은 제네바(Genever)라 부르고, 이 제네바가 영국으로 건너가 영국식으로 만들어짐으로써 오늘날의 런던 드라이 진이 되었다.

진의 종류로는 홀랜드진과 런던 드라이진이 있다. 낮은 알코올 도수에서 증류된 홀랜드진은 매우 깨끗하나 맛이 진하고 맥아와 비슷한 향기와 맛이 뚜렷하기 때문에 칵테일을 만드는 데는 부적합하다. 영국에서 생산되는 진은 옥수수 75% 보리맥아 15%, 기타 곡류 10%의 곡류 배합방식으로 시작하여 위스키의 제조과정과 매시가 되고 열을 가해 발효되며 발효 후 와트는 95도 이상의 순수한 스피리트를 얻기 위해 증류기에서 정류되고 증류된다. 여기에 증류수를 첨가하면 60도로 낮아지며 도수가 낮아진 스피리트를 진 증류기에 넣고 향료식물을 일정 비율로 혼합하여 증류한다. 이때 첨가되는 향료식물의 종류는 각 회사마다 다르며 이에 따라 제품의 특성이 달라진다. 사용되는 향료식물은 주니퍼 베리가 중요하고 그 외에도 아니스, 회향풀, 감초 등의 여러 종류가 사용된다

진은 숙성시키지 않으며 제조된 후 바로 마실 수 있고, 자체의 맛보다는 주니퍼 베리와 향료식물의 향긋하고 상쾌한 향이 특징이다. 진은 스트레이트로 마시기는 너무 거칠고 칵테일이나 소프트 드링크를 섞어서 마시는 경우가 많다. 진 토닉은 오늘날 가장 인기 있는 믹스드 드링크 중 하나다.

현재 진은 많은 나라에서 생산되는데 가장 우수한 것은 런던 드라이진이며, 고든스(Gordons), 비피터(Beefeater), 탱커레이(Tanqueray), 길베이스(Gilbeys) 등이 대표적이다.

## 3 보드카(Vodka)

보드카란 말은 생명의 물이라는 뜻의 러시아 말이다. 보드카는 14세기부터 러시아에서 만들기 시작했고 러시아의 국민주이며 국민성을 가장 잘 나타내는 술이다. 러시아, 핀란드, 체코, 폴란드 등 북동부 유럽국가들이 향이 거의 없는 높은 알코올 도수의 스피리트를 증류해 왔다. 보드카는 곡류인 귀리, 호밀, 옥수수 등과 감자를 원료로 하여 만들어지고, 수출용과 미국에서 만들어진 보드카는 곡류만을 사용해서 만들어진다.

보드카의 제조과정은 위스키의 제조과정과 같이 발효시킨 매시로부터 나오는 증류물이다. 보드카는 높은 도수로 증류하며, 숙성시키지 않고 여과 과정을 거쳐 무색, 무미, 무취의 스피리트가 된다. 보드카의 여과방법은 자작나무 숯이 담긴 큰 탱크에 지속적으로 여과시켜 냄새나는 성분을 제거하여 무취에 가까운 술이 되며, 숯에 여과하는 횟수가 많을수록 양질의 보드카가 된다.

러시아는 보드카를 거의 스트레이트로 마신다. 보드카를 냉장고에 넣어 아주 차갑게 한 후 캐비아를 곁들여 마시는 보드카 한 잔은 아페리티프로 유명하다. 또 무취, 무미, 무색의 특성이 믹스 드링크와 주스에 잘 어울려 칵테일 재료로 많이 사용된다.

세계적으로 유명한 보드카로 미국의 스미노프(Smirnoff), 스웨덴의 앱솔루트(Absolut), 러시아의 스톨리치나야(Stolichnaya), 핀란드의 핀란디아(Finlandia), 폴란드의 즈브로우바(Zubrowba) 등이 있다.

## 4 럼(Rum)

서인도제도가 원산지인 럼은 맑고 순수하며 낭만적이고 정열적인 술이다. 럼은 사탕수수로 만들어지는데, 사탕수수 줄기가 롤러 사이에서 압축되고 으깨지면서 사탕 즙이 생기고 이 즙을 다시 끓여서 시럽으로 농축시키는데 줄기에 있는 당분은 시럽으로 추출되고 약 5%의 당분이 당밀이라 불리는 침전물로 남는다. 럼은 이 당밀을 원료로 하여 발효와 증류과정을 거쳐 만들어진다.

럼은 크게 두 가지로 나누어지는데 라이트(Light)와 헤비(Heavy) 럼이다. 드라이하고 라이트한 럼은 스페인 통치를 받았던 섬들인 쿠바, 버진 아일랜드, 푸에르토리코에서 주로 생산된다. 라이트 럼은 유럽보다 미국에서 더 인기가 높은데 이것은 칵테일과 롱 드링크에는 라이트 럼이 알맞기 때문이다.

진한 향의 헤비 럼은 자메이카, 아이티, 바베이도스에서 생산되고, 이 럼은 추운 나라인 영국과 같은 나라에서 애음되고 있으며 추운 겨울 럼 그로그와 같은 뜨거운 드링크로 즐겨 마신다.

럼은 오랜 숙성기간이 필요하지 않다. 오크통에 6개월간 숙성시켜도 훌륭한 라이트 럼을 만들어낼 수 있다. 그러나 오크통에서 15년까지도 숙성시키며 오래 숙성시킬수록 브랜디처럼 품질이 우수해진다. 럼은 숙성기간에 따라 향기가 다른 여러 가지 타입으로 분류된다.

푸에르토리코(Puerto Rico) 럼은 1년 숙성의 화이트 럼 또는 실버, 3년 숙성의 앰버(Amber)와 골드(Gold)가 있다. 이 럼은 6년 이상 숙성시켜 드라이하고 진한 향기를 풍기며 부드러운 맛을 낸다. 세계에서 가장 많은 양의 럼을 생산하고 있고, 바카디(Bacardi)와 카르타 블랑카(Carta Blanca), 카르타 오로(Carta Oro) 등을 생산한다.

자메이카(Jamaica) 럼은 짙은 마호가니 색을 띠며 진하고 풍미가 있는 럼이다. 5년에서 7년간 숙성시키며 40~43도에서 병입되는데 75도에서 병입된 것도 있다. 가장 잘 알려진 럼은 마이어스(Myers)이며 자메이카 럼은 전통적으로 가장 헤비한 럼을 생산하고 있다.

바베이도스(Barbados), 아이티(Haiti), 마르티니크(Martinique) 럼은 당밀 대신 사탕수수의 즙으로 만든다. 바베이도스는 미디엄-라이트 럼을 생산하며 마운트 게이(Mount Gay)럼으로 유명하다. 아이티는 기교가 뛰어난 진한 향의 럼을 생산하고 바반 코트(Barban Court)럼이 잘 알려져 있다. 마르티니크는 향기가 좋은 럼을 생산하고 쿠바는 바카디럼의 원산지로 훌륭한 화이트 럼을 생산한다. 럼은 대부분 칵테일의 기주로 많이 사용되고 데퀴리, 피나콜라다, 플랜터스 펀치 등은 대표적인 칵테일이다.

## 5 테킬라(Tequila)

테킬라의 원산지는 멕시코 중앙고원지대에 위치한 제2의 도시인 라다하라 교외 테킬라라는 마을에서 멕시코 인디언에 의해 생산되기 시작했다. 테킬라는 용설란의 일종인 마게이(Ma Guey)와 아가베(Agave)가 원료로 사용된다. 멕시코의 여러 곳에서 위의 재료 등을 이용하여 유사한 증류주를 만드는데 이를 메즈칼(Mezcal)이라 하며, 이러한 메즈칼 중 테킬라 마을에서 만든 메즈칼을 테킬라라고 한다.

위 재료의 줄기를 반으로 갈라 증기 속에 넣어서 열을 가하면 다당류가 쉽게 당화되고 이 당화액을 발효시켜 발효주인 풀케(Pulque)를 만든다. 이 풀케를 단식 증류기에 두 번 증류하여 화이트 오크통에 한 달간 숙성 후 정제하고 시판하는 것이 화이트 테킬라(Tequla Joven : 테킬라 조벤)이고 장기간 저장하여 판매하는 것을 골드 테킬라(Tequila Anejado : 테킬라 아네하도)라 하는데 1년 오크통에 숙성시킨 것을 아네조(Anejo)라 하고 2~4년간 숙성한 것을 뮈 아네조(Muy Anejo)라고 표시 구분한다. 테킬라는 일반적으로 알코올 도수가 40~52도이며 1968년 멕시코 올림픽 이후 세계적으로 널리 알려지게 되었다.

주요 상품으로는 호세 쿠에보(Jose Cuervo), 엘 토로(El Toro), 헤라두라(Herradura), 올레(Ole) 등이 있다.

## 6 브랜디(Brandy)

브랜디는 브랜디 와인의 준말이다. 이 말은 네덜란드의 브랜디윈(Brandewijn)에서 온 말인데 태운 또는 증류한 와인이라는 뜻이며 프랑스에서는 브랜디 뱅(Brande Vin)이라 하고 영어화하여 브랜디라 부르게 되었다.

중세기에 많은 테이블 와인을 영국이나 네덜란드에 수출하게 되었고 그 당시 세금은 물건의 부피에 따라 부과하게 되었다. 와인상들은 와인의 부피를 증류해서 부피 줄이는 것을 모색하게 되어, 와인을 증류해 낸 것이 오드비(Eau de Vie) 혹은 생명의 물로 알려진 브랜디이다.

### 1) 코냑(Cognac)

브랜디는 프랑스 어느 지역에서나 만들 수 있으나 이 코냐크 지방에서 생산되는 브랜디만 코냑으로 명명된다. 코냑은 프랑스의 샤랑트 및 샤랑트 마리팀의 법적으로 제한된 구역 내에서 생산된 포도를 증류해서 만든 브랜디이다.

코냑을 제조하는 데 감추어진 비밀은 없다. 1936년 프랑스 법은 코냑을 제조하는 포도품종은 생테밀리옹(St-Emilion), 폴 블랑슈(Folle Blanche), 콜롬바드(Colombard) 포도로 만들어져야 하고, 10%까지 다른 백포도를 사용할 수 있다고 규정하고 있다.

포도는 수확되어 압착되고 발효된다. 증류는 발효가 끝나는 11월부터 시작하여 3~6개월간 지속되며 모든 증류는 4월 30일까지 마쳐야 한다.

코냑 생산에 중요한 점은 두 번 증류한 것이다. 첫 번째 증류는 브루이(Brouillis)라 부르는 25도 정도의 알코올 도수이다. 브루이를 재증류하면 68도 정도의 설익은 상태의 코냑인 라 본느 쇼프(La Bonne Chauffe : 증류가 잘된 상태)가 된다. 이 상태에서 리무진 오크통에 숙성되는 동안 황금색이 우러나온다. 단식 증류기에서의 두 번 증류는 설익은 상태의 코냑에 특별한 향기를 주고, 리무진 오크통에 숙성되는 동안 특별한 개성을 주게 된다.

코냑도 위스키처럼 블렌딩해서 만들어진다. 블렌딩은 몇 달 전에 이루어지며 다양한 코냑들을 증류수나 희석된 코냑들에 첨가하여 40~43%의 알코올 도수로 혼합한 후 오크통에서 숙성된 몇 달 후에 병입된다.

대부분의 코냑 회사들은 별이나 글자로 그들 회사의 품질을 표시한다. 이러한 표시는 법적으로 규정된 것은 아니고 코냑 회사의 전통과 관습에 따른다. 별로 표시되는 품질 표시는 각 회사마다 다르지만 1975년 프랑스의 법은 스리 스타는 최소 2년 반 이상 오크통에서 숙성되어야 한다고 규정하고 있다.

숙성연도는 스리 스타만 법적으로 보증되어 있고 그 외는 법적 구속력이 전혀 없다. 같은 나폴레옹일지라도 각 코냑 회사마다 숙성연도가 다를 수 있다.

〈표 8-3〉 브랜디의 등급

<table>
<tr><th>라벨 표기</th><th>품질등급</th><th>숙성기간</th></tr>
<tr><td>V.S(Very Superior)</td><td>☆☆☆</td><td>5~9년</td></tr>
<tr><td>V.O(Very Old)</td><td>☆☆☆☆</td><td rowspan="3">12~20년</td></tr>
<tr><td>V.S.O(Very Superior Old)</td><td>☆☆☆☆</td></tr>
<tr><td>V.S.O.P(Very Superior Old Pale)</td><td>☆☆☆☆</td></tr>
<tr><td>Napoleon</td><td>☆☆☆☆☆</td><td rowspan="3">20~50년</td></tr>
<tr><td>X.O(Extra Old)</td><td>☆☆☆☆☆</td></tr>
<tr><td>X(Extra)</td><td>☆☆☆☆☆</td></tr>
</table>

※ 브랜디 회사마다 등급규정과 숙성기간이 다름. 상기 표는 일반적인 평균을 의미함

코냑은 25~50년 숙성시켰을 때 최고가 되며 이 기간은 오크통 속에 있는 기간만을 말하고 일단 병입되면 변화하지도 숙성하지도 않는다.

코냑을 마시는 글라스는 향의 보존을 극대화하기 위해 라군형으로 만들어져 있다. 마실 때는 잔을 흔들어 잔 안에서 파도치게 한 후 둘째와 셋째 손가락 사이에 잔을 잡고 손의 온기로 잔을 데우면서 아주 조금씩 색과 향과 맛을 눈과 코와 혀로 음미하면서 마시고, 브랜디 워머기(Brandy Warmer)를 사용하기도 한다.

코냑은 블렌딩해서 만들기 때문에 역사와 전통이 있는 회사의 제품을 선택하

는 것이 현명하며, 레미 마탱(Remy Matin), 헤네시(Hennessy), 마르텔(Martell), 카뮈(Camus), 쿠르보아제(Courvoisier) 등이 잘 알려져 있다.

### 2) 아르마냑(Armagnac)

아르마냑은 코냐크 지방에서 80킬로 떨어진 보르도의 서남부 가스코뉴 지역에서 생산되는 와인을 증류한 브랜디이다. 아르마냑은 코냑과 더불어 정교하고 높은 수준의 품질을 자랑한다.

아르마냑의 역사는 코냑보다 오래되었으며, 그 지역의 샤토는 백악질의 코냐크 지역과는 다른 특성의 와인을 만들고, 증류하는 과정이 코냑과 달리 단식과 연속 증류기의 절충식으로 증류되며 알코올 도수가 낮아 향이 강하고, 숙성과정에서 거친 나뭇결이 있는 블랙 오크통은 아르마냑의 특성에 많은 영향을 미친다. 이 블랙 오크통은 리무진 오크통보다 빨리 숙성되어 8년이면 훌륭하게 숙성되고 12년이면 완전 숙성된다. 잘 숙성된 바-아르마냑은 훌륭한 향기와 맛을 지니고 있어 다른 브랜디에 비해 탁월하고 코냑에 비해 더 독하고 개성이 뚜렷하다.

아르마냑의 유명 상표로 샤보(Chabot), 자뉴(Janneau), 말리악(Malliac) 등이 있다.

### 3) 오드비(Eau de Vie)

오드비는 생명의 물이라는 뜻이다. 일종의 화주로 보주(Vosges)산맥의 동쪽과 서쪽지역, 독일의 블랙포리스트(Black Forest) 지역, 스위스의 북쪽 알프스 산기슭, 프랑스의 알자스 지역 등에서 생산된다.

오드비는 과일을 증류해서 만든다. 숙성은 오크통이 아닌 유리나 질그릇에서 하여 색이 없는 무색이고 재료는 부드러운 과일과 작은 열매가 다량으로 쓰인다.

오드비의 제조방법은 각 나라마다 약간씩 다르다. 프랑스는 충분한 향을 지닐 수 있도록 증류하고, 스위스는 내추럴 스피리트에 가깝게 증류한다. 독일 오드비는 이름 끝에 바서(Wasser)를 붙여 발효과일을 직접 증류해서 만든 것을 나타낸다.

오드비는 냉장고에 보관하지 않고 냉동고나 얼린 얼음 속에 넣어 영하 4~5도로 매우 차갑게 해서 마신다. 가장 훌륭한 오드비는 배로 만들어지는데 이를 프랑스에서는 쁘와르 윌리엄(Poire William)이라 하고 독일에서는 비른가이스트(Birngeist)라고 부른다.

## 4) 칼바도스(Calvados)

칼바도스는 프랑스 노르망디 지방의 사과주(Cidre)를 증류하여 만든 애플 브랜디이다. 잘 숙성된 사과로 만든 이 브랜디는 매우 맛이 좋으며 세계에서 가장 품질 좋은 애플 브랜디이다. 최고 품질의 칼바도스는 발레도즈(Vallee dAuge)에서 생산된다. 칼바도스는 사과를 짓이겨 6주 동안 발효시킨 시드르(Cidre)로 만드는데 이 시드르를 단식 증류기에 두 번 증류하고 최소 2년 이상 숙성시킨다. 칼바도스는 A.C법에 의해 생산지역과 제조방법을 통제 받아서 생산되는 것만을 말한다. 칼바도스는 스위트한 맛이 없으며 매우 드라이하고 코냑의 향과 비슷하다.

# 제5절 혼성주(Liqueur)

리큐어는 브랜디, 위스키, 럼, 진 등과 같은 증류주를 베이스로 과일, 꽃, 향료식물, 또는 천연향료 등을 첨가하여 만든 술이다. 처음에는 약용으로 만들어졌다. 증류주에 갖가지 약효성분을 가진 식물을 담가서 술로 만들었다.

리큐어의 제조방법은 두 가지로 나누어지는데 하나는 우려내는 방법(Infusion Method)이고, 다른 하나는 여과하는 방법(Percolation)이다.

우려내는 방법은 과일, 식물, 허브 등의 재료를 침전시키거나 향이 소멸될 때까지 알코올에 스며들게 한다. 향취가 있는 스피리트를 강화시키기 위해 증류를 한다.

여과법은 커피를 여과시키는 것처럼 재료를 기계 위에 놓고 스피리트를 밑에 놓고 열을 가하여 알코올이 함유된 증기가 위쪽의 향료를 통과하면서 액화시키거나 스피리트 자체를 위로 펌프하여 접하게 하는 방법으로 이 향취가 나는 스피리트는 설탕이나 시럽, 꿀에 의해 당도가 있는 술이 된다.

리큐어는 코디얼(Cordial)이라 부르기도 하는데 전자는 유럽산, 후자는 미국산에 주로 붙인다. 리큐어와 코디얼은 최소 2.5%의 설탕이 함유되기 때문에 다른 술과 다르고 대부분의 리큐어와 코디얼은 35%의 당도를 함유하고 있다.

■ 리큐어의 종류를 살펴보면 다음과 같다.

1) 아마레토(Amaretto) : 아마레토의 원료는 살구씨의 핵을 물과 함께 증류하여 몇 종류의 향초 추출액을 중성 알코올과 혼합하여 탱크에서 숙성시킨 후 시럽을 첨가하여 만든다.

2) 애프리코트 브랜디(Apricot Brandy) : 살구의 향기가 있는 리큐어로 향기 자체가 감미로우며 여성의 식후주로 알맞다.

3) 베네딕틴(Benedictine D.O.M) : 가장 오랜 역사를 가지고 있는 허브 타입의 리큐어로 1510년 프랑스 북부 페어카시의 베네딕틴파 수도원에서 탄생되었다고 전해진다. D.O.M은 최선·최대의 신에게(Dea Optimo Maximo : To God Most Good, Most Great)라는 뜻이다. 베네딕틴은 코냑을 베이스로 27가지의 서로 다른 허브, 식물, 과일의 껍질을 배합하여 만들고 4년 정도 숙성한 후 병입된다.

4) 비앤비(B&B) : 베네딕틴과 브랜디를 혼합한 것으로 단맛이 덜한 것을 좋아하는 사람들을 위해 베네딕틴을 드라이하게 한 것이다.

5) 샤르트뢰즈(Chartreuse) : 종교적인 용도로 만들어지는 술로 리큐어의 여왕으로 불린다. 알프스에서 나는 약초를 포도주에 담가 수도승들의 활력 증진을 위한 약주로 애음되었고 나중에 증류 숙성되어 널리 알려지게 되었다.

6) 쿠앵트로(Cointreau) : 엄선된 오렌지에서 에센스를 뽑아내어 고급 브랜디와 혼합하여 만든 고급 리큐어 중 하나이다. 1894년 프랑스 루아르에서 탄생했고 알코올 도수는 40도이다.

7) 퀴라소(Curacao) : 남미의 퀴라소섬에서 생산된 쓴맛의 오렌지 껍질을 브랜디, 기타 스피리트에 담가 감미한 리큐어로 짙은 갈색 오렌지, 무색 투명한 화이트 퀴라소가 있고 후자는 트리플 섹이라 부르기도 한다. 그 외에 그린, 레드, 블루 퀴라소가 있다.

8) 크렘 드 카시스(Creme de Cassis) : 검은 까치밥나무 열매로 만든 검붉은색의 산미가 있는 리큐어로, 샴페인에 카시스를 혼합한 키어 로얄은 아페리티프로 유명하다.

9) 크렘 드 멘트(Creme de Menthe) : 싸한 향은 여러 가지 박하 향에서 얻어지지만, 주로 페퍼민트에서 나온다. 화이트와 그린 두 종류가 있다.

10) 체리 브랜디(Cherry Brandy) : 버찌와 브랜디로 만들어지는 리큐어로

버찌만으로 만들어진 것도 있고, 짙은 적색으로 덴마크와 네덜란드산이 유명하다.

11) 드람브이(Drambuie) : 스카치, 꿀, 허브, 스파이스로 만들어지는 고급 리큐어 중 하나로 사람을 만족시키는 음료란 뜻이다.

12) 갈리아노(Galliano) : 향료 식물과 꽃을 재료로 하여 만든 황금색 리큐어로 이탈리아 용장 주세페 갈리아노 소령의 이름 딴 리큐어다.

13) 그랑 마니에(Grand Manier) : 오렌지 베이스 리큐어로, 3~4년 숙성된 코냑에 아이티산 오렌지 껍질을 배합하여 오크통에서 숙성시켜 만든다.

14) 칼루아(Kahlua) : 커피 빈스, 코코아 빈스, 바닐라로 만든 멕시코산 커피 리큐어다.

15) 쿰멜(Kummel) : 곡물과 회향풀 열매, 스파이스와 함께 증류한 강한 리큐어다.

16) 마라키노(Marachino) : 아드리아해 서쪽 해안 달마티아 지역에서 생산된 야생버찌의 씨를 으깨어 만든 리큐어다.

17) 삼부카(Sambuca) : 엘더(말오줌나무의 일종)열매의 추출액을 알코올에 배합한 아니제트 타입의 리큐어로, 볶은 섬은공을 세 알 띄워 미신다.

18) 서던 컴포트(Southern Comfort) : 잘 성숙된 버번에 복숭아, 기타 몇 가지 과일 향을 첨가하여 부드럽고 좋은 향의 호박색 리큐어로 미국을 대표하는 리큐어다.

19) 슬로우 진(Sloe Gin) : 슬로베리 맛을 낸 리큐어로 감미가 적고 시큼하다.

20) 트리플 섹(Triple Sec) : 남프랑스에서 12세기부터 약초를 원료로 만들어졌고 화이트 퀴라소의 별칭으로 오렌지 베이스 리큐어다.

21) 베일리스 아이리시 크림(Baileys Irish Cream) : 아일랜드 더블린산 아일리시 위스키와 크림, 카카오를 혼합해서 만들어진다.

22) **페르노**(Pernod 2) : 아브사의 메이커였던 페르노사가 압생트 금지령 이후 압생트의 유해성분을 아니즈의 에센스로 바꾸어 만든 리큐어로 아페리티프로 즐겨 마신다.

23) **캄파리**(Campari) : 각종 식물의 뿌리, 씨, 허브, 껍질 등 70여 종류의 재료로 만들어지며 제조기간이 45일가량 걸리고, 페루 카루나섬에서 생산되는 빨간색 색소를 첨가하여 만든다. 아페리티프로 적합하다.

24) **버무스**(Vermouth) : 35종의 향초와 약초의 꽃과 잎, 씨와 뿌리를 배합하여 화이트 와인에 넣어 수개월 동안 숙성시켜 만든다. 화이트(Bianco), 레드(Rosso), 엑스트라 드라이(Extra Dry), 로제(Rose) 등이 있다.

Introduction to
Hotel Management

# 제9장
# 연회서비스

## 1 연회의 의의

연회(Banquet) 서비스란 연회가 이루어질 수 있는 호텔연회장이나 식당 또는 기타 장소에서 각종 연회를 상황에 맞게 운영하기 위해 제공되는 모든 서비스를 말한다. 연회서비스는 식당 서비스와 달리 제공될 메뉴, 인원수, 가격 등이 미리 정해지고 거의 확정된 행사에 의해 식음료뿐만 아니라 필요한 장비 비품 준비와 같은 기타 연출과 함께 이루어지기 때문에 계획을 가지고 지배인의 지휘 아래 수준 높은 서비스를 원활하게 제공할 수 있다. 따라서 철저한 준비 및 관련 부서와의 협조가 잘 이루어져 조화를 이룬다면 성공적인 연회행사를 운영할 수 있다.

호텔에서의 연회는 이러한 의미 외에 각종 회의, 이벤트, 축제, 환영회나 기념회 혹은 파티 등을 하는 것을 말한다. 연회장은 일반 식당과는 다르게 테이블과 의자가 준비되어 있는 것이 아니라 일정한 장소에서 고객의 요구, 행사의 목적, 인원 등에 따라 여러 형태로 변화할 수 있는 식음료 영업장 중의 하나이다. 오늘날의 연회는 사회가 복잡해지고 경제가 발전함에 따라 대형화되고 다양하게 이루어지고 있다. 호텔 연회행사도 점차 방대하게 다발적으로 이루어지기 때문에 그에 따른 대형 연회장을 완벽히 갖추고 연회를 전담하는 부서를 조직화하여 연회유치에 심혈을 기울이고 있다. 연회의 특성은 단체고객이 호텔을 방문하기 때문에 다른 업장이나 기타 부대시설을 이용할 수 있어 매출에 기여도가 높고, 미래의 잠재고객으로서 충분한 홍보기회가 이루어질 수 있다. 그리고 호텔은 계절이나 기타 여건에 따라 성수기와 비수기로 나누어지는데, 이러한 비수기 계절이나 기간에 독립적이고 다양한 행사를 개최하여 비수기를 극복할 수 있다. 또한 식음료 재료의 대량구매에 따른 원가절감의 효과 등이 있다. 과거 특수계층의 전유물로 인식되어 왔던 호텔의 각종 연회행사들이 21세기에 접어들면서 라이프스타일의 획기적인 전환에 힘입어 대중화되기 시작하였다. 이러한 배경은 먼저 국민경제의 규모적 팽창에 따른

가처분 소득 증가로 인해 생활의 풍요로움에서 여유를 갖고자 하는 욕구로 볼 수 있다. 현대의 연회시장은 아직도 연회발생 잠재력이 많아 개발 여하에 따라 보다 많은 연회행사를 유치시킬 수 있는 매력적인 상품이다.

## 2 연회의 분류

### 1) 기능에 의한 분류

연회는 호텔장소를 제공하는 임대연회와 일반적으로 식음료가 제공되는 식음료연회로 나눌 수 있다. 임대연회에는 다양한 형태의 콘서트, 패션쇼, 전시회, 세미나 개최 등이 있다. 식음료연회는 정찬파티, 칵테일파티, 뷔페파티, 가족파티, 출장연회파티, 리셉션, 식음료가 제공되는 연회 등이 있다. 그리고 최근에 호텔연회의 주된 수입원으로 작용하는 호텔결혼식과 피로연 파티 등이 있다.

### 2) 장소에 의한 분류

연회는 호텔의 경우 장소에 따라 호텔 내에 있는 연회장에서 이루어지는 연회와 고객의 요청에 따라 연회부서 직원 및 기타 식음료직원이 외부로 출장을 가서 행사를 치르는 출장연회가 있다.

### 3) 목적에 의한 분류

연회는 가족모임, 회사행사, 정부행사, 학교행사, 협회, 기타 사회단체기관의 송년회·신년회·간담회 등으로 행사의 내용 및 목적에 따라 구분할 수 있다.

## 3 식음료 연회의 종류

### 1) 정찬연회(Lunch & Dinner Party)

가장 고급 연회인 정찬파티로서 식음료의 풀 코스(Full Course)를 제공하는 행사로, 사교상의 목적을 지닌 것이다. 주최자의 요청에 따라 메뉴를 결정하고 좌석 배치도(Place Card)가 결정되며 정장을 하고 입장하는 것을 원칙으로 하는 파티이다. 서비스는 연회진행의 혼잡을 피하기 위해 연회장 입구에 좌석 배치도를 설치하고 고객이 효율적으로 좌석에 배치되어 착석할 수 있게 서비스해야 한다. 또한 연회의 목적, 참석자의 수, 지위나 연령에 따른 좌석배치, 주변에 대한 예우 등을 잘 고려하여 치밀한 계획하에 이루어져야 한다. 특히 외국인일 경우에는 부인을 위주로 하며 상석은 입구에서 가장 먼 내측이 된다. 연회가 진행되어 후식을 제공하면 주최자로부터 인사말을 듣고, 커피, 생과자, 식후주를 서브한다. 일반적인 정찬파티의 테이블 서비스방식은 다음과 같다.

물 → 빵과 버터 → 백포도주 → 전채 → 수프 → 적포도주 → 주요리 → 샐러드 → 식탁 정리 → 디저트 제공 → 커피 또는 홍차 → 식후주 제공 등

### 2) 칵테일 리셉션(Cocktail Reception)

칵테일 리셉션은 각종 주류와 주스를 갖추어 놓고 오르되브르(Hors D'oeuvre)를 곁들이면서 입석형태(Standing Party)로 이루어지는 연회를 말한다. 칵테일 연회는 정식파티에 비하여 비용이 적게 들고 복장이나 시간에 제한을 받지 않고 참석할 수 있으며, 좌석이 없으므로 자유롭게 이동하면서 여러 계층의 사람들과 담소를 나눌 수 있다. 서비스 종사원은 수시로 음식과 음료의 잔량

을 체크하여 부족함이 없는 서비스로 연결되도록 해야 하며, 고객들에게 칵테일이나 음료의 주문을 받아 직접 제공하여야 한다.

### 3) 뷔페연회(Buffet Party)

뷔페연회는 다양한 음식을 차려 놓고 고객의 기호에 맞추어 양껏 드실 수 있는 셀프형식의 파티이다. 일반적으로 스탠딩 뷔페(Standing Buffet)와 착석 뷔페(Seat down Buffet)형식으로 나눌 수 있다. 스탠딩 뷔페는 칵테일 파티의 형식이지만, 음식의 양을 좀 더 확보하여 간단한 한 끼분의 식사가 될 수 있도록 해야 한다. 착석뷔페는 고객이 전부 앉을 수 있도록 테이블과 의자를 갖추어 식사를 위한 세팅이 되어야 한다. 음식을 진열해 놓고 고객이 음식을 쉽게 가져다 드실 수 있도록 음식 전담의 주방요원을 배치한다. 음식은 일정량을 내놓고 자주 채우는 것이 효과적이다.

### 4) 가족연회(Family Party)

가족들의 모임인 결혼식, 약혼식, 회갑연, 돌잔치, 기념일 등의 가족행사를 호텔의 연회 룸에서 행하는 파티를 말한다. 이러한 가족모임의 행사 유치는 영업신장률이 높아 각 호텔 연회부에서는 유치에 전력을 기울이고 있다.

### 5) 커피 브레이크(Coffee Break)

커피 브레이크는 회의나 세미나 등의 장시간이 소요되는 모임을 개최할 때 회의 중간의 휴식시간에 제공되는 것을 커피 브레이크라고 한다. 주로 커피나 차 혹은 주스 등의 간단한 음료에 케이크나 쿠키 등의 과자류가 제공된다. 일종의 티파티(Tea party) 메뉴와 유사하다.

### 6) 출장연회(Outside Catering)

출장연회 파티는 고객의 요청에 의하여 원하는 장소와 시간에 음식과 음료를 포함한 장비, 집기, 비품 등을 운반하여 서비스 종사원들이 출장을 가서 연회를 진행해 주는 파티이다. 따라서 출장연회 담당자는 사전에 고객이 원하는 장소에 가서 행사에 필요한 계획을 철저히 준비해야 한다. 특히 야외에서 이루어지는 행사일 경우 우천 시 발생할 수 있는 문제나 주변환경 등을 고려해야 한다.

## 4 임대연회행사

임대연회행사는 식음료판매 중심의 행사가 아니라 주로 연회장소를 임대하는 목적을 갖는 연회를 말한다. 이와 같은 임대연회에는 국제회의를 비롯한 다양한 형태의 콘서트, 패션쇼, 전시회, 세미나 개최 등이 있다.

### 1) 국제회의

회의산업(Convention)이 국민경제 발전에 기여도가 높은 고부가 가치산업으로 각광받고 있다. 대규모 국제회의 유치는 외화수입에 있어 커다란 경제적 효과를 얻을 수 있고 국가의 대표들이 참가하므로 홍보효과가 가능하여 국가적으로나 사회적으로 커다란 의미가 있다. 따라서 국제회의 시장규모는 매년 확대되고 있으며, 각국 정부의 국제회의 전담기구에서는 국제회의산업의 중요성 및 효과를 깊이 인식하고 각종 국제회의뿐만 아니라 같은 범위에 속하는 전시회, 박람회, 학술세미나, 각종 문화행사, 스포츠행사 등의 유치에도 관광적인 측면에서 전력을 기울이고 있다. 이처럼 국제회의산업은 새로운 신흥산업분야로서 부가가치가 높은 산업이라고 할 수 있다.

### 2) 국제회의의 종류

#### (1) 회의(Meeting)

회의는 모든 종류의 모임을 총칭하는 가장 포괄적인 용어이다. 회의는 미리 정해진 목적이나 의도를 성취하고자 하는 비슷한 관심을 가진 사람들의 집단이 한곳에 모이는 것으로 정의할 수 있다. 여기서 사람들의 집단이란 한 기업의 직원들, 동일 협회의 회원들, 비슷한 사업에 종사하는 사람들을 말한다. 비슷한 관심이란 다양한 집단의 사람들을 한 회의에 참가하도록 이끄는 공통적인 요소가 반드시 존재한다는 것을 의미한다. 미리 정한 목적이나 의도를 성취하고자 모인다는 것은 다양한 각 개인들이 공통관심사에 대해 좀 더 배우기 위해 특정한 회의에 참가한다는 것을 의미한다.

### (2) Convention

컨벤션은 정기집회의 한 형태로서 다양한 기구나 단체에서 정보전달을 목적으로 하는데, 경우에 따라서는 전시회도 동반하는 경우가 있다. 특정 안건을 심의하여 어떠한 결론을 유도하는 모임으로서 보통 축제적 분위기 속에서 이루어진다. 이러한 집회는 만장일치의 의안 통과가 관례이며, 그 대신 각급 분과위원회가 깊이 있게 이루어진다.

### (3) Congress

콩그레스는 유럽에서 일컫는 용어로 대규모 국제회의를 의미한다. 컨벤션과 같은 규모의 행사중심의 국제회의로서 사교 및 관광행사 등의 다양한 프로그램으로 편성되어 있다. 사회과학이나 자연과학분야에서 개최되는 학회의 회의가 이 유형에 속한다.

### (4) Conference

콘퍼런스는 주로 기술이나 과학분야의 새로운 지식이나 문제점에 대한 연구를 위한 회의이다. 회의를 기본으로 하는 구체적 집회로 미국에서 주로 사용되고 있다. 보편적으로 어떤 주제를 풀기 위한 회의 형식으로 이루어진다.

### (5) Seminar

세미나는 교육목적으로 개최되는 회의로서 발표자와 참가자가 단일 논제를 가지고 발표와 토론을 갖는 형식이다. 한 사람의 주도로 특정분야에 대한 단일의 논제에 대해 지식이나 경험을 발표 토의하는 형태로 교육자와 피교육자의 관계를 전제로 한다.

### (6) Symposium

심포지엄은 특정문제를 놓고 연구 검토하기 위한 전문가의 토론장을 의미한다. 일종의 공개토론회로서 전문가가 제시한 안건에 대한 결과를 중심으로 청중 앞에서 토의하는 것을 말한다. 회의의 마지막 부분에서는 주제와 관련된 건의사항과 문제점 등의 결과를 정리하여 보고서를 작성하게 된다.

### (7) Forum

포럼은 사회자의 주도하에 동일분야의 전문가가 미리 제시한 한 가지 주제에 대하여 서로 상반된 견해를 청중 앞에서 토의하는 형태를 의미한다. 토론내용이 자유롭고 문제의 평가나 의견교환을 하는 공개토론 형식의 회의이다. 심포지엄이 비교적 격식을 갖춘 토론형식이라면 포럼은 자유로운 토론형식이다.

### (8) Panel Discussion

패널회의는 일종의 공개토론회로서 방청인들을 중심으로 발표자의 제목발표와 해당사항에 대한 전문가들 간의 상호 질문, 답변 등의 토론을 갖는 형식이다. 청중들의 의견보다는 패널리스트의 비중이 높으며 토론회는 사회자가 주노한다. 이 밖에도 워크숍, 강습회, 전시회, 화상회의, 집회, 클리닉 등이 있다.

### (9) 워크숍(Workshop)

워크숍이란 최대 35명 그리고 보통은 30명 정도의 인원이 참가하는 훈련목적의 소규모 회의로서 특정문제나 과제에 관한 아이디어, 지식, 기술, 통찰방법 등을 서로 교환한다. 따라서 워크숍은 특정분야에 종사하는 비교적 소규모 집단의 사람들을 위한 간단하고 집중적인 교육프로그램으로서 문제해결을 위한 노력에 참여할 것을 강조한다.

### (10) 전시회(Exhibition)

전시회는 벤더(Vendor : 판매자)에 의해 제공된 상품과 서비스의 전시모임을 말한다. 무역, 산업, 교육분야 또는 상품 및 서비스 판매업자들의 대규모 교역전시회로서 회의를 수반하는 경우도 있다. 전시회는 컨벤션이나 콘퍼런스의 한 부분에 설치되기도 한다.

### (11) 화상회의(Teleconferencing)

화상회의(또는 원격회의)는 화면을 통하여 다른 몇 개의 장소에서 동시에 회의할 수 있는 미팅방법이다. 참가자들이 각기 다른 장소에서 TV화면을 통해 상대방을 보면서 의견을 교환하는 것으로 고도의 커뮤니케이션 기술을 이용한다. 화상회의는 원거리 여행의 비용과 시간 등을 소비하지 않고 회의할 수 있는 방법이다. 오늘날에는 각종의 오디오, 비디오, 그래픽스 및 컴퓨터 장비를 갖추고 고도의 통신기술을 활용하여 회의를 개최할 수 있으므로 그 발전이 주목되고 있다.

### (12) 기자회견(Press Conference)

기자회견은 신문, 잡지, TV, 라디오 매체의 관계자들이 초대되어 새로운 사건이나 이벤트에 관한 정보를 얻는 모임이다. 주최자는 신상품, 새 임원, 기타 뉴스로 간주할 수 있는 다른 행사에 관해 보도기관에 알리기 위해서 기자회견을 요청하기도 한다.

## 5 연회서비스의 진행순서 및 방법

### 1) 서비스 진행 계획

연회예약이 완료되면 연회서비스 준비를 위하여 연회행사 통보서(Event Order) 또는 연회요구서(Function Sheet)를 작성한다. 연회행사 통보서에는 연회장소, 참석인원, 메뉴, 바 설치의 유무, 아이스카빙, 현수막, 조명 및 음향, 꽃장식, 케이크 등과 같이 행사진행을 위해 요구되는 사항들이 기록되어 있다. 따라서 효율적인 연회행사를 위하여 관련된 부서장에게 연회 통보서를 보내 협조를 요청해야 한다. 관련 부서는 식음료부, 하우스키핑, 시설부, 보안경비실, 객실부서 등이다. 다음으로 연회서비스를 위한 행사진행계획, 인원확보계획을 수립하여 행사가 성공적으로 이루어질 수 있도록 해야 한다.

연회서비스는 대규모의 단체고객을 상대로 업무가 이루어지므로 준비작업 및 서비스도 다양하다. 따라서 연회지배인은 사전에 연회의 성격별로 준비작업과 서비스의 요령을 결정하여 종사원에게 충분히 숙지시켜야 한다. 연회가 시작되기 전 원활한 행사를 위한 서비스계획을 위한 구체적인 사항은 다음과 같다.

- 테이블형태 확정
- 서비스요원 수의 결정과 배치
- 서비스 순서 결정 및 메뉴교육
- 행사관련 체크리스트 작성
- 테이블 및 의자 위치 확정
- 테이블 세팅과 바 설치
- 테이블과 기타 비품배치
- Mis en place 점검과 음식의 확인

• 시작 전 용모점검
• 연회장 청소상태 및 기기나 설비들의 점검

### 2) 서비스 인원의 확보

행사를 위한 서비스 직원의 수는 행사의 종류 및 성격, 고객 수, 메뉴, 서비스 방법에 따라 차이가 있으나 일상적 파티인 경우는 직원 1명이 15명의 고객, 정식 파티인 경우 직원 1명이 4~8명의 고객을 서비스하도록 하는 것이 적당하다. 지배인은 연회의 성격에 따라 직원을 확보, 배치하도록 한다. 만일 연회부서의 인원만으로 부족하다고 판단되면 식음료부서 또는 인사과에 협조를 의뢰하여 지원을 요청하도록 한다.

### 3) 서비스 준비

연회행사 통보서를 기본으로 지배인은 연회가 시작되기 전에 연회 성격, 메뉴내용, 테이블 배열, 진행순서 등을 직원에게 설명해 주고 일사불란한 서비스가 되도록 교육시킨다.

### 4) 서비스 대기

서비스 직원은 연회가 시작되기 20분 전에 각자 맡은 지역에서 대기자세를 취하고 지배인, 캡틴은 연회장의 입구에서 고객 맞이할 준비를 한다. 연회장에 입장하는 고객에게 착석 보조 등 전반적인 서비스를 할 수 있는 마음의 자세를 갖도록 한다.

### 5) 테이블 서비스

연회의 메뉴는 일반 레스토랑에서처럼 일품요리를 서비스하는 것이 아니라 동일한 요리(Set Menu)를 서비스하기 때문에 연회 책임자는 특히 서비스 연출에 많은 신경을 써야 한다. 따라서 연회장의 전반적인 업무 흐름에 따라 주방과의 긴밀한 협조가 이루어지도록 한다.

## 6) 연회행사 중 서비스

① 늦게 도착한 고객의 영접을 위한 서비스
② 예정된 시간보다 먼저 퇴장하는 고객을 위한 서비스
③ 전화 서비스
④ 연설 서비스
⑤ 공조상태 및 음향, 조명 관계
⑥ 귀중품 도난사고 등 사전 예방에 관한 서비스

## 7) 연회행사 종료 후 서비스

① 연회장 출구에 정렬하여 고객 환송
② 주최측으로부터 요리 및 서비스에 대한 의견 청취
③ 파티에 반입된 각종 물품의 유무 확인
④ 고객의 분실물 점검

## 8) 계산

연회행사 통보서를 참고로 하여 계산서를 작성하고, 추가 발생한 식음료를 확인하여 최종 계산서를 확인한다. 캐셔에 의해 완성된 계산서를 주최자에게 제시하고 현금, 신용카드, 현금 등으로 분류하여 최종계산서를 캐셔에게 통보한다. 후불일 경우 주최자의 연락처, 회사명을 정확하게 파악한다.

## 9) 최종작업

① 입구에 설치한 접수 테이블, 전화기의 제거 및 철거

② 카펫, 얼음조각, 기타 장식물 철거
③ 클록룸(Cloak Room)의 보관증 유무 확인
④ 각종 집기류, 장비 등 관리상태 점검
⑤ 화재예방, 쓰레기 처리 등 최종점검

## 6 출장연회서비스

출장연회는 고객이 원하는 장소나 시간에 따라 실시되는 행사로 음식, 음료, 식기, 테이블 등 모든 호텔기물을 고객이 원하는 장소에 운반하여 고객이 만족하는 서비스를 수행하는 연회이다. 출장연회 담당자는 다음과 같은 사항을 숙지하여 차질 없이 훌륭한 행사가 되도록 진행하여야 한다.

### 1) 현장답사

① 고객이 원하는 장소를 직접 방문하여 현장을 세밀히 답사한다.
② 소요시간 및 차량운행 코스를 확인한다.
③ 장비 및 비품의 하역장소와 엘리베이터 사용 여부를 확인한다.
④ 연회장 내 전기, 수도 및 주방시설 유무를 확인한다.
⑤ 연회장 실측 및 간단한 도면을 작성한다.
⑥ 서비스 직원의 대기장소 및 백사이드(Back Side) 유무를 확인한다.
⑦ 야외행사 시 우천에 대한 대비책을 수립한다.

### 2) 행사계획서 작성

① 차량소요 및 운행계획서
② 장비, 집기, 부품 산출
③ 인원확보 계획
④ 서비스계획
⑤ 숙박비, 인건비 및 기타 출장소요 경비계획서
⑥ 간단하고 간략한 도면 작성

### 3) 반출증 작성

① 필요 수량을 정확히 산출하여 기록한다.

② 사전 결제를 받는다.

Introduction to Hotel Management

# 제10장 호텔 식음료 판매촉진

# 제1절 판매촉진의 개념 및 중요성

## 1 판매촉진의 개념

판매촉진(Sales Promotion)은 마케팅에서 자주 접하게 되는 요소로서 일상적이고 매우 직접적인 과정으로 이루어지며 소비자의 구매환경 요소이다. 그러나 이러한 판촉의 성질에도 불구하고 판매촉진에 대한 정의를 바로 내리기는 쉽지 않다. 또한 이러한 사실을 반영하듯 판매촉진은 보다 풍부하고 복잡한 마케팅 도구이고 최근 들어 개념변화가 가장 활발하게 일어나고 있다.

앞서 말한 바와 같이 판매촉진의 개념을 간단히 정의하기는 어려운 일이나 미국 마케팅협회(American Marketing Association : AMA)의 용어정의위원회는 1960년에 판매촉진을 광의와 협의의 두 가지 개념으로 규정하고 있다. 광의의 판매촉진은 인적 판매, 광고, 홍보 등을 포함하여 소비자의 구매를 자극하는 모든 활동이다. 한정된 의미에서의 판매촉진은 소비자의 구매와 거래 점의 효율성을 자극하는 인적 판매, 광고, 홍보를 제외한 마케팅 활동이다. 예를 들면 진열, 전시, 전람회 실연, 기타의 비상례적 비반복적인 판매활동이라 하였다. 여기서 광의와 협의의 해석상 차이는 전자는 보완적 판매활동을 대상으로 하는 데 반하여 후자는 인적 판매, 광고, 홍보를 보완하면서 효율성을 도모하는 활동을 주요 대상으로 하고 있다는 점이다. 한편, 미국광고회사협회는 판매촉진이란 제품이 제공하는 본원적인 편익을 넘어서는 유인을 제공하여 제품을 구입하도록 하는 활동이라 정의하고 있다.

이처럼 판매촉진이란 촉진의 수단 중에서 광고, 홍보, 인적 판매를 제외한 모든 촉진수단으로 그것이 가격이나 가치에 영향을 주는 단기적이고 자극적인 유인수단이라고 할 수 있다. 이상의 정의에서 드러난 하나의 공통적인 개념은 판매촉진이 단기성과 자극성을 특징으로 하는 마케팅활동이라는 것이다.

## 2 판매촉진의 중요성

광고와 판매촉진 사이의 차이점을 든다면 대체적으로 두 가지를 들 수 있다. 광고가 일반적으로 소비자를 제품 쪽으로 끌어주는 풀 마케팅(Pull Marketing)인 데 반해 판매촉진은 푸시 마케팅(Push Marketing)이다. 다른 면에서도 광고는 광고주가 임의대로 영향력을 행사할 수 없는 미디어를 돈을 주고 사서 이용하는 데 비해, 판매촉진은 기업이 마음대로 통제할 수 있는 수단들을 스스로 활용한다는 점이다.

얼마 전부터 판매촉진의 비중이 광고에 비해 높아지고 있다. 이것은 광고비 상승, 광고매체의 혼란, 광고에 대한 법적 규제 등으로 광고의 효율이 점차적으로 떨어지는 반면에 판매촉진은 소비자라든가 또는 그 이외의 구체적 목표물에 대해 촉진방법을 다양하게 할 수 있으며 충성스러운 고객에 대한 보상이 가능하고 또한 상습구매자들의 재구매율을 높여준다는 점에서 판매촉진의 비중상승을 설명할 수 있다.

따라서 판매촉진은 첫째, 가격할인을 이용해 소비자들의 시험구매를 유도하여 반복구매로 연결시켜 주며 둘째, 경쟁제품 구매자로부터의 상표 전환을 초래하고 셋째, 제조업자들이 수요와 공급 측면에서 단기적인 변환을 조절할 수 있게 하여 재고처분이 쉽도록 해주며 인지도 획득을 동시에 할 수 있다. 넷째, 계절성 상품의 경우 시간에 따른 소비자들의 수요격차를 해소하는 것을 목적으로 볼 수 있다.

# 제2절 판매촉진의 유형 및 효과

## 1 판매촉진의 유형

판촉의 유형을 가격지향적인 것과 비가격지향적인 것으로 나누어볼 수 있다.

### 1) 가격지향적 판촉

#### (1) 가격할인

가격할인(Price-Offs)은 제품이나 서비스의 가격을 낮춰주는 것이다. 가격할인은 주로 제품이나 서비스의 이용증대를 위해 고객을 유인하는 수단으로 사용된다. 이것은 구매위험을 감소시키는 역할을 하며 또한 구매가능성을 증대시킨다. 그러나 제값을 지불하고 제품을 구매할 용의가 있는 고객들에게까지 낮은 가격으로 판매하는 좋지 않은 결과를 낳기도 한다.

#### (2) 환불과 상환

쿠폰이나 가격할인 등의 요금을 내리는 수단 외에 기업들은 환불이나 상환의 방법을 이용할 수 있다. 환불이나 상환은 구매했다는 증거가 있으면 고객에게 일정한 현금을 돌려주는 것이다. 엄밀히 말하면 환불(Rebate)은 내구재에서 주로 사용되고, 상환(Refund)은 일용품이나 고객서비스 분야에 적용되는 용어이다. 그러나 오늘날에는 구별 없이 사용되는 추세이다.

## 2) 비가격지향적인 판촉

기업은 단순한 가격의 할인 이외에도 여러 가지 재미있는 촉진수단을 이용한다. 직접적인 가격할인이 없는 경우 다양한 목적에 따라 고객들이 특정한 행동을 하도록 유도하는데 이것이 비가격지향적 판촉이다. 이런 유형의 촉진에는 샘플, 쿠폰, 프리미엄, 경연대회와 경품, 단골고객 프로그램 등의 다섯 가지 방법이 있다.

### (1) 샘플

샘플(Sampling)이란 고객에게 무료로 제품을 시험할 기회를 주는 것을 말한다. 이러한 샘플의 제공은 고객들에게 제품의 잠재고객들에게 기업의 능력과 신뢰를 제공하여 다음에 꼭 필요한 경우 해당 제품을 찾게 하는 효과를 가져온다. 특히 가정용 살충제나 일상용품의 경우 샘플의 제공은 매우 효과적이라 할 수 있다.

### (2) 쿠폰

쿠폰(Coupons)은 특히 단기간에 매출을 자극하는 훌륭한 전략이다. 그러나 쿠폰은 장기 전략에 사용되어서는 안 된다. 쿠폰의 과다사용은 기업의 이미지와 상표 자산(Brand Equity)을 훼손할 우려가 있기 때문이다.

쿠폰을 제공하는 방법도 이전에는 신문이나 잡지에 인쇄된 쿠폰을 주로 사용했으나 현재는 테크노마트의 '테크진'이나 월간 'Koopon'과 같은 별도의 쿠폰이 들어 있는 책자를 발행하거나 팩스, 전자우편 등을 이용하여 바로 쿠폰을 보내주는 방식을 많이 이용하고 있다. 특히 가격에 민감하고 상표충성도가 낮은 고객을 끌어모으기 위해서 쿠폰이 사용되는데 이러한 쿠폰은 얻기 편리하고 단순하며 까다로운 조건 없이 제공되어야 효과적이다.

### (3) 프리미엄

프리미엄(Premium)은 특정 제품이나 서비스를 구매한 고객에게 공짜로 특정 서비스를 이용할 수 있도록 제공되는 것을 말한다. 쿠폰과는 달리 프리미엄을 가진 고객은 다른 서비스 이용 시 요금 전액에 대해 한푼도 지불하지 않아도 된다.

프리미엄의 장점은 경쟁의 정도와 수요의 계절성을 반영하여 할인의 가치를 조정할 수 있다는 것으로 이것이 단골고객 프로그램과 다른 점이다. 또한 프리미엄은 쿠폰과 다르게 기업의 이미지에 부정적인 영향을 주지 않는다. 이러한 프리미엄이 효과적이기 위해서는 제공되는 프리미엄이 고객에게 매력적인 것이어야 한다. 고객에게 필요하고 고객이 원하는 것을 선물로 제공해야만 한다. 기업에서 제공하기 편리한 아이템으로 선정해서는 안 된다. 제공되는 선물은 기업의 이미지를 반영하는 것이라는 것을 잊지 말아야 한다. 또한 프리미엄은 서비스의 무형성을 극복하도록 유형적인 사은품을 제공하여 혜택을 가시적으로 파악할 수 있게도 한다. 주유소에서 고객들에게 휴지, 비누 등을 나누어주는 것이 그러한 예이다.

### (4) 경연대회와 경품

경연대회(Contest)나 경품(Sweepstakes)은 고객에게 복권이나 제비 뽑기 같은 기회를 제공하는 것이다. 경연대회와 경품의 차이는 해당선물을 받기 위해서 하는 방법이다. 경연대회에서 고객은 뽑히기 위해서 일정한 활동을 하거나 제품을 구입해야 한다. 반면 경품은 특별한 활동을 하지 않아도 얻을 수 있다.

쿠폰이 가격에 민감한 고객에게 효과적인 촉진수단인 데 비해 경연대회나 경품은 자극과 재미를 좋아하는 고객들에게 적절한 촉진수단이다.

경연대회와 경품의 제공이 효과적이기 위해서는 철저하게 흥미로우며 환상적이고 자극적인 수준이어야 한다. 이러한 행사에 참여하는 고객들은 제공되는 경품 자체에도 관심이 있지만 대부분 이기기를 좋아하는 사람들이다. 그러나 이 방법도 쿠폰처럼 남용해서는 안 된다. 지나친 행사에는 비용도 많이 들

뿐더러 고객의 흥미를 오히려 반감시킬 수 있기 때문이다.

### (5) 단골고객 프로그램

대부분의 판촉은 단기적이며, 상표의 전환을 유도하는 것으로 재구매를 유도하는 것은 많지 않다. 많은 사람들이 이러한 판촉이 상표충성도를 형성하고 기업의 긍정적인 이미지를 유도하지 못한다고 생각한다. 이와 같은 판촉의 부정적인 측면을 없애기 위한 방법으로 개발된 것이 단골고객 프로그램이다. 단골고객 프로그램은 현재 고객을 대상으로 그들의 애호도를 보상함으로써 재구매율의 증가와 상표충성도의 형성을 목적으로 하는 것이다.

자주 구매하는 고객에게 보상을 제공하고 재구매에 대한 인센티브를 제공하는 단골고객 프로그램은 다음 4가지의 독특한 특징을 갖는다.

첫째, 일정한 기간 동안 다수의 구매를 한 경우에 제공된다.

둘째, 구매에 대해서 포인트를 누적하는 공식적인 수단이 있다.

셋째, 표준화된 보상절차가 있다.

넷째, 보상은 일정 포인트가 누적되었을 때 추가적 제품이나 서비스 제공, 가격할인, 현금 보상 등으로 제공된다.

# 제3절 호텔 식음료업장의 판매촉진

## 1 판매촉진의 목적

서비스 믹스의 한 요소인 촉진은 목표고객과 기타 관련 소비자들에게 서비스와 관련된 내용을 전달하는 기업의 마케팅 활동이다. 촉진활동은 실제 및 잠재고객들에게 서비스기업의 서비스상품에 대해 알리고 수요를 환기시키려는 목적을 가지고 있다. 서비스기업의 마케팅 활동이 얼마만큼 성공할 수 있느냐 하는 것은 촉진활동에 의해 크게 좌우된다.

오늘날과 같은 치열한 경쟁 속에서 촉진은 서비스기업의 성공에 있어 핵심적인 역할을 한다. 서비스가 무형성이기 때문에 구매자들이 특정 서비스의 특성이나 편익을 완전히 이해하기도 힘들고 또한 그 서비스가 그들의 욕구를 얼마나 충족시킬 수 있는지 평가하기도 힘들다.

이러한 불확실성 때문에 서비스기업의 촉진 메시지가 서비스의 특성과 편익을 강조하기도 하지만 강력하고도 또렷한 기업이미지를 창조하여 유지시키는 데도 아주 중요한 역할을 한다. 따라서 촉진의 목적은 경쟁사의 서비스와 자사의 서비스를 차별화하여 구매자 마음속에 뚜렷한 차별성을 부각시키는 것이다. 이러한 이유로 최근 대부분의 호텔은 판매촉진의 예산을 대폭 늘리고 광고비용을 줄이는 실정이다.

## 2 판매촉진 활동의 역할

### 1) 소비자 인지의 증대

고객을 창출하기 위해서는 행동을 위한 욕구나 관심을 자극해야 한다. 광고 역시 인지도를 증대시키기 위한 것이지만 가끔 고객의 인지가 구매행동으로 전환되기까지는 특별한 판매촉진이 필요하다. 이와 같은 이유로 호텔들은 판매촉진을 강화하여 호텔상품이나 서비스에 대한 고객의 인지도를 높이고 있다.

### 2) 새로운 상품의 소개

대부분의 호텔은 새로운 상품이나 서비스를 개발하는데 그와 같은 상품을 목표시장의 고객에게 인지시키고 관심을 끌 수 있는 가장 좋은 방법은 특별한 판매촉진 활동이다. 그 수단으로는 촉진을 위한 플라이어(Flyer)의 제작 및 발송, 호텔 내 초청 및 발표회(Presentation) 등이 있다.

### 3) 고객 수의 증대

현재의 시장에서 수요와 공급에 여유가 없고 경쟁력이 증대될 경우 어느 한 지역에서 시장점유율의 증대는 곧 경쟁사의 비즈니스를 직접적으로 빼앗는 것이다. 이와 같은 경우 호텔은 고객이 현재 제공받는 서비스보다 나은 조건을 제시할 수 있는 판매촉진이 필요하다. 다시 말하면 치열한 시장경제하에서 매출증대를 위한 판매촉진은 경쟁사의 고객을 자호텔로 전환시키는 것을 의미한다.

### 4) 현재고객의 구매증진

각각의 상품이나 서비스를 구매할 때는 가격이 비싸지만 여러 개를 동시에 이용할 수 있도록 묶어서 패키지상품을 개발하여 전체가격보다 저렴한 가격으로 제공한다면 구매빈도가 적은 상품도 할인된 가격으로 판매할 수 있으므로 매출을 증대시킬 수 있다.

### 5) 비수기의 매출증대

일반적으로 호텔은 비수기가 있기 마련이므로 판매촉진활동은 비즈니스 호텔의 경우 주말의 영업을 증대시키고 휴양지 호텔에서는 비수기나 완충기의 영업을 증대시킨다.

## 3 호텔 식음료 판매촉진 유형

### 1) 식음료업장의 판매촉진

식음료의 판매를 촉진하는 데 있어 가장 중요한 것은 실제로 양질의 상품을 제공하는 것이다. 여기서 양질의 상품이라는 것은 제공되는 식음료의 질만을 의미하는 것이 아니라 식당의 매혹적인 분위기, 적절한 서비스, 공연, 일상적인 것으로부터의 변화 등 무형재까지도 포함되는 것이다. 식음료를 상품화하는 방법으로는 다음과 같은 것들이 있다.

① 크리스마스, 신년, 추석, 어린이날, 어버이날 등에 특별메뉴, 장식 등의 적절한 프로그램을 계획하여 판매촉진
② 지역사회의 축제나 각종 행사와의 연계를 통한 판매촉진
③ 근처 백화점의 특별할인 판매나 패션쇼에 협동광고 및 판매촉진
④ 연극, 연주회, 스포츠행사의 참관자에 대한 판매촉진
⑤ 졸업, 진학, 회갑 등에 대한 선물로써 식음료상품 교환권의 판매촉진
⑥ 딸기, 벚꽃, 복숭아, 아스파라거스, 송이버섯 등 계절에 따른 특별메뉴 판매촉진

### 2) 연회의 판매촉진

매년 많은 연회가 호텔에서 개최되고 있는데, 이것은 인간의 사회활동으로 본다. 문화적으로 의의 있게 하고 인간의 특징인 사회활동을 보다 원활하게 하는 모임이라고 할 수 있다. 또한 호텔기업의 입장에서는 연회가 호텔을 알리는 좋은 기회를 제공하며, 식음료는 수입을 증대시키는 주요한 요인이 되고 있다.

따라서 호텔에서는 연회부서를 설치하고 완전한 서비스를 제공하여 연회를 비중이 높은 주요 상품으로 판매하고 있다. 예상고객에게 연회상품을 판매하는 데 있어서 가장 효과적인 촉진수단은 인적 판매다. 연회예약을 받는 가장 좋은 방법은 방문판매가 가장 중요한 수단이 될 것이다. 방문판매를 담당하는 판촉사원은 연회를 정기적으로 개최하는 단체의 명부를 연회 개최시기까지를 포함하여 작성하는 작업이 필요한데, 이때 경쟁업자에 대해 필요한 정보, 자사의 시설과 서비스 내용, 음식에 대한 일반적인 지식, 식사에 대한 구체적인 설명, 적절한 브로슈어와 호텔에서 개최된 이벤트의 컬러 사진첩의 제작과 같은 사항을 점검해야 한다.

Introduction to
Hotel Management

# 제11장
# 호텔
# 세일즈 · 마케팅 관리

# 1 호텔 세일즈 · 마케팅의 개요

## 1) 호텔 세일즈 · 마케팅의 중요성

호텔에서 세일즈(sales)와 마케팅(marketing)을 담당하는 부서를 판촉부라고 한다. 판촉부는 상품기획에서부터 판매 및 촉진활동을 한다는 점에서 호텔의 중추적인 역할을 담당하고 있다. 마케팅 업무는 시장조사 및 분석, 영업분석 등을 통하여 호텔의 경영목표를 달성하기 위한 방향을 제시하고 이에 따른 상품기획, 가격, 유통, 촉진 등의 전략을 수립하는 것이며, 세일즈 업무는 마케팅 전략에 따라 고객과 직접 접촉하여 상품을 설명하고 판매하는 역할을 한다.

오늘날 고객의 욕구를 충족시켜 주고, 경쟁호텔보다 상품을 더 팔고, 고객을 더 획득하려는 생존경쟁은 호텔기업 간의 마케팅 전쟁이라고 할 수 있다. 그리고 한정된 시장하에서 고객획득만으로는 한계가 있으므로 자사의 고객을 지속적으로 유지하고 관리하는 것이 필요한데 이러한 것도 마케팅의 일환이다.

"판매 없는 사업은 없다.(no sales, no business)"라는 말이 있듯이 어느 기업이든 판매를 담당하는 부서는 중요시되고 있으며 회사 차원에서도 지원을 아끼지 않는 실정이다. 따라서 호텔 세일즈 · 마케팅부서에 근무하는 직원은 호텔을 대표하고 전 사원의 생계를 책임진다는 각오로 업무에 임해야 한다.

## 2) 호텔 세일즈 · 마케팅의 조직도

일반적인 호텔 세일즈 · 마케팅부서의 조직도는 다음과 같다.

〈그림 11-1〉 호텔 세일즈 · 마케팅부서의 조직도

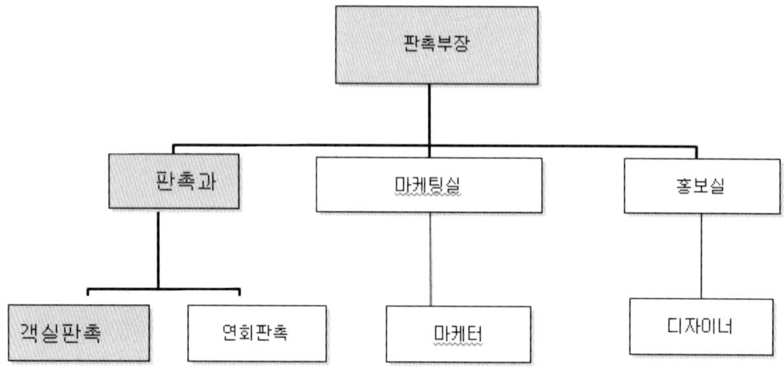

## 2 마케팅 업무

### 1) 마케팅의 정의

호텔의 마케팅 업무를 수행하는 마케터(marketer)는 마케팅의 기본적인 개념을 이해할 필요가 있다. 마케팅에 대한 정의는 여러 학자들이 주장하고 있는데 대표적인 정의 두 가지를 소개하면 다음과 같다.

#### (1) 미국마케팅협회의 정의

미국마케팅협회(AMA)는 1985년 "마케팅이란 개인이나 조직의 목표를 충족시키는 교환을 창출하기 위하여 아이디어, 재화 및 서비스의 개념화, 가격결정, 촉진 및 유통을 계획하고 실행하는 과정이다."라고 정의하였다.

#### (2) 코틀러의 정의

대표적인 마케팅 학자인 코틀러(Kotler)는 "마케팅이란 제품이나 가치를 창조하거나 다른 사람과의 교환과정을 통하여 소비자의 필요(need)와 욕구(wants)를 충족시키는 인간활동이다."라고 정의하였다.

### 2) 마케팅 핵심용어의 이해

#### (1) 필요와 욕구

필요(needs)는 인간이 본원적으로 가지고 있는 욕구이고, 욕구(wants)는 필요를 만족시켜 주는 수단으로서 구체화된 바람이다. 예를 들어 배가 고플 때 음식을 찾고자 하는 것은 필요이고 음식 중에서 한식, 일식, 양식, 중식 등 구체화된 품목을 찾는 것은 욕구이다.

## (2) 교환

기업의 제품 또는 서비스와 고객의 화폐가 서로 교환함으로써 기업은 생존유지, 고객은 욕구충족이라는 양자의 목적을 실현시키는 행위를 말한다.

## (3) 시장(market)

어떤 제품이나 서비스에 대한 실제적 또는 잠재적 구매자의 집합을 말한다.

## (4) 마케팅 프로세스

마케팅 프로세스(marketing process)란 마케팅 기회의 확인, 시장의 세분화 및 표적시장의 설정, 포지셔닝 구축, 마케팅믹스전략을 수립하여 그것들이 효과적으로 운용되도록 마케팅관리 시스템을 구축하는 것이다.

**〈그림 11-2〉** 마케팅 프로세스

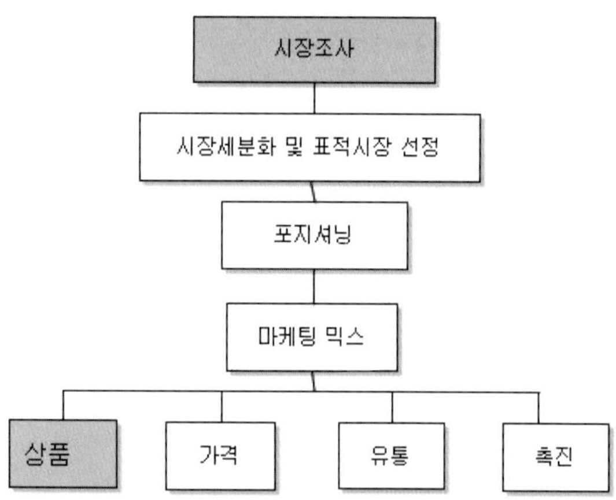


## (5) 시장세분화 및 표적시장

시장세분화(market segmentation)란 유사한 필요, 요구, 선호, 구매행동을 보이는 고객끼리 군집화하여 분류하는 과정이다. 이 과정에서 나타나는 주고객을 표적시장(target market)이라 한다. 따라서 시장을 세분화하고 표적시장을 설정하여 그 표적시장에 마케팅 예산을 집중함으로써 최적의 효과를 거둘 수 있다.

### (6) 포지셔닝

포지셔닝(positioning)이란 고객의 마음속에 자사의 상품이 시장에서 경쟁적 위치를 차지할 수 있도록 정위화(定位化)하는 것이다. 즉 고객들에게 가장 중요한 혜택을 강조하는 이미지를 그려주고, 타사(또는 상품)와 차별화하고, 광고의 소구력을 높이기 위한 수단이라고 할 수 있다.

### (7) 마케팅믹스(marketing mix)

표적시장에서 마케팅 목표를 달성하기 위해 조정할 수 있는 여러 가지 수단을 말한다. 전통적인 수단으로는 이른바 4P 즉 상품(product), 가격(price), 유통(place), 촉진(promotion)을 들 수 있는데 이를 어떻게 조합시켜 마케팅목표를 달성시킬 수 있는가가 마케팅믹스의 핵심이다.

## 3) 서비스 마케팅믹스의 이해

호텔은 서비스업으로서 전통의 마케팅믹스인 4P만 가지고는 마케팅목표를 달성할 수 없으므로 서비스의 특성을 고려한 서비스 마케팅믹스전략이 필요하다. 즉 서비스 마케팅에 있어서는 서비스가 일련의 과정으로 구성되어 있으므로 프로세스(process), 유형의 제품이 아니라 시설·비품 등의 물리적 요소로도 고객에게 접근하므로 물리적 증거(physical evidence), 그리고 인적 서비스의 의존도가 높으므로 종업원(people)의 서비스품질 등 3P가 더해져 확장된 믹스(7P)로 구성되어야 한다.

### (1) 상품(product)

호텔의 상품은 구체적으로 객실, 식음료, 부대시설 등으로서 고객이 시설적 편익을 이용하고 대가를 지불하는 무형의 상품이다. 물론 식음료와 같은 유형의 상품도 있지만 결국 먹거나 해서 고객이 소유할 수 없는 특징이 있다. 즉 호텔 서비스상품은 무형적이어서 소유할 수 있는 것이 아니라 경험의 가치와 편익을 구매하는 것이다. 따라서 고객에게 서비스가치를 창출하기 위해서는 "내가 왜 당신 회사의 서비스를 구매해야 하느냐?"라는 구매자의 질문에 설득력 있는 답을 제시할 수 있어야 한다. 이를 위해서는 서비스품질 관리, 부가서비스 개발, 서비스 브랜드관리, 서비스보증, 서비스의 차별화, 서비스 패키지상품 개발 등 서비스상품의 가치창출이 필요하다.

### (2) 가격(price)

서비스의 가격은 주관적이고, 고객은 비용지불에 비하여 얻는 가치와 편익으로써 가격을 평가한다. 경쟁사에 비하여 고객에게 지불비용보다 높은 가치를 주기 위해서는 저가 또는 고가전략의 선택이 필요하다. ① 저가전략은 서비스품질 수준을 경쟁사와 동등하게 하거나 그 이상으로 높이면서 가격을 더 저렴하게 하고자 할 때 또는 비용을 줄여 즉 원가절감을 통하여 가격을 낮추고 핵심서비스에 치중하고자 할 때 가능하다. ② 고가전략은 고객이 고가를 지불할 만큼의 서비스상품이 차별화되어 있어야 하고 서비스품질 수준과 보장성을 높여줄 때 가능하다.

### (3) 유통(place, 입지 또는 판매의 경로)

호텔 서비스상품은 대부분 유통과정이 없으므로 고객이 직접 현장에 와야 한다. 따라서 입지조건이 중요하며, 또한 주차장과 입구에 들어서면서부터 구매과정 그리고 나갈 때까지 최대한의 편리를 제공해야 한다.

### (4) 촉진(promotion)

고객이 호텔상품에 대한 정보를 잘 알 수 있도록 커뮤니케이션 활동이 필요한데 그 수단으로서 인적 판매, 광고, 홍보 등의 활동을 들 수 있다.

### (5) 프로세스(process)

서비스는 한 접점에서 끝나는 것이 아니라 일련의 과정(process)으로 되어 있다. 즉 고객은 일련의 서비스과정에 참여하며, 모두 경험한 후 그 대가를 지불하는 것이다. 따라서 부서 간 또는 직원 간의 서비스 프로세스가 원활하게 진행되어야 한다.

### (6) 물리적 증거(physical evidence)

호텔서비스는 무형적이라는 점에서 유형성을 높여주기 위해서는 물리적 증거의 관리가 필요하다. 즉 서비스는 진열판매가 안 되고 사전 설명이 안 되기 때문에 실제 경험해 보지 않으면 서비스수준이나 품질을 알기 어렵다. 따라서 물적 시설 등과 같은 외형으로서 서비스수준이나 품질을 유형화시킬 수 있다. 물리적 증거는 다음과 같이 3가지로 나눌 수 있다.

■ 물리적 증거

- 외부 : 건물, 시설, 조경, 간판의 디자인·색상 등
- 내부 : 인테리어, 비품, 가구, 공기, 온도, 공간 배치 등
- 기타 : 종업원 유니폼, 안내 팸플릿, 메뉴판, 티켓, 영수증, 입장권 등

### (7) 종업원(people)

서비스는 고객과의 접촉과정에서 종업원에 의하여 생산되고 판매된다. 또한 종업원 개인이 가지고 있는 서비스 기술과 용모 자체는 구매와 평가의 대

상이 될 뿐만 아니라 매출 극대화에 직접적으로 영향을 미친다는 점에서 종업원은 서비스 마케팅믹스 중에서도 중요한 요소이다.

따라서 종업원 관리를 위해서는 건전하고 비전이 있는 서비스문화를 창조하고 조직구조를 개선해야 하며, 내부 마케팅 및 교육·훈련을 통하여 서비스 자질과 품질을 높여야 한다.

## 3 호텔 마케터의 업무

### 1) 마케팅 환경의 이해

마케터(marketer)는 변화하는 환경에 능동적으로 대처하기 위해 소비자의 트렌드(trend)를 잘 읽어야 한다. 흔히 21세기 사회를 창조화사회라 하여 개성과 창의력, 그리고 아이디어가 중시되고 있으며, 소비자의 구매패턴이 과거 가격이나 물질보다는 가치추구에 있으므로 획일적인 사고와 서비스로는 고객에게 접근할 수 없다. 따라서 마케팅의 패러다임도 변천하고 있다. 즉 대량 마케팅(mass marketing)에서 고객계층 세분화에 의한 타깃 마케팅(target marketing) 그리고 오늘날 고객개인을 타깃으로 컴퓨터의 데이터베이스를 이용한 데이터베이스 마케팅(database marketing)이 전개되고 있다.

이와 같이 호텔마케팅에서도 고객계층을 세분화하고, 고객의 다양성을 존중하여 그들의 욕구와 요구에 순발력 있게 대응할 수 있도록 개인 고객화를 위한 맞춤식 마케팅이 필요한 것이다. 즉, 고객을 호텔기업 내부의 시스템에 맞도록 표준화시키는 것이 아니라 호텔기업이 고객의 다양성과 욕구를 좇아가야 하는 것이다.

〈그림 11-3〉 마케팅 패러다임의 변화

| 대량 마케팅<br>(mass marketing) | ⇨ | 표적 마케팅<br>(target marketing) | ⇨ | 개별 마케팅<br>(individual marketing) |
|---|---|---|---|---|

### 2) 성숙기의 마케팅전략

호텔업 전체가 성장할 때는 시장점유율을 위해 경쟁하지 않더라도 매출을 신장시킬 수 있지만 일단 시장의 성장이 멈추면 경쟁이 격하되고 업계 전체의 이익이 감소하는 성숙기현상이 발생하는데 그 특징은 다음과 같다.

■ 성숙기 시장의 특징

- 신규 고객보다 고정고객의 확보가 요구된다.
- 고객이 가격에 민감해진다.
- 경쟁사와 서비스 내용이 비슷해진다.
- 고객의 서비스수준이 높아진다.
- 특정 호텔에 대한 애호도가 점점 떨어진다.
- 고객이 더욱 많은 부가서비스를 요구한다.
- 마케팅비용이 높아진다.

이와 같이 성숙기의 호텔기업은 경쟁호텔과 고객으로부터 많은 도전을 받고 있다는 점에서 고객관계 유지를 위한 마케팅 노력이 더욱 요구된다.

### 3) 관계마케팅

서비스가 성숙기에 접어들고 경쟁이 치열해짐에 따라 각 기업은 한정된 시장에서 점유율을 높이기 위해 고객과의 관계를 중요시하게 되었는데 이러한 접근방법이 관계마케팅(relationship marketing)이다. 종전의 마케팅은 고객과의 일회성 또는 교환이 중심이었으나 관계마케팅은 신규고객의 획득보다는 기존고객의 유지와 향상에 초점을 두고 유대관계를 강화함으로써 고객과의 거래나 교환이 장기적으로 지속되어 기업과 고객 모두에게 이익을 보호하자는 개념이다.

따라서 마케터가 고객을 유지하기 위해서는 고객이 왜 이탈하는가를 사전에 파악하여 적절한 조치를 취해야 한다.

■ 서비스기업에 있어 고객이 이탈하는 이유

- 핵심서비스 제공의 실패
- 불친절한 고객응대
- 가치획득보다 높은 가격
- 거리·영업시간 등 이용에 대한 불편
- 불만·불평처리 미흡
- 경쟁사의 유인
- 기업의 비윤리적 행위

## 4) 고객관계관리

고객관계관리(CRM : Customer Relationship Management)란 선별된 고객 즉 우수고객으로부터 지속적인 수익창출을 유도하고 장기적으로 고객관계를 가능하도록 관리하는 것인데 결국 고객과 관련된 기업의 내외부 자료를 분석·통합하여 각 고객 특성에 기초한 마케팅 활동을 계획하고 지원하는 과정이다. 이른바 고객 맞춤식 서비스를 제공하는 것이다.

호텔은 어느 업종보다 이용계층이 한정되어 있고 이들에 의한 매출효과가 극명한데 즉 VIP로 분류되는 우수고객들이 매출에 차지하는 비중은 대략 20% 이상을 상회하는 것으로 알려져 있다. 이러한 이치는 결국 19세기 이탈리아 경제학자인 파레토(Pareto)가 주장한 80/20의 법칙에 적용되는 것이다. 즉 80%의 매출은 20%의 고객에서 창출된다는 것이다. 따라서 호텔의 고정고객 확보는 주요 마케팅전략이라고 할 수 있다. 호텔에서 고객관계 관리의 주요 대상은 유료 VIP회원, 피트니스(fitness) 멤버, 호텔 간 제휴 멤버십회원 등이 있으며, 이들 고객을 마케터는 텔레마케팅, DM, 뉴스레터, E-mail 등의 수단으로 관리해야 한다.

## 5) 호텔 마케터의 직무

### (1) 시장 및 경쟁사 분석

마케터는 마케팅의 개념을 이해하고 새로운 마케팅 환경에 대하여 항상 관심을 가지고, 새로운 정보를 수집하고 이를 관련부서나 세일즈맨에게 제공해야 하며, 경쟁사 및 자사의 영업을 분석하고 자료를 만든다.

### (2) 판매촉진 활동

판매촉진을 위하여 각종 이벤트(event), 프로모션(promotion), 패키지(package) 상품 등을 개발한다. 호텔에서 취급하는 패키지상품은 호텔 특성에 따라 달리 운용되는데 주요 패키지상품은 다음과 같다.

- Summer Package : 여름철 수영장 또는 해수욕장과 연계한 상품
- Winter Package : 겨울철 비수기 타개를 위한 상품
- Honeymoon Package : 신혼여행객을 대상으로 한 상품
- Biz Package : 회의실 및 회의 기자재 등의 사용과 관련된 상품

### (3) 고객관계 관리

고객관계 관리를 위하여 텔레마케팅 등을 실시한다. 텔레마케팅(telemarketing)이란 데이터베이스화된 고객에게 전화를 통하여 자사의 상품을 직접 홍보하거나 판매하는 기법이다.

### (4) 팸 투어 기획

마케터는 판매촉진의 차원에서 팸 투어를 기획할 필요성 있다. 팸 투어(Fam. Tour : Familiarized Tour)란 호텔상품을 직접 판매하는 거래선의 직원을 초청하여 자사의 호텔상품을 설명하고 접대하여 친밀감을 느끼게 만드는 일종의 상품설명회 및 접대성의 이벤트로서 비용은 대부분 호텔 측에서 제공한다.

### (5) 부커클럽의 운용

부커클럽(booker club)이란 호텔예약을 담당하는 비서들의 모임으로서 호텔에서는 국내 및 외국인 기업체 객실고객의 판촉활성화를 위하여 이들의 모임을 만들어 각종 파티의 개최, 야유회 실시, 실적에 따른 연말 인센티브 제공 등을 통하여 지속적인 관리를 하고 있다.

관광목적 고객의 호텔 선택은 여행사에 달려 있지만, 비즈니스 고객의 경우 상당수는 비서들이 예약을 대신해 주고 있다. 즉 객실매출의 상당량이 비서들의 마음먹기에 달려 있는데 비서들이 어느 호텔로 다이얼을 돌리느냐에 따라 객실매출이 달라지기 때문이다. 따라서 마케팅의 타깃은 비즈니스맨이 아니라 비즈니스맨을 수행하는 비서라는 말이 나돌 정도로 비서들의 역할이 중요시되면서 호텔마다 부커들을 위하여 갖가지 판촉활동을 하고 있다. 결국 부커클럽(또는 비서클럽)이란 비서 자신이 속한 기업이나 파트너 기업의 비즈니스맨을 특정 호텔에 지속적으로 송객해 주고 호텔은 이들 비서들에게 일정한 혜택을 줌으로써 상호 이익을 추구하자는 제도인데 호텔 측에서 이를 관리하고자 만든 사교모임이라고 할 수 있다. 각 호텔의 부커클럽은 대체적으로 1박당 포인트제를 실시하여 일정 수준에 이르면 그에 상응하는 상품을 제공하고, 특정한 날에 부커들을 초청하여 파티를 열어주거나 야외 레크리에이션은 물론 다양한 이벤트행사를 갖기도 한다.

부커클럽의 선두주자는 하얏트호텔로서 1974년부터 운영하였는데 그 명칭은 '프라이빗 라인(private line)' 즉 선용회선이라는 뜻이다. 이후 80년대 말부터 각 호텔에서는 마케팅 차원에서 그 중요성이 인식되어 대부분의 비즈니스 호텔에서 운영하게 되었다.

〈표 11-1〉 서울지역 주요 호텔의 부커클럽

| 호텔명 | 클럽명 | 실시연도 |
|---|---|---|
| 하얏트 | 프라이빗 라인(Private Line) | 1974 |
| 신라 | 바스 클럽(Bas Club: Booking At Shilla Club) | 1984 |
| 르네상스 | 앙코르 클럽(Encore Club) | 1988 |
| 롯데 | 샤롯데 클럽(Char Lotte Club) | 1989 |
| 힐튼 | 탑 키 클럽(Top Key Club) | 1992 |
| 조선 | 텔레조이 클럽(Telejoy Club) | 1993 |
| 노보텔 | 앙뜨레 누 클럽(Entre Nous Club) | 1993 |
| 워커힐 | 아이티티 쉐라톤 초이스(ITT Sheraton Choice) | 1995 |
| 리츠칼튼 | 라-넷(La-Net) | 1997 |

## 4 세일즈 업무

### 1) 세일즈 콜의 개요

#### (1) 고객 육성과정

세일즈 업무를 성공적으로 하기 위해서는 고객의 육성과정을 이해할 필요성이 있다. 즉 고객은 모두 같을 수 없으며, 가장 낮은 단계의 잠재고객(suspects)부터 가장 높은 단계의 옹호고객(advocates)까지 6단계로 점점 육성되고, 각 단계의 고객별로 접근방법이 달라져야 하는 것이다.

〈표 11-2〉 고객의 육성과정

| 단계 | 고객 현황 |
|---|---|
| 옹호고객 | 잠재고객에게 우리 호텔을 옹호하는 고객 |
| 단골고객 | 2번 이상 거래가 이루어진 고객 |
| 고객 | 첫 번째 거래가 이루어진 고객 |
| 가망고객 | 구매동기가 구체화되어 스스로 문의하거나 정보를 요구하는 고객 |
| 예상고객 | 구매능력은 있지만 정보가 없고 구매동기가 구체화되지 않은 고객 |
| 잠재고객 | 판매대상 고객 |

#### (2) 세일즈 콜의 의의

세일즈 콜(sales call)이란 호텔의 상품이나 서비스를 판매하기 위하여 고객을 방문하는 것을 말한다. 세일즈 콜을 훌륭하게 수행하기 위해서는 ① 방문목적(purpose)이 뚜렷해야 하고 ② 모든 방문은 계획(planning)에 의하여 진행되어야 하며 ③ 상품설명(presenting)에 대한 스킬(skill)을 소유하고 있어야 하고 ④ 고객을 잘 설득(persuading)하여 자사의 고객으로 유도해야 한다.

## 2) 세일즈의 3단계 업무

### (1) 사전업무

세일즈와 관련하여 다양한 지식의 습득 호텔의 내외부 시설현황을 숙지하고, 호텔에서 판매되는 상품 및 서비스에 대한 지식을 숙지하고 있어야 한다. 또한 호텔의 영업방침과 각 부서의 업무에 대한 지식도 습득해야 하고, 경쟁 호텔의 주요 시장 및 상품에 대한 정보 및 방문고객에 대한 정보도 알고 있어야 한다.

**■ 세일즈 콜 계획서 작성**

주별, 월별 방문계획서를 작성하고, 판촉대상을 업종별, 지역별로 분류하여 코스를 선정한다. 방문하기 전에 사전 약속을 하고, 거래선을 ABC등급으로 나누어 방문횟수를 결정한다.

**■ 세일즈 키트 준비**

■ 세일즈 키드 속의 홍보물

- 호텔 브로슈어(hotel brochure) : 호텔의 시설 전반을 소개한 인쇄물
- 팩시트(fact sheet) : 호텔의 개요 및 시설을 한 장에 소개한 인쇄물
- 컨벤션 및 연회 브로슈어(convention & banquet brochure) : 회의나 연회장의 규모, 시설 등을 상세히 소개한 인쇄물
- 패키지상품 안내서
- 식음료업장 프로모션(promotion) 상품 안내서
- 헬스클럽 브로슈어(health club brochure) : 헬스클럽의 시설이나 회원가입에 관한 안내가 소개된 인쇄물
- 유료회원 가입 안내서
- 객실요금표(room tariff)
- 뉴스레터(news letter) : 매월 또는 격월로 발행되는 호텔 소식지

세일즈 키트(sales kit)란 각종 인쇄 홍보물을 보기 좋게 담을 수 있는 두꺼운 종이로 된 폴더를 말한다.

**■ 판촉물 및 기타 준비물**

호텔 판촉물(giveaway), 명함, 필기도구, 각종 서류를 넣을 수 있는 가방을 준비한다.

**■ 세일즈 콜 준비자세**

호텔의 판촉직원은 호텔을 대표하여 호텔 내외부에서 고객을 접촉하므로 항상 깔끔한 용모와 정장차림의 복장을 유지하여야 한다. 특히 능동적이고 긍정적인 사고를 통하여 판매에 대한 확신과 믿음을 가지고 있어야 하며, 또한 첫인상을 좌우할 수 있는 세련된 매너를 습득해야 하여 자신감과 안정적인 모습을 견지해야 한다.

### (2) 방문현장에서의 업무

방문현장에서는 고객과 상담을 하거나 상품을 프레젠테이션하는 업무를 수행한다. 고객 앞에서의 훌륭한 프레젠테이션은 비즈니스를 성공적으로 이끄는데 결정적 역할을 한다. 사전에 철저한 준비와 프레젠테이션 스킬(presentation skill)을 연마하고 에티켓을 익혀둠으로써 비즈니스를 성공적으로 이끌어야 할 것이다.

**■ 상담 준비**

상담에 필요한 서류를 순서대로 재확인하고 상담의 구체적인 목표와 주제를 요약해서 정리해 둔다. 시청각도구가 필요할 경우 사전에 리허설을 하고 예상 질문에 대한 답변도 사전에 준비해야 한다.

## ■ 프레젠테이션 방법

### ■ 상담 포인트

- 약속된 시간 정시에 시작한다.
- 목표를 분명히 한다.
- 상담에 들어가기 전에 날씨 등을 주제로 분위기를 부드럽게 만든다.
- 고객 입장을 경청하고 긍정적인 자세를 견지한다.
- 감성에 호소하기보다는 논리적이어야 한다.
- 상담이 끝나면 내용을 요점 정리한다.
- 적절한 질문기법을 통해 고객의 니즈(needs)를 파악해야 한다.
- 최종적으로 합의된 사항은 문서화한다.

### ■ 상담 에티켓

- 인사가 끝나자마자 곧바로 본론으로 들어가지 않는다.
- 상대방 말을 모두 메모하지 않아야 한다. 그렇게 되면 상대방이 본심을 털어 놓지 않을 수도 있다.
- 상대방이 말하는 도중에는 끼어들지 않는다.
- 대화 중에 자기들끼리 입을 가리고 소곤거리는 것은 좋지 않다.
- 자신의 의사를 전달할 때는 핵심사항을 간결하고 쉽게 표현한다.
- 대화 중에는 상대방의 눈을 응시해야 한다.
- 칭찬을 고맙게 받아들이고 칭찬을 할 줄도 알아야 한다.
- 외국인과 대화할 때에는 표정을 어느 정도 과장하는 것이 좋다.
- 상대방의 라이프스타일에 관심을 보인다.
- 담배는 사양해도 예의에 어긋나지 않는다.
- 적절한 제스처와 보디랭귀지의 구사는 물론 이해할 줄도 알아야 한다.

프레젠테이션을 할 때는 원고를 줄줄이 읽지 말고 핵심을 이야기하면서 주제를 일관되게 견지해야 한다. 때로는 예와 비유를 활용하는 것도 좋은 방법이며, 특히 적절한 제스처와 말의 톤을 중요한 대목에서는 강하게 하는 등 리듬을 줌으로써 상대방을 지루하게 해서는 안 된다. 프레젠테이션은 ① 소개(introduction)

② 개요설명(overview) ③ 본문 설명(main body of the presentation) ④ 요약(summary) ⑤ 질의 · 응답(question and answer) 등의 순으로 진행한다.

### (3) 사후업무

현장에서의 세일즈 업무가 끝나면 사무실에 돌아와 명함이나 파일 등의 서류를 정리하거나 리포트를 작성하는 등 사후업무에 임해야 한다.

**■ 세일즈 콜 리포트(sales call report) 작성**

세일즈 콜의 결과를 일정한 양식에 의하여 요점을 기록하고 향후 재방문 등의 계획을 수립한다.

**■ 견적서 및 계약서 작성**

현장에서 협의된 사항을 토대로 견적서 또는 계약서를 만들어 재방문 시 전달하거나 긴급할 경우 팩스나 e-mail로 송부한다.

**■ 로스트 비즈니스 리포트(lost business report) 작성**

객실이나 연회장 등의 시설 또는 기타 사유로 인하여 행사를 유치하지 못하고 경쟁호텔이 선택되었을 때 그 사유를 적어 부서장에게 보고하여 향후 적절한 대응책을 마련할 수 있도록 한다.

**■ 감사의 편지(thank you letter) 및 전화**

연회장이나 객실을 사용한 거래고객에게 감사의 편지를 보내거나 전화로써 호텔이용에 따른 소감을 피드백하여 향후 판촉전략에 반영한다.

## 3) 마켓 분류

효율적인 세일즈 업무를 수행하기 위해서는 시장을 세분화하여 세일즈 직원별로 담당 마켓을 정하여 집중 관리되도록 한다. 마켓의 분류는 호텔의 환경에 따라 다르지만 다음과 같이 분류할 수 있다.

〈표 11-3〉 객실 및 연회 판촉의 마켓 분류

| 구분 | 마켓 | 내용 |
|---|---|---|
| 객실판촉 부분 | 국내 기업체(corporate) | 기업체 임직원, 출장직원, 바이어 등의 고객 |
| | 외국인 기업체 (foreign company) | 한국지사, 사무소, 대리점 등에 근무하는 외국인 장기투숙객 및 출장직원 등 |
| | 국내여행사 | 허니문 고객 |
| | 인바운드(In-bound) | 여행사 : 외국인 단체관광객 |
| | 항공사 | 승무원 등 |
| | 관공서 | 관공서 직원들의 출장 |
| 연회판촉 부분 | 컨벤션(convention) | 국제회의 등을 하는 대형 단체 |
| | 기업체 | 세미나, 상품설명회, 인센티브, 각종 파티 등 |
| | 학회 및 대학 | 각종 학회 및 대학에서 실시하는 행사 |
| | 협회 및 사회봉사단체 | 각종 협회나 라이온스클럽 등의 사회봉사단체에서 실시하는 행사 |
| | 종교단체 | 각종 종교단체에서 실시하는 행사 |
| | 관공서 | 정부 및 각 시도 행정관서, 정당 등의 관공서에서 실시하는 행사 |
| | 동창회 | 각종 동창회에서 실시하는 행사 |

## 5 홍보업무

### 1) 홍보의 의의

홍보는 마케팅의 한 도구로서 대부분의 호텔에서는 마케팅부서 내에 별도의 홍보실을 두고 있다. 마케팅 차원에서 홍보는 '자사의 상품이 소비자의 필요, 욕구, 관심, 이익 등에 부합할 수 있다는 정보와 느낌의 전달을 통해 구매를 촉진시키는 프로그램을 계획, 실행, 평가하는 일이다'라고 정의할 수 있다. 그러나 홍보에 대한 구체적인 영어표현은 PR(public relations)과 퍼블리시티(publicity) 두 가지가 있는데 학자마다 그 규정 및 해석을 달리하고 있다. 본서에서는 다음과 같이 정의하고자 한다.

#### (1) PR(Public Relations)

PR이란 '기업이 직간접으로 관련이 있는 여러 집단들과 좋은 관계를 구축하고 유지함으로써 기업 이미지를 높이고 구매를 촉진하기 위하여 벌이는 활동' 또는 '직접적인 언론경비의 지출 없이 대중에게 메시지를 전달하여 개인이나 상품 또는 단체에 대한 대중의 견해를 분석하고 그 견해에 좋은 영향을 미치려고 하는 경영진의 노력'이라고 정의할 수 있다.

#### (2) Publicity

Publicity란 '뉴스가치가 있는 사항을 신문 등의 매체에 무료로 소개하면서 기업이미지나 상품을 자연스럽게 알리는 효과를 얻게 하는 방법'이라고 정의할 수 있다. 이와 같이 PR(public relations)과 퍼블리시티(publicity)는 유사한 내용이나 PR이 여러 집단과 관계를 구축하고 유지한다는 점에서 퍼블리시티보다는 넓은 개념이라고 할 수 있다.

### (3) 홍보와 광고의 차이

광고(advertising)란 광고주가 자사의 상품을 판매촉진하기 위하여 TV, 라디오, 신문, 잡지 등의 매체수단을 유료로 이용하는 것이고, 홍보는 무료로 매체를 활용하여 단지 소비자의 관심을 유도한다는 점에서 차이가 있다. 따라서 광고는 광고주가 광고의 내용을 주관하지만 홍보의 메시지는 편집권이 매체에 있다.

## 2) 홍보의 과정

1단계 : 목적 설정

홍보하기 위해서는 구체적인 목적이 있어야 하는데 일반적으로 다음과 같은 경우가 있다.

- 뉴스가치가 있는 사실을 널리 알리고자 할 때
- 회사 및 상품의 신뢰성을 확보하고자 할 때
- 회사 및 상품의 지명도를 높이고자 할 때
- 회사 및 상품에 대한 나쁜 지각을 변화시키고자 할 때
- 판촉사원의 동기를 유발하고 자극하고자 할 때

2단계 : 계획

홍보전략은 바람직한 결과를 산출하도록 고안하는 것인데 이를 위해서는 전략계획을 세워야 한다. 즉 홍보목적의 설정에 따라 홍보를 언제(홍보시기), 누구에게(홍보대상자), 무엇을(홍보내용), 어디에(홍보매체), 어떻게(홍보방법) 할 것인지 체계적인 계획을 수립해야 한다.

3단계 : 실행

실행은 계획된 홍보전략을 수행하는 것이다. 효율적인 수행을 위해서는 매체의 편집자와 좋은 관계를 유지하고 그들이 무엇을 원하는지 알고 그에 적합한 보도자료를 마련해야 한다.

4단계 : 측정 및 평가

홍보효과의 측정 및 평가는 상품에 대한 인지, 이해, 태도에 어떠한 변화가 이루어졌는지 조사하는 것이다. 이를 통하여 홍보 캠페인의 결과가 바람직하게 전개되었는지 파악할 수 있고, 향후 상품계획 및 홍보전략에 대한 대안을 마련할 수 있다.

## 3) 홍보실의 직무

### (1) 보도자료의 작성

홍보실의 주업무는 호텔 내의 기삿거리(news release)를 수집하고 만들어 각 언론사에 보도자료를 발송하는 일이다. 이러한 보도자료가 언론매체에 실리기 위해서는 기사로서의 가치가 있어야 하겠지만 해당 언론사의 담당기자와 좋은 유대관계를 유지해야 한다. 보도자료의 작성은 육하원칙에 의하여 작성하고 가능한 적절한 사진을 곁들이면 더욱 좋다.

### (2) 광고업무 수행

호텔상품의 판매촉진과 호텔의 이미지를 높이기 위해서는 단순히 홍보에 의존해서만은 안 되고 적절한 유료의 광고전략이 필요하다. 언론매체의 광고는 고가의 광고료가 지불된다는 점에서 연간계획을 세워 예산을 집행해야 한다. 광고매체의 수단은 TV, 라디오, 신문, 잡지 등이 있으며, 대부분 호텔의 홍보실에서는 광고대행사에 의뢰하여 시안을 만들어 검토하고, 매체에 내보내고 있다.

### (3) CI 작업

CI(Corporate Identity)란 기업 이미지 통합작업으로서 경영이념이나 사원의 의식과 행동을 개혁하고 기업문화를 재구축하여 기업의 존재 의의와 이미지를 내외에 알리는 것을 말한다. 호텔은 기업 자체가 브랜드이므로 BI(Brand Identity)

즉 기업이 소비자들에게 브랜드 이미지의 통일성을 주기 위하여 브랜드명, 로고, 심벌마크 등을 통합관리하는 것도 포함하고 있다. 강력한 브랜드를 구축하기 위해서는 자신만을 나타내는 단어, 슬로건, 색상, 상징과 로고 등을 구축해야 한다.

### (4) 인쇄물 담당

호텔에서 사용하는 홍보 인쇄물의 종류는 각종 브로슈어(brochure), 리플릿(leaflet), 전단지(flyer), 뉴스레터(news letter) 등으로 다양한데 이들 인쇄물에 대한 카피라이트, 편집, 교정 등의 업무를 담당하며, 디자인실과 협의하여 호텔의 콘셉트(concept) 또는 CI에 근거하여 인쇄될 수 있도록 지휘 · 감독하여야 한다. 각종 인쇄물에 대한 용어를 정리하면 다음과 같다.

〈표 11-4〉 인쇄물의 구분

| 종류 | 내용 |
|---|---|
| 브로슈어(brochure) | 호텔 전반에 대한 안내서 등과 같이 소책자형으로 된 인쇄물 |
| 리플릿(leaflet),<br>팸플릿(pamphlet) | 두세 겹으로 접어서 만든 인쇄물 |
| 전단지(flyer) | 업장별 프로모션 또는 이벤트 등을 소개하기 위하여 한 장으로 만든 것으로서 대량인쇄하여 쉽게 배부할 수 있는 인쇄물 |

### (5) 긴급상황에서의 업무

호텔에서는 화재, 자살, 파업 등 긴급상황이 발생할 수 있는데 이럴 때 적절한 대비전략을 마련해 놓지 않으면 언론으로부터 큰 낭패를 볼 수 있다. 따라서 긴급상황이 발생하면 총지배인이나 홍보실장이 유일한 대변인 역할을 수행하도록 하고, 그 외의 간부나 직원이 언론의 기자를 접촉하는 것은 삼가야 한다. 특히 언론기관으로부터 긴급상황에 대한 원인을 요구받았을 때는 쉽게 확인할 수 있는 사실만 말하고 추측으로 말해서는 안 되며, 가능한 관계기관에서 조사 중이라든지 정중히 거절하는 것이 좋다.

긴급상황에 대한 뉴스는 가능한 미담형식으로 언론에 알릴 필요가 있다. 즉 고객을 사전에 대피시켜 피해를 줄였다든지, 어느 직원이 부상자를 구조하고 치료하였다는 등을 들 수 있다. 파업의 경우 법률자문을 통하여 적절히 대응하고 노사의 협상이 끝날 때까지는 어떤 발표도 하지 않는다고 언론에 알리는 것이 좋다. 그리고 화재나 정전의 경우 준비된 문구로 즉시 안내방송을 실시해야 하는데 특히 외국인을 위해 영문 또는 일문 등으로 된 시나리오를 사전에 만들어 즉시 방송이 되도록 한다.

### ■ 호텔홍보의 대상

- 총지배인, 주방장 등 간부직원의 부임 및 퇴임, 인사이동 등의 임직원 동향
- 영업장의 시설변경 및 증축, 새로운 영업장 신설 등
- 새로운 서비스의 도입
- 국내외 정치인, 연예인 및 저명인사 등의 내방
- 새로운 메뉴의 개발, 패키지상품, 프로모션 상품
- 기념일 이벤트 등
- 국가적, 지역적으로 관심을 끄는 컨벤션, 연회행사, 전시회 등
- 지역사회와 관련된 공공행사
- 호텔 자체 또는 임직원들의 수상
- 호텔 내 선행직원이나 녹특한 일을 수행하는 직원

# 제12장
# 관리부

# 1 인사부 업무

## 1) 인사업무의 중요성

호텔의 경영목표를 달성하기 위해서는 조직이 필요하며 그 조직을 뒷받침하기 위해서는 적절한 인사시스템을 구축해야 한다. 인사시스템이란 ① 적합한 종업원의 채용에서 시작하여 능력개발을 위한 교육 및 훈련을 실시하고 ② 이렇게 육성된 인적 자원을 적재적소의 원칙에 따라 각 조직의 부문에 배치하고 ③ 책임과 권한을 주고 ④ 고과에 의하여 평가하고 ⑤ 적절한 동기부여를 하는 것을 말한다. 즉 종업원을 어떻게 선발하고, 배치하고, 어떤 일을 하게 하며, 업무능력을 어떻게 향상시킬 것인가는 호텔 인사관리의 주요한 과제이다. 인적 의존도가 높은 호텔기업은 특히 종업원에 대한 인적 관리가 중요시되고, 인건비는 호텔사업에 있어 가장 큰 비용을 차지한다는 점에서 인사업무의 중요성이 강조된다.

따라서 인사업무의 궁극적인 목표는 최적의 인원을 유지하고 가용인적 자원을 최대한 활용하여 경영목표를 달성할 수 있도록 하는 것이다. 이를 실천하기 위해서는 인원계획에서 출발하여 인재의 채용, 급여체계, 교육·훈련 실시, 직무만족 수립, 인사고과, 노사관계 정립 등의 업무를 차질 없이 수행해야 한다.

## 2) 인원계획

호텔의 인원계획은 제조업과 달라서 어떠한 공식에 의하여 계수화하기 어렵다. 적정인원을 산정하기 위해서는 조직규모와 운용상의 양적인 변화 및 조직 내부의 질적인 변화를 고려하여 보다 현실적으로 적정인원을 산출하여야 한다. 인원계획 시 고려사항은 다음과 같다.

### (1) 객실 및 부대업장의 규모

호텔의 전체인원을 산정하는 방법은 전통적으로 객실당 1.2~1.5명 수준이었으나 부대영업장의 규모나 수에 따라 증감이 발생할 수 있다.

### (2) 근무 시프트(shift)

각 영업장의 영업시간에 따라 2교대 또는 3교대로 인원을 운용하는 경우가 많으므로 각 영업장의 근무 시프트를 고려해야 한다.

### (3) 정규직·비정규직의 비율

정규직원의 상시 고용 시 많은 인건비가 소요되므로 업무의 성격에 따라 비정규직인 연봉제 계약직, 일용직, 파트타이머 및 아르바이트를 운용한다. 예산을 이유로 과다하게 비정규직의 인원을 늘리게 되면 서비스의 질적인 측면에서 문제가 야기될 수 있으므로 이를 잘 고려해야 한다.

### (4) 예산대비 인원

추정 매출액 대비 인건비 예산이 목표수치를 넘지 않는 범위 내에서 인원수를 결정한다. 호텔마다 인건비 예산의 목표수치는 다를 수 있는데 평균적으로 35% 전후이다.

### (5) 분사/아웃소싱

경영전략상 일부 영업장이나 시설관리 유지 등의 업무는 외부로부터 아웃소싱(outsourcing)을 도입하거나 분사(分社)를 시켜 높은 인건비를 개선하기도 한다. 일반적으로 호텔에서 아웃소싱 및 분사를 많이 실시하는 분야는 ① 객실정비(룸메이드 등) ② 청소 ③ 주차관리 ④ 스튜어드 ⑤ 세탁실 ⑥ 경비 ⑦ 조경 등이다.

### 3) 종업원의 채용

종업원의 채용방법은 공개채용과 수시채용이 있으며, 산학협동에 의한 실습생 중에서 채용하는 방법도 있다. 채용의 절차는 서류전형, 면접과정을 거치고 필요한 경우 필기시험 또는 토익이나 토플점수를 요구하기도 한다.

공개채용은 개관을 앞두거나 신규사업이 발생하였을 때 신문 등을 통해 공개적으로 채용하는 방법이고, 수시채용은 결원이나 보충인원이 필요한 경우 공식 또는 비공식 라인을 통하여 채용하는 방법이다. 수시채용에서 가장 보편적인 방법은 산학협동의 차원에서 실습생을 받아서 그중에서 우수 자원을 선별하여 채용하는 것이다. 이들은 실습생→계약직→정규직의 코스를 밟게 된다.

일반적인 채용의 기준은 필기시험이나 외국어 공인점수도 중요하지만 이보다 고객 접객에 대한 적성을 가장 중요시해야 한다. 접객에 필요한 적성이란 융통성 있는 행동, 고객의 기분과 감정에 맞추어 대화할 줄 아는 감정이입기법 그리고 대인관계기법이 탁월함을 의미한다.

### 4) 급여제도

급여제도에는 여러 가지가 있으나 호텔에서는 통상적으로 기본급과 제 수당으로 구성한다. ① 월급여는 기본급, 시간외수당, 직급수당, 직책수당, 특근수당, 봉사료 등으로 구성되어 있고 ② 상여금은 호텔마다 연간 상여금의 폭이 다르고 지급방법 역시 기본급에 준해서 주는 경우(net)와 제 수당을 합쳐 적용(gross)하는 경우가 있으며 ③ 기타 연·월차 수당, 유급휴가수당, 가족수당, 학자금보조 등이 있다.

### 5) 교육·훈련

많은 호텔기업에서는 교육·훈련을 시간과 비용의 낭비라는 단시안적 사고로 인식하고 있는데 이를 인적 자원에 대한 투자의 개념으로 보아야 한다. 호텔기업에 있어서 교육·훈련은 종업원에게 능력개발의 기회와 직무에 동기를 부여하여 종업원은 고객에게 만족한 서비스를 제공함으로써 결국 기업의 매출증대에 기여하게 하는 것이다.

**〈그림 12-1〉** 교육 · 훈련효과의 삼각형

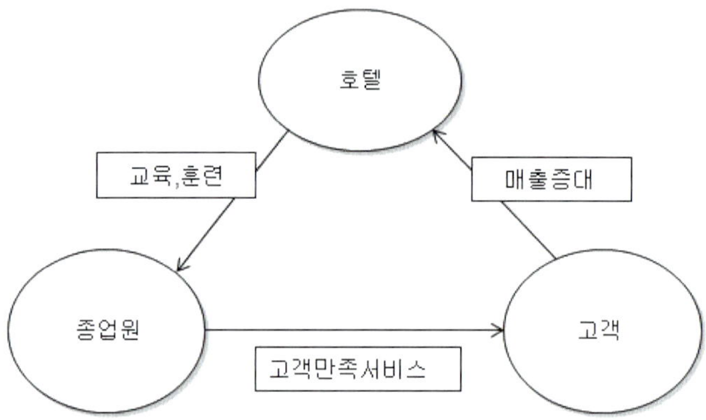


효과적인 교육·훈련을 위해서는 우선 실시하고자 하는 목적과 대상이 뚜렷해야 하고 단계적이고 체계적인 프로그램을 갖추어야 한다. 즉 신입사원부터 경영층까지 교육대상을 구분하고, 신입사원 오리엔테이션, 현장직무 교육(OJT : On the Job Training), 정신 및 교양교육, 전문 서비스기술 습득 및 신서비스 교육, 어학 및 전산 교육, 관리자교육, 경영자 교육 등 장기적인 관점에서 단계적이고 체계화되어 있어야 한다. 이와 같은 교육은 일반적으로 기본교육과 전문교육으로 구분된다.

## 6) 내부고객 만족

내부고객이란 자사의 종원업을 말한다. 호텔 종사원은 고객과의 접점에서 오는 과도한 스트레스, 장시간 근무조건에서 오는 피로감, 장래에 대한 불확실, 임금이나 승진 평가의 불공정성 등의 이유로 이직률이 높다. 한 기업에서 이직자가 많다는 것은 그 기업의 조직문화를 해칠 뿐만 아니라 대외적으로 기업의 이미지를 추락시켜 결국 고객이 등을 돌릴 우려가 있다. 직무만족도가 떨어지면 고객만족 서비스를 기대할 수 없으므로 내부 고객만족을 위한 적절한 대책이 요구된다. 메리어트 호텔(Marriott Hotel) 체인의 설립자인 메리어트는 "서비스산업에서 행복하지 않은 종업원이 고객을 행복하게 만드는 것은 불가능하다."라고 말했다.

따라서 호텔과 같은 서비스기업에 있어서는 내부고객 만족이 외부고객 만족 보다 우선된다고 할 수 있다. 내부고객 만족을 위해서는 만족도에 대한 조사가 필요한데, 이는 기업성과와 조직활성화에 지대한 영향을 미치는 사내 고객인 직원들의 만족도 진단을 통해 직원들의 만족과 불만요인을 추출함으로써, 불만요인과 조직활성화 저해요인에 대한 정확한 처방과 효과적 치유에 도움을 주는 핵심 수단이기 때문이다. 직원만족이란 직원이 회사의 일원으로 존재하는 데 있어 유무형의 요구가 충족된 상태라 할 수 있고, 직원만족도가 높아지면 이직률이 저하되고 우수 인력이 늘어남에 따라 고객만족과 이익증대의 기초가 된다.

종업원 만족도에 대한 유형은 ① 업무에 대한 만족도 ② 회사에 대한 만족도 ③ 조직·인사에 대한 만족도 ④ 근로조건에 대한 만족도 등으로 나눌 수 있다.

내부고객 만족을 위한 구체적인 방법에는 다음과 같은 것이 있다.

### (1) 근로생활의 비전 제시

근로생활의 질(QWL : Quality of Working Life)은 직장에서 일을 통하여 인생의 희망과 보람을 갖게 하는 것이다. QWL 수준을 결정하는 변수로는 적정하고 공정한 보수체계, 안전하고 즐거운 근로환경 조성, 개인능력을 발휘할 수 있는 기회 제공, 성장과 안정을 위한 기회 제공, 건전한 조직문화 구축 등을 들 수 있다.

### (2) 내부 커뮤니케이션 강화

내부고객인 종업원의 만족은 곧 고객만족으로 연결된다. 따라서 인사관리자는 일에 대한 만족도, 직장에 대한 만족도, 인사에 대한 만족도, 근로조건에 대한 만족도, 회사에 대한 만족도를 주기적으로 조사하고, 제안제도, 고충상담실, 대화의 광장 등을 통하여 내부고객의 목소리를 개방적이고 진지하게 수렴해야 한다. 또한 열린 경영을 통하여 종업원에게 경영정보를 제공하고 경영계획과 의사결정과정에 종업원이 참여할 수 있는 길도 마련해야 한다.

### (3) 공정한 직무평가

공정한 직무평가를 위해서는 호텔조직 내의 여러 직무를 비교 평가하여 상대적인 가치를 정하고, 동일노동, 동일임금의 원칙을 실현할 수 있는 직무체계를 확립해야 하며, 조직 내의 임금격차를 합리화함으로써 종업원 간의 이해를 증진시켜야 한다.

### (4) 동기부여와 보상

동기부여란 조직의 경영층이 하부 종업원에게 일하고자 하는 의욕이 생기도록 영향력을 행사하여 조직의 목표달성을 위한 행동을 유발시키는 과정이며, 보상 역시 일정한 성과에 대하여 금전적 또는 비금전적으로 대가를 줌으로써 조직의 목표를 달성하고자 하는 방법이다.

## 7) 인사고과

인사고과란 종업원의 능력과 업적을 평가하여 그가 보유한 현재적·잠재적 유용성을 조직적으로 파악하는 것이다. 인사고과의 목적은 ① 개개 종사원의 능력 및 업적을 파악하여 보상 또는 격려를 하는 것이고 ② 개개 종사원의 능력 및 적성을 파악하여 적재적소에 배치하는 것이고 ③ 급여사정을 위한 공정하고 객관적인 자료를 제공하기 위함이다.

인사고과는 상급자가 하부직원만 평가하는 것이 아니라 하부직원이 상급자를 평가함으로써 양자의 균형을 이루도록 한다. 인사고과의 방법에는 여러 가지가 있으나 다음과 같이 10가지의 기준을 제시하고자 한다.

〈표 12-1〉 인사고과 평가기준

| 구분 | 내용 |
|---|---|
| 내용상 요건 | 공식적인 직무분석을 통하여 직무기술서를 만들고 이를 토대로 평가한다. |
| | 일반적으로 측정할 것이 아니라 구체적인 수치에 근거해야 한다. |
| | 근무평정기준은 객관적이고 타당성이 있어야 하며 확인 가능한 것이어야 한다. |
| | 채점결과는 서류로 보관해야 한다. |
| | 채점결과가 평가자 사이에 격차가 심할 경우 재심을 거쳐야 한다. |
| 절차상 요건 | 근무평정기준은 종사원들에게 알려 이해시켜야 한다. |
| | 평가자들의 특정 지시사항을 명문화해야 한다. |
| | 평가자들은 2인 이상이어야 한다. |
| | 평가자는 근무평정 결과를 해당 종업원과 함께 미비점을 검토하여 사전에 서류 보완 등을 하도록 한다. |
| | 평가가 불합리하다고 생각하는 종사원에게는 소명의 절차를 제공한다. |

## 8) 노사문화의 정립

인사부의 주요 업무 중 하나는 노사갈등을 해소하는 것이다. 호텔의 파업은 타 업종보다 피해의 규모가 크다. 서울 L호텔의 경우(2000년 6월에 파업) 파업 40여 일간 기준으로 호텔 면세점 손실액은 3백34억 원, 시설파손 피해액 46억 원 등 손실액이 모두 380억원에 달하고 이 호텔에서 열릴 예정이던 대형 국제행사가 4건이나 취소된 바 있다. 이 피해액은 드러난 수치이지만 보이지 않는 수치까지 합하면 상상을 초월할 것이다. 따라서 인사부는 노사관계에 있어서 노사가 함께 이기는 상생(win-win)의 전략으로 갈 수 있도록 유도해야 한다. 즉 경영자에게는 열린 경영을 실천하고 성과보상을 확대하는 등의 노력을, 노동조합에는 시대적인 흐름을 인식하여 투쟁만이 유일한 방법이 아니라 기업의 경쟁력을 강화하는 데 노력할 수 있도록 중재역할을 해야 한다.

신노사문화의 개념은 노사가 신뢰와 존중을 바탕으로 참여와 협력을 실천하고, 자율과 책임을 다함으로써 미래의 가치를 창출하는 노사공동체를 형성해 나가는 것이다.

■ 신노사문화를 정립하기 위한 전제조건

- 기업은 노조를 경영자산으로 간주한다.
- 노동조합은 조합원의 복지가 기업의 성공에 달려 있다고 인식한다.
- 노동조합의 운영은 민주적이고 책임감이 있어야 한다.
- 기업은 노동조합의 내부 운영에 개입하지 않아야 하며, 근로자에게 노조에 대한 충성을 약화시키려 해서는 안 된다.
- 노사가 신뢰하고 존중해야 하며, 노사 어느 쪽도 힘의 논리로 제압해서는 안 된다.
- 문제해결을 위해 법적 소송을 하지 않는다.
- 추상적인 원칙보다 구체적 문제해결에 접근한다.
- 노사협의와 정보공유를 활성화시킨다.
- 고충은 즉시 해결한다.

## 2 총무부 업무

### 1) 총무업무

호텔의 총무부서는 대외적인 공무, 임대업장관리, 종업원 복리후생 등의 업무를 처리하고 있다. 구체적으로는 ① 대외업무 즉 인허가를 비롯한 관공서와 관련된 공무 ② 호텔 내 임대업장(아케이드, 사진관, 꽃집, 나이트클럽 등) 관리 ③ 호텔 보유차량(버스 및 승용차) 배차 및 운전기사 관리 ④ 종업원의 후생복지, 휴게실 운영, 종업원 식당 운영 ⑤ 고객과 종업원을 위한 의무실 운영 등이 있다.

### 2) 경비업무

경비는 고객의 안전과 호텔의 재산을 보호한다는 사명감을 가지고 ① 호텔 내외 순찰업무 ② 종업원의 출퇴근 관리 ③ 물건 반입 및 반출 통제 ④ 주차장 관리 ⑤ CC TV 모니터링 등의 업무를 수행한다.

■ 객실 복도 순찰 시 체크사항

- 화기, 전기전열로 타는 냄새 유무, 객실 내 취사 등 열기구 사용 유무 체크
- 객실문이 불필요하게 열려 있는지
- 복도에 설치된 각종 비품상태
- 천장전구, 비상등, 소화기 상태
- 복도 내 온도
- 냉온수 급수상태

### 3) 관재업무

관재업무란 호텔 내의 재산 및 비품을 관리하는 것으로 모든 재산과 비품에는 효율적으로 관리하기 위하여 품명, 관리자, 고유번호, 최초 입고일 등을 기록한 스티커를 붙이고, 수리, 폐기처분, 구입 등의 관리를 한다.

## 3 경리부 업무

### 1) 회계업무

회달갿 정보이용자(경영자, 주주, 세무당국, 소비자, 종업원)가 판단이나 의사결정을 할 수 있도록 일정한 형식에 의하여 거래에 대한 계산 및 경제적인 정보를 기록, 분류, 요약하여 보고하는 기술이라고 할 수 있다.

이러한 회계자료들을 재무제표라고 하는데 재무제표란 기업의 경영활동에서 일어나는 거래를 화폐가치로 측정, 기록하여 그 기업의 재무상태나 영업성과를 정보이용자에게 전달하는 수단을 말한다. 재무제표의 종류에는 대차대조표, 손익계산서, 이익잉여금처분계산서(또는 결손금처리계산서), 재무상태변동표 등이 있다.

### 2) 경리부의 주요 업무

- 호텔 운영자금 계획을 수립하고, 자금을 관리한다.
- 각종 회계보고서를 작성한다.
- 세무관계 업무를 처리한다.
- 출입금을 관리한다.
- 영업을 위한 시재금(fund) 및 거스름돈 화폐를 준비한다.
- 현금수납보관 및 계산서의 집계, 청구서 등을 작성한다.
- 환전업무를 수행한다.
- 신용카드 전표 처리 및 관련 업무를 수행한다.
- 외상매출금, 수금, 후불처리 등의 업무를 수행한다.
- 종업원의 급여와 관련된 업무를 처리한다.
- 재료의 구입과 영업결과를 토대로 원가를 분석하고 관리한다.
- 각 영업장 회계원(cashier)의 배치 및 근무 스케줄을 작성한다.

### 3) 고객원장 관리 및 정산

객실의 회계는 프런트 캐셔(front cashier)가 처리하게 되는데 체크인에서 체크아웃할 때까지 고객의 모든 계산을 고객원장(folio) 하나로 관리하고 정산한다. 객실 이외 부대업장 등을 사용하고 현장에서 지불하지 않은 계산서는 룸사인(room sign)을 통해 해당 업장으로부터 자동적으로 넘어오는데 고객원장에 기록하고 고객용 원장 뒤에 해당 업장의 계산서를 첨부하여 영수 처리한다.

고객이 부대업장을 이용하고 룸사인을 할 경우 해당 업장에서는 먼저 컴퓨터 모니터상으로 투숙고객인지 확인하고 성명(full name), 룸 넘버(room number), 서명(signature)을 받은 다음 프런트 캐셔로 넘긴다.

■ 룸사인을 통해 넘어오는 계산서

- 각 식음료업장에서 발생된 계산서
- 룸서비스 이용에 대한 계산서
- 전화요금 계산서
- 세탁이용에 대한 계산서
- 미니바 계산서(고객이 직접 계산서를 가지고 오지 아니한 경우)
- 사우나, 수영장 등 레포츠 시설이용에 대한 계산서
- 비즈니스센터 이용에 대한 계산서
- 단체고객일 경우 연회장 사용에 대한 계산서

### 4) 수납처리

고객으로부터 요금을 받을 때는 현금, 수표, 신용카드, 후불 등의 방법이 있다. 현금으로 받을 때는 별 문제가 없지만 수표, 신용카드 후불처리는 주의를 요한다.

### (1) 수표 처리

수표는 여러 종류가 있는데 수납할 수 있는 수표는 자기앞수표 및 여행자수표이며 가계수표, 당좌수표 등은 받아서는 안 된다. 수표를 받았을 때는 반드시 뒷면에 성명, 주민등록번호, 연락처 등의 이서를 받아놓아야 한다.

### (2) 신용카드 처리

신용카드는 제3의 화폐로 지불수단으로서 많이 활용하는데 처리할 때의 주의사항은 유효기간, 한도금액, 본인의 것인지, 서명의 일치여부 등의 확인이다.

### (3) 후불(city ledger) 처리

호텔에서는 원칙적으로 후불이 불가능하지만 사전에 여신계약을 한 경우에는 가능하다. 만약 여신계약이 되지 않은 개인, 기업체, 여행사 등이 후불을 원할 경우 여신지배인(credit manager)의 승인을 받아야 한다. 여신지배인도 나름대로 판단이 서지 않으면 예약받은 담당 직원(주로 판촉 직원)에게 후불 승인서를 받도록 한다.

### (4) 잡수입 처리

■ 호텔에서 발생되는 잡수입

- 고객이 받아가지 않은 거스름돈
- 호텔 기물파손에 따른 변상
- 객실 키 분실에 대한 변상
- 객실에 식사가 포함된 쿠폰고객이 객실만 사용할 경우 남은 식사금액

호텔 수입원으로 잡혔지만 특정한 계정과목이 없는 경우는 잡수입(miscellaneous or sundry)으로 처리한다. 잡수입 처리에 대한 증빙자료는 잡수입 바우처(miscellaneous voucher)를 사용한다.

## 5) 봉사료 및 세금부과 처리

### (1) 봉사료

봉사료는 1979년 1월 1일 당시 교통부장관령에 의하여 판매금액에 대한 10%를 봉사료로 부과할 수 있도록 성문화되었으며 발생 시 수입계정으로, 지급 시 급료계정으로 처리한다. 호텔에서 서비스되는 상품은 대부분 봉사료가 부과되지만 종업원의 직접적인 서비스 행위가 제공되지 않은 품목에는 봉사료가 부과되지 않는다.

### (2) 세금 및 기금 부과

호텔에서의 세금은 판매금액에 봉사료를 더하여 10%의 부가가치세(VAT : Value Added Tax)가 부과된다. 그러나 다음과 같이 세금이 면제되거나 특별소비세가 적용되거나 기금을 징수하는 경우도 있다.

- 유흥음식점으로 허가된 업장(나이트클럽이나 엔터테인먼트 센터)의 경우 특별소비세법(제7조 4항)에 의하여 판매요금의 100분의 20을 부과하도록 되어 있으며 또한 특별소비세에 대한 교육세 3%도 부가된다.
- 봉사료가 적용되지 않는 품목에 대해서는 판매금액에 세금 10%만 적용한다.
- 외교관이나 주한 외국인의 경우 면세의 대상이다. 증명서류를 요구하여 증거를 남겨놓아야 한다.

## 6) 할인 및 접대 빌 처리

### (1) 할인요금 처리

각종 상품에 대한 할인을 하였을 때는 할인내역서(allowance sheet)를 작성하여 증빙을 남긴다. 여기서 할인이란 정상적인 할인제도가 아니라 고객의 불평제기에 따른 부득이한 조치로서 객실이나 식음료 요금의 조정, 객실 추가요금에 대한 조정, 불만족 서비스에 대한 가격조정 등을 들 수 있으며, 반드시 할인내역서를 작성하여 부서 책임자에게 승인을 받아야 한다. 그 외 정상적인 할인처리에 대한 구체적인 내용은 다음과 같다.

- 객실 또는 식음료 등의 할인쿠폰을 가져올 경우 해당금액을 할인해 주고 호텔보관용 빌(bill) 뒤에 쿠폰을 첨부시킨다.
- 할인이 적용되는 유료회원카드 소지자, 헬스클럽회원 등에는 규정에 의한 할인을 해주고 계산서에 회원고유번호 및 서명을 받아서 증빙을 남긴다.
- 직원 할인은 객실과 제과·제빵을 판매하는 델리카트슨에서 주로 이루어지는데 할인규정에 따라 적용하고 부서와 서명을 받아 영수처리한다.

### (2) 접대 빌 처리

영업 및 고객관리 차원에서 총지배인을 비롯한 간부사원이나 판촉직원들이 호텔 내에서 접대하게 되는 경우가 많은데 이때 처리하는 빌은 일반 빌이 아닌 접대용 빌을 사용해야 한다. 접대 빌을 엔터테인먼트 체크(ENT : Entertainment Check) 또는 오피스 체크(officer's check)라고 한다.

접대 빌은 판매금액(net price)의 1/2에 해당하는 금액만 포스팅하고 접대 대상자와 접대목적 그리고 접대하는 호텔직원의 서명을 받아서 한 장은 일일 업무 마감 후 경리부 사무실로 보내고 한 장은 주방으로 보내어 원가처리할 수 있도록 하며 원가 담당자는 그 금액을 전액 비용 처리한다. 일정금액 이상이면 사전에 총지배인 등의 승인서를 요하는 경우도 있으므로 접대처리에 대한 규정을 숙지하고 있어야 한다.

## 7) 보이드 빌(void bill) 처리

보이드 빌(void bill)이란 무효화된 계산서로서 이러한 상황이 발생되는 경우는 ① 스키퍼(skipper)가 발생하였거나 ② 빌은 발생되었는데 고객이 주문사항을 취소하였거나 ③ 캐셔가 본의 아니게 실수하여 해당 빌을 취소시킬 때이다. 이를 보이드(void)라 하고, 빌에다 'VOID'라는 스탬프를 찍는다. 모든 빌은 일련번호로 되어 있기 때문에 보이드 빌일지라도 없애지 말고, 무효화된 사유를 적어 근거를 남긴 다음 담당 지배인의 확인 서명을 받아 경리부 사무실로 넘긴다.

## 8) 수입과 지출 관리

호텔의 매출을 담당하는 객실이나 식음료부서의 수입과 지출에 대해서는 표준회계시스템을 통하여 분개되어야 한다.

## 9) 원가관리

### (1) 원가의 개념

원가관리회계는 경영자가 경영활동에 대한 계획 및 통제 의사결정을 수행하는 데 필요한 원가정보를 집계하고 분석하는 회계적 활동이다. 원가관리 업무란 표준원가 또는 계획원가와 실제원가에 대비하여 차이를 분석하고 대책을 수립하는 일련의 업무활동을 말한다. 원가와 비용은 같은 뜻으로 사용되기도 하나 엄격하게 차이가 있다. 즉 원가(cost)는 상품을 만들기 위하여 소비된 경제적 가치이며, 비용(expense)은 수익을 획득하기 위하여 사용한 자원의 경제적 가치이다.

### (2) 원가의 분류

원가는 원가의 3요소(재료비, 노무비, 경비) 및 직접비와 간접비에 의하여 분류할 수 있다. 구체적인 내용은 다음 표와 같다.

〈표 12-2〉 원가의 분류

| 구분 | | 내용 |
|---|---|---|
| 3요소 | 노무비 | 호텔 서비스에 소요되는 종업원의 노동력에 대하여 지급되는 급료, 상여금, 수당 등을 말한다. |
| | 재료비 | 호텔 서비스에 소요되는 소비액으로서 재료의 매입액이 그대로 재료비가 되는 것이 아니라 제품 생산을 위하여 소비된 재료만이 재료비이다. 소비되지 않고 남은 재료는 기말재고자산으로 차기로 이월된다. |
| | 경비 | 전기료, 가스료, 수도료, 감가상각비, 수선료, 보험료 등의 제조경비를 말한다. |
| 직간접비 | 직접비 | 호텔 서비스상품 생산의 관련성 추적이 가능한 원가요소로서 직접재료비, 직접노무비, 직접경비 등이 있다. |
| | 간접비 | 호텔 서비스상품 생산과 관련하여 추적할 수 없는 원가요소로서 간접재료비, 간접노무비, 간접경비 등이 있다. |

# 4 구매부 업무

## 1) 구매의 의의

구매란 소비자가 물건을 구입하는 행위 또는 기업이 생산활동을 하기 위하여 원재료 및 중간재를 구입하는 것을 말한다. 기업에 있어 구매는 곧 생산원가에 지대한 영향을 미치므로 구매관리의 중요성이 대두된다. 구매관리(purchasing management)란 기업이 생산활동에 필요한 원자재 및 중간재의 양을 적절한 시기에 적정가격으로 구매하기 위한 과학적 관리활동을 말한다.

## 2) 구매의 원칙

호텔에서의 구매는 식자재의 구매가 대부분을 차지하는데 식자재는 신선도의 문제, 변동이 심한 가격, 농·수·축산물 등 종류의 다양성 때문에 과학적이고 전문적인 구매관리가 요구되며 다음과 같은 원칙이 필요하다.

### (1) 구매의 가치분석 및 시장조사

용도에 따라 가장 적정하고 적합한 것을 찾아 구입한다. 따라서 품목별 유명산지, 작황상황, 가격동향 등을 파악하고 있어야 한다.

### (2) 납기관리 준수

납기일이 늦지 않도록 구입하여야 한다. 아무리 가격이나 품질이 좋아도 납기일이 지나면 소용없는 것이다.

### (3) 적정재고관리

재고관리는 적정량의 식자재를 항상 보유함으로써 연속적인 생산을 촉진시키고 식자재의 유통량이나 가격의 변동에서 오는 불확실성에 대비하는 데 있다. 만약 재고가 적정량 이하가 되면 생산에 차질을 빚어 결국 고객의 상실로 인하여 사업의 기회를 놓치게 되고, 적정량 이상이 되면 유지 관리비용이 소요될 것이다.

### (4) 우량 납품업체 선정

호텔에서 통상적인 식자재는 납품업체를 통하여 구매하는데 납품업체의 공급능력과 신뢰성을 고려하여 납품업체를 선정한다.

### (5) 수송관리

식자재는 신선도가 문제이므로 종류별로 적절한 수송수단을 통해서 구입해야 한다.

## 3) 구매방법

구매방법은 ① 공개경쟁방식 ② 임의계약방식 ③ 직구매방식이 있는데 각 방식의 장단점 및 적용품목은 다음 표와 같다

〈표 12-3〉 구매방법

| 구매방법 | 장점 | 단점 | 적용품목 |
|---|---|---|---|
| 공개경쟁 | 경쟁적인 가격으로 양질의 재료를 공급받을 수 있다. | 시간이 많이 걸리고 절차가 복잡하다. | 시간적 여유가 있는 품목 |
| 임의계약 | 구매시간이 적게 걸리고 절차가 간단하다. | 공정성에 대한 의혹과 불리한 가격으로 계약하기 쉽다. | 급하게 구하려는 품목 |
| 직구매 | 품질을 직접 확인하고 단가를 낮출 수 있다. | 직원의 출장 및 차량이 필요하다. | 고가의 소량품목 |

### 4) 구매직원의 직무

- 각 부서로부터 구매의뢰서를 취합한다.
- 발주품목을 일목요연하게 정리하고 구매의뢰서를 작성한다.
- 가장 적정한 구매방법과 납품업체를 선정한다.
- 적정한 가격과 납품시기를 결정하고 관리한다.
- 결재된 구매의뢰서를 토대로 발주서를 만들어 해당 납품업체에 송부한다.
- 입고된 구매품을 검수 관리한다.
- 납품업체의 계산서를 확인하여 경리부로 넘긴다.

### 5) 검수관리

#### (1) 검수관리의 업무

검수(receiving)란 구매를 통하여 입고된 각종 원재료 및 중간재의 수량 또는 무게, 품질 등을 주문사항과 대조하여 확인하는 것을 말한다. 검수원의 업무는 납입되는 모든 식자재를 최초로 확인하고 최종적으로 수령이냐 반품이냐를 결정하기 때문에 그의 능력에 따라 메뉴의 품질이 1차적으로 결정된다. 따라서 검수요원은 식자재에 대한 상당한 정보와 지식을 습득하고 있어야 하고, 효율적인 검수업무를 수행하기 위해서는 다음과 같은 검수장비 및 시설, 시간관리가 필요하다.

- 저울, 자 등의 기본적인 도구와 장비, 식자재별 전문 도감 및 도형을 준비한다.
- 검수지역의 편리한 작업시설 및 안전시설을 갖춘다.
- 일시에 여러 검수품목이 들어오지 않도록 배달시간의 시차제를 실시한다.
- 시간을 다투는 식자재와 해당 식자재의 창고설비가 되어 있지 않을 경우 발주 주방에 연락하여 즉시 수령할 수 있도록 조치한다.

### (2) 검수방법

검수방법에는 전수조사와 표본조사가 있다. 전수조사는 구매된 물량 전체의 양과 질을 검수하는 것으로 오차는 거의 발생하지 않지만 시간과 비용이 많이 소요되는 단점이 있다. 이에 반해 표본조사는 구매된 물량 중에서 일부 표본을 추출하여 검수하는 것으로서 경제적이고 신속한 것이 장점이나 다소 오차가 발생할 수 있는 단점이 있다. 따라서 구매량이 적고 단가가 고가의 경우는 전수조사를, 구매량이 많고 단가가 저가의 경우는 표본조사를 하는 것이 효율적이다. 예를 들어 사과 1박스에 40개가 들어 있는 것을 100박스 구매하여 검수한다면 몇 박스만 뜯어서 40개가 들어 있는지 확인하는 표본조사가 적합할 것이다.

## 6) 저장관리

저장관리의 목적은 검수된 식자재가 상품화될 때까지 일정한 장소에 보관하여 부패와 도난을 방지하고 해당 주방에 원활하게 공급해 주는 것이다. 따라서 식자재를 효율적으로 저장하고 관리하기 위해서는 다음과 같은 원칙이 필요하다.

### (1) 위생의 원칙

모든 창고는 청결해야 하며 곤충이나 벌레 또는 박테리아 등의 오염으로부터 보호되어야 한다.

### (2) 품목별 분류저장의 원칙

식자재를 쉽게 불출하기 위해서 식품군별로 즉 육류, 생선류, 유제품, 과일, 채소류, 건식품별 등으로 품목별 카드를 만들어 저장 관리한다.

### (3) 적정 온도유지의 원칙

식품군별로 적정 저장온도와 습도는 다르므로 그에 맞는 냉장고나 창고시설이 필요하다. 식품군별 저장온도와 습도는 미국식당협회(NRA)의 지침에 따르면 다음의 표와 같다.

〈표 12-4〉 식품군별 저장온도와 습도

| 품목 | 온도 | 습도 |
|---|---|---|
| 육류 | 0~2.2℃ | 75~85% |
| 생선류 | -1~10℃ | 75~85% |
| 유제품 | 3.3~4.4℃ | 75~85% |
| 과일, 채소류 | 4.4~7.2℃ | 85~95% |
| 건식품 | 15℃ 정도 | 50~60% |

### (4) 선입선출(First-in, First-out)의 원칙

먼저 입고된 재료를 먼저 쓰는 원칙이다. 재료의 저장기간이 짧으면 짧을수록 재고재산의 회전율이 높다. 특히 유효기간에 유념하고 식자재를 창고에 저장할 때도 들어온 순서대로 구분하여 적재해서 관리한다.

## 참고문헌


강영욱, 최인섭(2010), 와인입문, 대왕사

고석면(2012), 호텔경영론, 기문사

김경환(2014), 글로벌호텔경영, 백산출판사

김경환, 차길수(2002), 호텔경영학, 현학사

김상진, 안치호, 유행주(2008), 글로벌시대의 호텔경영의 이해, 백산출판사

김준철(2009), 와인, 백산출판사

김진수(2013), 호텔외식 식음료관리론, 새로미

김춘호(2014), 소믈리에실무, 새로미

김춘호, 이기국(2008), 호텔레스토랑 식음료서비스 관리론, 새로미

김춘호, 최우성(2014), 호텔경영실무, 새로미

남택영(2008), 호텔식음료실무론, 새로미

밀레니엄서울힐튼호텔 서비스 매뉴얼

박대환, 박봉규, 이준혁, 오홍철, 박진우(2014), 호텔경영론, 백산출판사

박대환, 정연국(2014), 호텔경영의 이해, 백산출판사

박영기, 하체헌(2012), 호텔식음료경영론, 한올출판사

박영배(2012), 커피 & 바리스타, 백산출판사

박영제, 유종근, 김광우(2015), 호텔경영론, 한올출판사

서상길, 김문성, 서정태(2009), 음료서비스 실무, 백산출판사

서지우, 문옥선(2015), 프로바리스타 바이블, 대왕사

송성인, 김영식(2007), 새로운 호텔경영학, 새로미

신강현, 강인숙(2006), 호텔경영학개론, 기문사

신라호텔 마케팅 매뉴얼

안성근, 배준호 외(2014), 와인의 세계와 소믈리에, 대왕사

원융희, 김경미(2007), 호텔경영전략의 이해, 백산출판사

원홍석, 우찬봉, 김건, 전현모(2015), 호텔레스토랑 식음료서비스론, 백산출판사

유도재(2014), 호텔경영론, 백산출판사
이정학(2013), 호텔경영의 이해, 기문사
이정학(2013), 호텔식음료실습, 기문사
정종훈, 한진수(2008), 호텔 프런트 & 객실관리론, 현학사
정호권(2008), 최신호텔경영론, 한올출판사
조선호텔 서비스 매뉴얼
지계웅, 한진영(2013), 바 음료서비스론, 새로미
진쌍용, 장인정, 최동희(2015), 호텔객실과 프런트실무, 새로미
채신석, 정해용, 고재용(2015), 호텔경영론, 백산출판사
최병호, 권정희(2011), 커피바리스타 경영의 이해, 기문사
최병호, 유도재(2013), 호텔경영의 이해, 백산출판사
최익준(2015), 호텔객실실무와 경영론, 새로미
케빈 즈랠리(2008), 와인 바이블, 한스미디어
한국바 & 레스토랑마스터협회(2013), 커피 바리스타 마스터, 한올출판사
한혜숙, 김순호, 구본철(2013), First COFFEE, 한올출판사

Astrott, M. T. & Abby, J. R.(1978), Convention Sales and Service, Wm. C. Brown Company Publishiers
Davis, B., Lockwood, A., Stone, S.(1998), Food & Beverage Management, Butterworth-Heinemann
Gee, C. Y.(1994), International Hotels, Educational Institute of The American Hotel & Motel Association
Kotas, R.(1986), Management Accounting for Hotels & Restaurant, Surrey University Press
Marriott, J. W. Jr. & Brown, K. A.(1997), "The Spirit to Serve", Harper Collins Publishiers
Rutherford, D. G.(1990), Hotel Management and Operations, Van Nostrand Reinhold

**저자약력**

김춘호

- 현재, 영진전문대학교 글로벌호텔항공관광계열 교수
- 밀레니엄서울힐튼호텔 교육센터 원장 역임
- 경기대학교 관광학 석사, 박사 졸업

## 호텔경영의 이해

2020년 2월 20일 초판 1쇄 인쇄
2020년 2월 25일 초판 1쇄 발행

**지은이** 김춘호
**펴낸이** 진욱상
**펴낸곳** (주)백산출판사
**교　정** 성인숙
**본문디자인** 구홍림
**표지디자인** 오정은

저자와의 합의하에 인지첩부 생략

**등　록** 2017년 5월 29일 제406-2017-000058호
**주　소** 경기도 파주시 회동길 370(백산빌딩 3층)
**전　화** 02-914-1621(代)
**팩　스** 031-955-9911
**이메일** edit@ibaeksan.kr
**홈페이지** www.ibaeksan.kr

ISBN 979-11-90323-75-8 93320
**값 23,000원**